동방의 빛 1

문명의 시원

동방의 빛 1: 문명의 시원

발행일   2018년 3월 21일

지은이   최 인 호
펴낸이   손 형 국
펴낸곳   (주)북랩
편집인   선일영   편집   권혁신, 오경진, 최승헌, 최예은
디자인   이현수, 김민하, 한수희, 김윤주, 허지혜   제작   박기성, 황동현, 구성우, 정성배
마케팅   김회란, 박진관, 유한호
출판등록   2004. 12. 1(제2012-000051호)
주소   서울시 금천구 가산디지털 1로 168, 우림라이온스밸리 B동 B113, 114호
홈페이지   www.book.co.kr
전화번호   (02)2026-5777   팩스   (02)2026-5747

ISBN   979-11-6299-000-1 04910 (종이책) 979-11-6299-001-8 05910 (전자책)
          979-11-6299-002-5 04910 (세트)

이 도서의 국립중앙도서관 출판예정도서목록(CIP)은 서지정보유통지원시스템 홈페이지(http://seoji.
nl.go.kr)와 국가자료공동목록시스템(http://www.nl.go.kr/kolisnet)에서 이용하실 수 있습니다.
(CIP제어번호: CIP2018008200)

동방의 빛 1

문명의 시원

최인호 지음

인류의 출현부터 고조선까지의 역사

북랩 book Lab

머리말

우리는 대한민국이라는 공동체 속에서 살고 있다. 그리고 우리는 한(韓)민족이라는 공동체와 역사적 운명을 함께하고 있다. 그런데 우리가 속해 있는 역사공동체와 민족공동체 그리고 운명공동체가 항상 일치하는 것은 아니다. 민족공동체가 역사와 운명을 같이하는 것도 아니다. 우리가 모두 인류공동체라는 하나의 운명공동체에서 함께 공존하고 있다고 보면 민족과 역사, 운명을 포괄할 수가 있다.

아프리카에서 출현한 유인원이 인류종(人類種)인 호모종으로 진화해서 20만 년 전에 호모사피엔스가 출현하였고 그것이 다시 흑인종과 백인종, 황인종으로 진화했으며 수많은 종족으로 분화해 나갔다. 그 과정을 한민족을 중심으로 해서 인간이 이룩해온 문명과 역사를 추적하였다.

이 책을 쓰기 위해 20여 년 전부터 준비를 하고 자료를 찾았다. 여태까지 마음만 먹고 바쁘다는 핑계로 손을 대지 못하다가 이제야 책을 쓰게 되었다. 어릴 적 역사학자가 되겠다는 꿈을 버리고 취업이라는 현실과의 타협을 해야 했지만 역사에 대한 관심과 흥미는 버릴 수가 없었다. 여러 가지 책과 자료를 찾고 모순점이 있으면 서로 비교해 보며 다방면으로 검토해 보면서 우리가 학교에서 배웠던 역사만이 진실은 아니라는 사실도 알게 되었고 역사적 사실이 많이 오염되어 진실이 외면되고 있다는 사실도 알게 되었다.

이 책을 기획하며 문헌에 기록되어 있는 자료를 가장 우선으로 취급

하고 유물과 유적을 차순위 증거자료로서 활용하여 보완하였다. 문헌에는 있으나 유물 및 유적이 없는 것과 유물과 유적은 있으나 문헌에 없는 것도 관련이 있으면 자료로서의 가치를 인정했다.

그동안 『환단고기(桓檀古記)』를 위서(僞書)로 알고 있었는데 중국뿐 아니라 다른 아시아와 유럽 등 여러 나라의 역사자료와 유물, 유적을 비교해 보면 『환단고기』가 틀리지 않았다는 결론으로 이어진다. 다른 사서에 언급만 되고 자세히 나와 있지 않은 내용이 『환단고기』에는 설명되어 있는 경우가 많았다. 그래서 조사한 사서들을 근거로 『환단고기』도 비교하며 이 책을 쓰게 되었다.

이 책의 제목 『동방의 빛』은 타고르의 시 '동방의 등불'의 코리아를 예찬한 시구에서 영감을 얻었다. 『동방의 빛』 1권은 인류가 출현한 뒤 전 아프리카에서 유럽과 아시아로 이동하며 마고, 환인, 환웅, 단군을 거치며 건국한 과정을 다루고 있다. 단군조선은 어느 날 갑자기 건국된 문명이 아니다. 단군조선의 건국은 환웅이 이루었던 문명과 제도와 문화의 기반이 있었기에 가능했다. 환웅의 신시배달국 건국도 환인이 이루어 놓은 문화적, 제도적 기반이 있었기에 가능했다. 환인의 환국 또한 마고가 이루어 놓은 문화적 기반이 있었기에 가능했으며 마고의 파미르국도 인류가 출현하여 20만 년간 겪어온 시행착오와 지혜를 모아 초고대문명을 이룬 결과였다.

『동방의 빛』은 총 5권으로 계획하고 있다. 1권에서는 현생인류의 출현부터 고조선의 역사까지를 다루며 문명의 시원(始原)에 대해 썼다. 2권부터는 본격적인 역사서를 다룰 계획이다. 2권은 고조선이 분열된 후 열국시대부터 현대사까지를 다룬 한국사로 계획하고 있으며 3권은 삼황오제부터 현대까지의 중국사를, 4권은 조몬시대부터 현대까지의 일본사를 그리고 5권은 인도와 아랍, 북방유목민족사를 다루려고 한다.

끝으로 역사의 멘토가 되어 주신 현병주 대표와 이 책의 출판에 도움을 주신 김회란 사업본부장, 교정하며 수고해주신 최예은 담당자와 책의 디자인과 편집을 도와주신 한수희 담당자에게 감사의 말을 전한다.

2018년 3월

최인호

목차

제1장

인류의 탄생

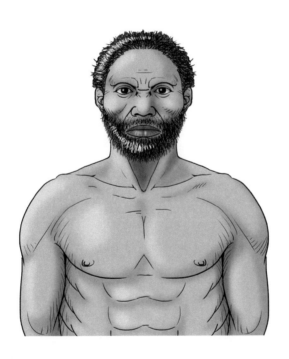

15만 4000년에서 16만 년 전에 살았던 호모 사피엔스의 멸종한 아종으로 Herto Man이라고도 부른다. 아종명 'idaltu'는 에티오피아 현지어로 '조상(오래된 사람)'을 뜻한다. 현재 멸종하지 않고 유일하게 생존해 있는 호모 사피엔스의 아종으로는 Homo sapiens sapiens가 있다.

아프리카 대지구대

아프리카 동부에는 동과 서로 나누는 동아프리카 대지구대(大地溝帶)가 남북으로 길게 뻗어 있다. 약 800만~1,000만 년 전 동아프리카는 지각판(地殼板)의 운동으로 화산들이 폭발하면서 지형이 바뀌었고, 땅이 둘로 쪼개지면서 움푹 꺼진 깊은 골짜기가 만들어졌다. 이때 땅이 밀려 올라간 부분에는 높은 산맥이 생겨나게 되고 그렇게 만들어진 높은 산

맥과 낮은 계곡바닥이 바람의 순환을 방해하여 동아프리카 지역에는 비구름이 쉽게 만들어지지 못하게 되었다. 그 결과 숲이 사라지고 초원(草原)과 관목(灌木)만 남게 되었다.

대지구대는 북쪽으로 아파르지방[1]에서 시작하여 남쪽으로 모잠비크에 이르고 있다. 낮은 계곡 바닥에는 탕카니카호, 말라위호, 나쿠루호, 나이바샤호, 마가디호, 빅토리아호 등의 단층호[2]가 동부 고원 지대를 따라 남북으로 분포하고 있고, 높은 산지로는 단층 형성에 따라 경동지괴(傾動地塊)[3]인 루웬조리산이 있으며, 구조선(構造線)[4]을 따라 케냐산, 킬리만자로산 등의 화산이 형성되어 있다. 이 산들은 아프리카의 3대 산으로 불리며, 정상은 적도 지역임에도 불구하고 언제나 빙하로 덮여 있다.

대지구대에 살던 침팬지들은 지각변동에 따른 기후변화로 인해 숲을 잃었기 때문에 먹이를 찾기 위해서 초원을 걸어 다녀야만 했다. 그렇게 초기 인류가 침팬지에서 떨어져 나와 직립(直立)을 시작했던 시기가 약 700만 년 전이다. 북아프리카 사막에서 그 흔적을 남긴 초기 인류는 사헬렌트로푸스 차덴시스로 학자들은 '투마이'로 부르고 있다.

동아프리카 지구대로 인해 아프리카에는 완전히 다른 두 가지의 기후권이 형성되었고 그것은 인류가 진화하는 데 지대한 영향을 미쳤다. 대지구대 서쪽의 열대우림에서는 유인원(類人猿)으로 진화했고, 동쪽의 광활한 대초원에서는 원시인류(原始人類)로 진화했다. 실제로 동아프리카 지구대의 동쪽지역에서는 유인원에서 인류로 분기한 초기인류인 오스트

---

1 에티오피아와 지부티의 국경지대에 걸쳐있는 지역.
2 단층 운동으로 오목하게 꺼진 땅에 이루어진 호수.
3 한쪽은 가파른 단층이 되고, 다른 쪽은 완만하게 기울어진 땅덩어리.
4 조산대를 가로지르거나 구분할 수 있을 정도로 규모가 큰 단층선.

랄로피테쿠스의 화석을 비롯해서 호모하빌리스, 호모에렉투스, 호모사피엔스 등의 인골화석이 발견되고 있다.

비구름이 만들어지지 못해 숲이 사라지고 초원과 관목만 남게 된 동아프리카 지역에서 초기인류는 먹이를 찾기 위해 걸어 다녀야만 했다. 숲이 만들어주는 그늘이 없기 때문에 몸을 냉각시키기 위해서 상당한 압박을 받았다. 드넓은 초원에는 숲에서 찾기 힘든 덩이줄기, 씨앗, 짐승의 시체 등 다양한 먹거리가 널려 있었지만 이런 식량들은 여기저기 흩어져 있기 마련이었다. 식량을 획득하기 위해서는 하루 종일 찾아다녀야 했고 해가 정점(頂點)에 있을 때도 활동할 수 있어야 했다. 아프리카의 태양이 주는 시련은 인류에게 진화로 나타났다.

직립보행(直立步行)을 하게 되면 네 다리로 이동할 때보다 직사광선에 덜 노출된다. 또한 직립을 하게 되면 그만큼 몸에서 열이 더 쉽게 방출된다. 게다가 지표면 주변에는 풀들이 많아서, 풀에서 증발되는 수증기로 주변 공기가 습해지기 때문에 네발보행 동물은 두발보행 동물만큼 땀을 흘려도 땀이 금세 증발하지 않아 냉각효과가 더 떨어진다.

인간에게서 피부의 털도 사라졌다. 네발동물들의 털은 열을 반사해서 피부를 보호하는 역할을 한다. 만약 털이 없으면 태양광선을 직격(直擊)으로 맞게 되어 몸이 더 뜨거워진다. 하지만 직립보행을 하는 인간은 직사광선을 덜 쪼이기 때문에 태양광선을 반사하는 것은 머리에 있는 털로도 충분했고 다른 부위에서는 땀샘을 이용했다. 인간은 땀샘이 잘 발달되어서 다른 포유동물보다 훨씬 빠른 속도로 열을 방출할 수가 있게 되었다.

그리고 인간은 포유동물 중에서 지구력(持久力)이 가장 강하다. 인간의 달리기 속도는 네발보행 동물보다 훨씬 느리지만 대신에 오래 달릴 수가 있다. 물만 마시면 얼마든지 계속 뛸 수 있는 동물이 바로 인간이다. 이처럼 인간의 오래달리기 능력이 탁월한 것은 네발보행 동물보다 신체의 냉각기관(冷却機關)이 훨씬 우수하기 때문이다.

이렇게 인류는 환경에 재빠르게 적응하는 능력 덕에 사냥꾼으로 변신할 수가 있었다. 초기에 인류는 손에 돌을 쥐고 사냥감을 향해 무작정 달려들었다. 사냥감을 몇 시간이고 계속 쫓아갔다. 사냥감의 냉각장치가 한계점(限界點)에 이르러 지쳐 쓰러지면 돌멩이로 내리쳐 잡았다.

인류학자 마빈 해리스[5]는 '멕시코 북부에 타라후마라 인디언들이 사슴을 사냥할 때를 보면 이들은 하루 종일 거의 쉬지 않고 사슴을 뒤쫓는다. 인디언들은 발자국을 식별하는 능력이 탁월하기 때문에 그저 발자국만 쫓는다. 그렇게 한참을 쫓다보면 사슴은 기어코 지쳐 쓰러져 있는 것이다'라고 했다. 이러한 사냥법은 부시맨의 사냥법과도 비슷하다. 이렇게 털 없는 직립보행의 인류는 다른 모든 동물들이 더위를 식히며 낮잠을 자는 가장 더울 때에도 초원을 누비며 식량감을 찾아다닐 수 있었다.

다만 땀을 흘려야 하는 인류에게 물 공급은 반드시 필요했다. 하지만 사바나에서 물을 찾기란 그리 쉬운 일이 아니었으므로 이것이 행동반경을 넓히는 데 제약으로 작용했다. 몸집이 점점 커진 인류는 필요한 물이 더 많아지게 되었지만 표면적(表面的)에 비해서 부피의 비율이 작아진 덕분에 몸집이 작을 때보다 탈수(脫水) 속도가 느려져 더 멀리까지 이동할 수 있게 되었다.

---

5 미국의 인류학자. 인구학적 요소들과 생산요소들을 한 집단의 사회구조와 문화를 밝히는 것의 실마리로 상정했다.

인류의 본향 아프리카

아프리카는 인류가 탄생한 기원지(起源地)였다. 사헬렌트로푸스, 오스트랄로피테쿠스, 호모하빌리스, 호모에렉투스, 호모사피엔스가 모두 아프리카에서 출현하였다. 이 인류들 가운데 160만 년 전에 처음으로 호모 에렉투스가 아프리카를 벗어나 아시아와 유럽으로 이주하였다.

호모에렉투스는 200만 년 전 아프리카에서 탄생한 인류(Homo)종이다. 이전의 인류의 조상들은 외모로만 볼 때에는 인간보다는 침팬지와 비슷하다는 느낌이 많았지만 호모에렉투스는 뇌의 크기가 현생인류의 2/3 정도인 것 외에는 털이 없는 몸, 긴 다리 등을 가져 인간에 더 가까워졌다. 호모에렉투스는 기존의 직립보행의 인류에서 한 단계 더 진화한 직립주행(直立走行)의 인류였다. 발굴된 화석을 보면 에렉투스는 불을 사용해 음식을 익혀 먹었고 다른 에렉투스가 다치면 정성을 들여 치료해 준 흔적이 있다. 함께 공존하던 인류인 호모하빌리스는 100만 년쯤 전에 멸종했지만 호모에렉투스는 살아남아 인류의 직계 조상이 되었다.

현생인류(現生人類)인 최초의 호모사피엔스는 약 20만 년 전 동아프리카지구대의 초원지대에 출현하였다. 호모사피엔스는 먹을거리가 풍부한 초원에서 사냥과 채집생활을 했다. 사자나 표범과 같은 육식동물들과 먹잇감을 사이에 두고 경쟁도 해야만 했다. 때로는 육식동물들의 먹잇감이 되기도 했다. 하지만 인류는 높은 지능(知能)과 자유롭게 사용할 수 있는 두 손, 그리고 언어(言語)를 가지고 있었다. 도구(道具)를 이용할 줄 알았고 무리를 지어 사냥을 했다. 생존을 위해 환경에 재빠르게 적응하는 신체와 의사소통능력, 그리고 월등한 기술력은 인구의 증가를 가능하게 하였다.

아프리카는 섬처럼 사방이 바다로 둘러싸여 있는 거대한 대륙이다. 게다가 북쪽은 사하라 사막으로 덮여 있고 대지구대의 건너편인 열대우림도 인류가 살기에는 위험한 곳이었다. 인류는 동아프리카 초원에서 아프리카 남단으로 퍼져 나갔다. 16만 5천 년 전에 인류는 남아프리카의 피너클 포인트로 진출했다. 피너클 포인트 근처 블롬보스 동굴에서는 6만 년 전까지 사람들이 살았던 주거지가 발견되었다. 인류는 이곳에서 10만 년 동안 거주했다.

블롬보스동굴에서 출토된 정교한 석기
(출처: 위키미디어 커먼즈)

블롬보스의 동굴 안은 폭풍이 부는 날에도 눅눅하지 않고 따뜻했으며 바람도 잘 막아내는 구조였다. 동굴에 살았던 우리 인류는 도구를 능숙하게 사용하고 있었다.

16만 년 된 동굴 토양의 아래층에서 발견된 도구는 돌을 깨뜨려 만든 돌칼과 돌촉이었다. 6만 년 된 토양의 위층에는 좀 더 작은 크기의 손톱만 한 좀돌날이 발견되었다. 좀돌날은 나무막대로 손잡이를 만들고 그 사이에 돌을 끼워서 사용하는 도구였다.

좀돌날은 나무를 자를 때나 사냥을 할 때 그리고 고기를 자를 때 사용하였다. 동굴 안에서는 들소, 두더지쥐, 거북이의 뼈 등 온갖 육상동물을 잡아먹은 흔적도 발견되었다.

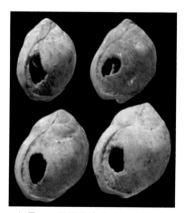

블롬보스 동굴에서 발견된 조개껍질
(출처: 위키미디어 커먼즈)

블롬보스 동굴의 바닥 여기저기에서는 조개껍질이 발견되어 인류의 먹을거리가 다양해졌다는 증거도 보여주고 있다. 바다에서 먹을거리를 구하면서 인간은 사자나 표범과 같은 육식동물과의 먹이경쟁을 피할 수 있었다. 조개를 먹었다는 것은 인간이 지식을 갖게 되었다는 것을 보여주는 증거이다. 어패류를 채집하기 위해서는 해수면의 높이와 조수간만의 차이를 이해하는 지식이 필요하다. 언제 조개를 따러 갈지 미리 계획도 세워야 한다. 사리와 조금⁶에 대한 지식이 있어야 파도에 휩쓸려가지 않기 때문이다.

초승달과 보름달, 하현달, 그믐달 등 달의 변화에 따라 해수면의 높이가 변하고 시간이 지남에 따라 조수가 변한다는 지식이 공유되고 전수되었다. 이것은 인류에게 밤하늘을 관측하면서 예측하고 미리 계획을 세우는 능력이 생겼다는 것을 보여준다. 인류에게 1개월이라는 개념이 생긴 것이다. 해가 뜨고 지는 1일의 개념과 달의 모양이 변화하는 한 달로 역년(曆年)을 계산하는 개념은 시간을 이해한다는 인류문명(人類文明)의 커다란 진보를 가져다주었다. 모든 인류에게 1개월이 달과 관련되어 있다는 것은 달에서 파생된 언어를 통해서도 알 수가 있다.

블롬보스 동굴에서는 황토조각도 발견되었다. 황토조각은 그림을 그릴 때 사용하는 천연안료이다. 동굴에서는 7만 5천 년 된 추상적인 그림이 암각된 황토와 앵무조개로 만든 목걸이와 함께 나왔다. 동굴에는 그림을 그리고 문신을 새기는 데 사용했던 표식도 있다.

---

6 달과 태양의 인력에 의해 일어나는 조석간만 차가 최대인 때와 최저인 때. 달과 태양이 일직선 상에 있을 때는 기조력이 커져서 바닷물이 많이 빠져 나가고 많이 밀려들어오게 되어 그 차이가 매우 커지는데, 그때를 사리라고 한다. 사리에서 일주일 정도 지나면 달과 태양의 기조력이 서로 분산되어 간만의 차는 별로 나타나지 않게 되는데 이때를 조금이라 한다.

인류의 특징

(1) 원시언어(原始言語)의 사용

당시 인류(人類)는 원시적인 언어를 사용하여 의사소통을 하였다. 그들은 계획을 세우고 자신이 알게 된 기술을 동료들에게 가르치고 후손들에게도 가르쳤다. 그냥 보여줘서는 기술을 제대로 가르칠 수가 없었으므로 말로 설명을 해줘야 했다. 그런 방식으로 지식이 다음 세대로, 그 다음 세대로 전달되었다. 언어의 사용 덕분에 인간은 사회를 조직하고 운영할 수 있게 되었다. 리더를 뽑을 수 있었고 리더는 무리를 이끌수 있었다. 몇 명씩 그룹을 나누어 사냥을 하고 채집을 하며 요리를 하는 등의 분업도 할 수가 있었다.

인간은 10~20만 년 전의 유전자 변형으로 인해 어느 순간 입과 혀를 자유자재로 움직일 수 있게 되었다. 이를 통해서 인간의 언어능력은 폭발적으로 성장했고 이는 인간을 다른 동물들과 차별화시키는 주요한 특징으로 발전하게 되었다. 인간의 좌뇌가 오직 언어중추로 특화된 것도 이때부터였다.

인간은 침팬지 등의 유인원과 비교해보면 매우 비폭력적이다. 사회 속에서 인간은 매우 평화적이며 친절하다. 침팬지가 공동체 안에서 서로에게 보이는 폭력 횟수는 사람보다 100~1,000배나 많다고 한다. 인간도 사회집단 간에서는 매우 폭력적으로 변하기도 하며 결국 전쟁을 일으키기도 한다.

유인원이나 인간사회에는 항상 남을 괴롭히는 자가 있게 마련이다. 자신의 힘을 과시하며 자신보다 약한 자를 괴롭히고 심지어 죽게까지 한다. 언어가 생기자 약자들은 무리를 이루고 힘을 모아 대항할 수 있었다. 인간에게는 무리를 지배하는 우두머리 수컷이 없다. 오히려 약자들이 모여 약자들의 연합체를 형성하고 우두머리를 지배한다. 실제로 약자들이 연합하여 계획을 세우고 많은 억압자들을 제거했다. 이런 식으로 사회 내의 폭력을 부추기는 유전자가 제거되었다. 언어의 등장으로 작은 무리가 모여 사회로 발전하였고 억압자를 제거하여 인간사회는 평화로워졌다. 언어의 사용을 통해 단체행동을 보다 효과적으로 할 수 있고 약육강식의 법칙에서 벗어나 보다 민주적이고 협조적으로 대응할 수 있었기 때문이다.

협조적인 인간으로 진화하면서 인류의 육체적 변화가 가속화되었다. 자신을 보호하기 위해 두꺼웠던 두개골이 얇아진 것이다. 위협과 중압감이 줄어들게 되자 뇌는 화학적 변화를 일으켰다. 언어를 가능하게 했던 유전자 변형 덕분에 종전의 직립원인보다 평화적이며 협조적인 새로운 인간으로 진화했다. 현 인류가 다른 어떤 종보다 앞서는 여러 가지 장점들 중 하나가 서로 협력한다는 점이다. 인간의 뛰어난 협동심으로 서로의 창작물을 참고한 제2의 창작이 가능해졌다. 현 인류와 비교할 때 홀로 작업했던 에렉투스는 상대가 되지 않았다. 에렉투스는 뛰어난 주먹도끼를 개발했지만 100만 년 동안 전혀 개선이 되지 않고 아무 용도에나 사용했다. 용도에 적합한 도구가 아닌 그저 도구일 뿐이었다. 사피엔스는 문제가 생기면 끊임없이 상호 간에 정보를 주고받았다. 그런 후 적당한 도구를 선택해 문제를 해결했다. 도구가 없으면 더 적합한 새로운 도구를 개발했다. 동일한 문제이든 다른 문제이든 어떤 문제가 생기면 문제를 해결할 새로운 도구를 계속해서 개발했다. 언어를 통해 협조적인 동물로 진화한 사피엔스는 더 이상 혼자 생각하거나 혼자 고민하고, 혼자 판단하지 않으며 여럿이 함께 생각하고 함께 고민하며 함께 판단해서 시너지를 창출했다.[7]

(2) 식량의 다변화

인류가 생존을 위해 여러 음식에 적응한 증거는 우리 입 안의 타액 성분이다. 인간과 침팬지의 침을 분석해보면 침의 성분이 다르다. 서로 다른 음식에 적응한 결과 때문이다. 특히 아밀라아제 효소는 인간이 6~8배 정도 더 많다. 인간이 탄수화물이 함유된 음식에 적응했다는 의미다. 인간은 진화과정의 어느 순간부터 탄수화물이 아주 중요한 성분이 된 것이다.

열매와 덩이줄기 등의 먹을거리가 부족했을 때, 인간의 이런 식성이 큰 도움이 됐을 것이고 다양한 음식을 섭취했던 인류는 특정 지역의 환경에 제약받을 필요도 없었다. 그 결과 지속적으로 거주지를 개척하며 세계 전역으로 퍼져 나가게 되었다. 열대지역, 온대지역, 냉대지역, 사막지역, 해안지역, 고산지역까지 기후대를 가리지 않고 인류가 퍼져 나갔다.

---

7 출처: 내셔널 지오그래픽 다큐멘터리 '최후의 승자: 진화의 비밀'

인간의 뇌는 많은 에너지를 필요로 해서 육류섭취가 뇌의 용량을 촉진시켰다고 생각되어 왔지만 불로 익힌 요리는 그보다 더 효과가 강력했다. 최근 연구에 따르면 고기가 아니라 불에 의한 요리가 인류의 뇌 성장을 가속화시켰다고 한다. 즉, 요리가 인간의 뇌 용량을 촉진시키고 인간답게 만든 셈이다.

생식을 하면 먹는 시간이 오래 걸리고 소화도 잘되지 않으며, 소화에도 많은 에너지가 필요하다. 반면에 익힌 요리는 칼로리는 그대로지만 소화가 훨씬 쉬워지고 먹는 시간도 적게 걸린다. 따라서 익힌 요리를 먹으면 더 많은 칼로리를 섭취할 수 있다. 통계에 따르면 최대 35% 정도의 칼로리를 더 섭취할 수 있다고 한다. 그래서 학자들은 이 남은 에너지가 인간의 뇌를 성장시키는 데 결정적인 기여를 했다고 믿고 있다.

(3) 남녀의 역할분담

인류는 생존을 위해 아주 효율적인 방법으로 남성과 여성의 역할(役割)을 분담했다. 여자들은 열매와 덩이줄기를 채취하며 육아를 담당했고 남자들은 사냥을 해서 먹을거리를 구해왔다. 인류는 분업을 통해 역할분담을 하며 평생을 배우자와 함께해왔다.

육아에는 커다란 노력이 필요했다. 누군가의 도움 없이는 거의 불가능했다. 그래서 배우자를 고르는 일은 여자의 일생에 있어 가장 중요한 일이라 할 수 있었다. 남자는 사냥을 잘하고 꿀을 잘 따고 먹을거리를 잘 가져오면 됐다. 남자가 사냥을 잘 못하면 여자는 큰 희생을 치러야 했기 때문에 남자들은 사냥을 잘해야 한다는 여자들의 기준에 따라 행동하게 되었다.

여성 혼자서는 양육하기가 어렵다. 할머니들이 양육을 맡아주면 아이들의 생존에 큰 도움을 받게 되고 젊은 여자는 그만큼 출산에 전념할수가 있다. 이런 이유로 할머니의 손자 양육은 인간 고유의 생활사로 진화를 거듭했고 여성들은 생식능력이 끝나는 폐경기 이후에도 오랫동안살아갔다. 인간의 이런 특징은 인류의 장수(長壽)로 이어져 인류의 인구증가에 결정적인 역할을 하게 됐다.

인류의 문명이 발달하게 된 건 인구가 늘어났기 때문이다. 인구가 늘어나면 보다 많은 아이디어가 나오게 되고 더 많은 사람들에게 정보가전달되고 교류되며 비례적으로 발명과 혁신이 발생할 가능성이 커지기때문이다. 인류 진화의 산물인 분업을 통한 식량채집과 양육의 남녀의역할 분담이 문명발전의 원동력이라 할 수 있다.[8]

---

8 마빈 해리스, 『문화의 수수께끼』, 한길사, 2017.

제2장

인류의 이동

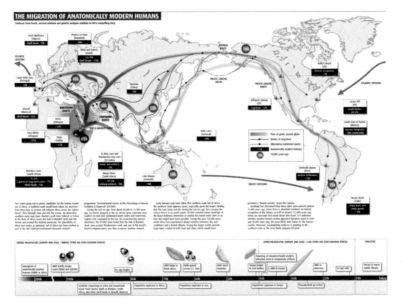

호모사피엔스(현생인류)의 이동 연도와 이동 경로(추정)
(출처: https://www.newscientist.com)

아프리카 탈출

(1) 기후의 변화

인간의 미토콘드리아 DNA는 어머니에게서 물려받는다. 그렇게 미토콘드리아는 여성에게서 여성에게로 이어져 내려오고 있다. 현재 지구상에 존재하는 모든 인간은 20만 년 전에 동아프리카 지구대에서 출현한 최초의 공통조상으로부터 나왔다. 그리고 아시아와 유럽으로 간 인류는 10만 년 전 인류가 아프리카를 탈출했을 때 그 무리에 있던 한 명의 여성으로부터 나왔다. 학자들은 그 여성을 '이브'라 부르고 있다.

지난 10만 년 동안 지구의 기후에는 급격한 변화가 있었다. 빙하기가 끝나면서 해수면이 상승하고 지구에는 습기가 많아졌다. 12만 5천 년 전의 사하라는 푸른 수풀로 덮여 있었고 늪과 강, 그리고 호수가 있었다. 꽃이 피고 나무가 자라고 풀이 우거졌다. 사하라 사막은 지금의 동아프리카 초원과 같은 모습으로 변해 있었다. 먹을거리가 풍부해져 온갖 동물들에게는 더없이 살기 좋은 땅이 되었다.

인간은 사냥감을 따라 천천히 북쪽으로 이동하였고 사하라 초원을 지나 이스라엘까지 왔다. 수풀이 무성하고 사냥거리가 많은 그곳에서 인간은 수천 년을 살았다. 이스라엘의 카르멜산에 있는 무하레트에스스쿨 동굴에서 인간의 유골과 인류가 사용했던 석기들이 발견되었다. 사람들은 시신들을 정성스럽게 매장하였고 일부 유골의 옆에는 부장품도 함께 매장하였다.

이 유골들 중 하나는 멧돼지의 턱뼈를 움켜쥐고 있었다. 유골들은 10만 년 전 당시의 인류가 초자연적인 신앙을 갖고 내세를 믿었을 가능성을 보여주고 있다. 이들이 아프리카를 탈출한 최초의 인류였다.

수천 년이 지나고 지구는 다시 건조해졌다. 수풀로 뒤덮여 살기 좋았던 사하라는 모래사막으로 바뀌었다. 사막의 확장은 인간들에게 치명적이었다. 먹잇감이 사라져 버려 인간들은 굶주림을 피할 수가 없었다. 이스라엘에 진출했던 인간들이 아프리카로 돌아가려고 해도 거대한 사하라 사막이 길을 막고 있었다. 최초의 아프리카를 떠난 개척자 집단은 모두 멸종(滅種)하였다.

7만 5천 년 전 대규모 화산이 폭발하면서 지구에는 또 다시 빙하기가 찾아왔다. 지구의 기온은 급속히 내려갔고 적도 근처를 제외한 전 지구가 수 킬로미터가 넘는 얼음으로 뒤덮였다. 수풀로 뒤덮였던 아프리카 대륙 전체가 물이 부족해져 극심한 가뭄에 시달렸고 사막으로 변해버렸다. 인류는 멸종의 위기까지 몰렸다. 유전자 분석 결과 당시에 생존한 전체 인류의 수는 2천 명 정도였다고 한다. 우리 인류가 단지 행운으로 살아남은 것은 아니었다. 살아남기 위한 방법을 찾아야 했고 재앙은 인간을 지혜롭게 만들었다. 7만 5천 년 전을 기점으로 인류에게 커다란 변화가 나타난다. 이때부터 옷을 만들어 입게 되었고 예술적 가치에도 눈을 뜨게 되어 장신구를 만들어 사용하였다. 장신구는 남에게 자신을 잘 보이려고 치장하는 인간 고유의 도구라 할 수 있으며 이전의 모든 인류에게는 전혀 없던 특징이다. 장신구의 발명은 사고방식의 커다란 도약을 암시하고 점차 현대인이 되어 간다는 명백한 증거이다.

(2) 아프리카 탈출

아프리카에서 멸종위기를 겪은 인류는 소수만이 살아남았다. 개체수가 줄어든 인류에게서 다양성이 사라지고 한 종류만이 살아남아 있었다. 7만 년 전 살아남은 우리의 조상들 중 한 무리가 사막으로 뒤덮인 아프리카를 탈출해 홍해의 바브엘만데브 해협을 건넜다. 탈출 규모는 몇십 명 정도였다.

아프리카와 아라비아를 가르는 홍해는 가장 좁은 곳의 폭이 30㎞도 채 되지 않는다. 기후의 변화가 바닷길을 만들었다. 빙하기로 접어들면서 바닷물은 얼었고 북아메리카와 유라시아는 두꺼운 얼음으로 뒤덮였다. 습기가 부족해져 사하라는 다시 건조해졌고 아프리카 전체에 사막이 형성되었다. 그 결과로 해수면이 지금보다 크게 낮아졌다. 7만 년 전에는 아라비아 반도의 남부가 해수면 아래로 더 확장되어 있었고 아프리카와 아라비아 반도의 사이가 더 좁아졌다. 기후는 점점 더 건조해졌고 바닷물의 염도는 더욱 더 높아졌다. 먹잇감도 점차로 더 줄었다. 굶주린 인류는 짧아진 바닷길을 보고 바다를 건너는 모험을 하였다.

바브엘만데브 해협[9] 사이에는 아프리카와 아라비아 반도를 연결해주는 다리와 같은 바닷길이 열렸고 인류는 이 길을 따라 아프리카를 탈출하는 첫발을 내디뎠다. 바브엘만데브 해협은 성경에 나오는 모세가 유

---

9 홍해와 인도양, 더 정확히는 아덴만을 연결하는 해협이다.

대인을 이끌고 이집트를 탈출하여 홍해를 건넌 길로 추정되는 곳이기도 하다.

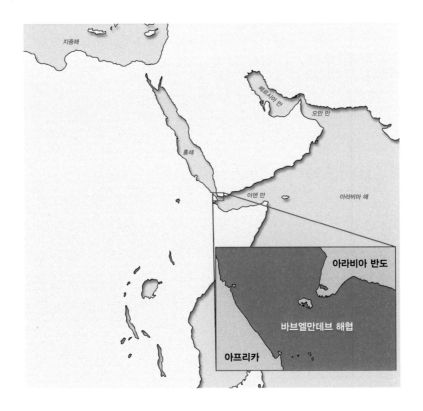

오늘날의 아라비아 반도는 척박하고 건조한 지역이다. 그것은 7만 년 전에 인류가 처음 도착했을 때도 마찬가지였다. 특히 한여름 아라비아 반도 중심부의 온도는 섭씨 50도를 육박한다.

개척자 집단은 아라비아 반도 남부의 해안선을 따라 동쪽으로 이동하였다. 그들은 이동하면서 자신들이 지나간 흔적을 남겨놓았다. 아라비아 반도 남부의 고원지대에는 도구로 사용할 만한 돌덩어리들이 지천으로 널려 있다.

인간들은 이곳에 널려져 있는 돌로 도구를 제작하였다. 단단한 돌로 돌덩어리에서 몸돌로 쓸 돌과 돌조각을 떼어내었다. 몸돌에서 떼어낸 얇은 돌날 파편으로 긁개나 돌화살촉, 돌창 같은 도구를 만들어 냈다. 도구를 가지고 바닷가로 내려와 사냥도 하고 낚시도 하였다. 동물을 잡으면 가죽을 벗겨서 입을 옷도 만들고 지낼 천막도 만들었다. 아덴만을 따라서 페르시아만까지 이어지는 바닷가에는 담수가 솟아나는 샘물이 있었다. 지금도 아라비아 반도의 남쪽의 대륙붕[10]에서 담수가 솟아나오고 있다. 홍해는 지금보다 훨씬 낮았고 지금의 대륙붕은 대부분 육지였다. 해안선을 따라서 이동하던 인류는 이 담수로 된 샘물을 발견했다. 호수와 담수로 이어진 길은 지금의 페르시아만의 이라크와 접한 지역까지 이어져 있었다. 담수가 있었기에 인류는 아프리카를 탈출하여 아시아로 이동할 수가 있었다. 바다가 준 식량과 고원이 준 석기 그리고 해안가의 담수 덕분에 인류는 페르시아만까지의 여정이 가능했다.

(3) 최초의 낙원

아라비아 반도 동남쪽 끝자락의 아라비아해와 접하고 있는 지역에는 해발 3,000미터에 이르는 하자르와 도파르 산맥이 자리 잡고 있다. 이 산맥 때문에 인도양에서 불어오는 고온 다습한 몬순이 가로막혀 산맥 반대편에 있는 아라비아 반도 내륙 대부분 지역에 고온 건조한 사막이 형성되었다. 아라비아 반도의 내륙지역은 건조해서 사람들이 거주하기

---

[10] 대륙 주위에 분포하는 극히 완만한 경사의 해저. 대륙붕 끝부분의 깊이는 100~500미터이며, 평균 깊이는 200미터이다.

에 적합하지 않은 환경이다. 오만의 도파르산 남쪽에 자리 잡은 와디다바드는 매년 여름마다 인도양에서 불어오는 계절풍의 영향을 크게 받고 있다. 그래서 매년 계절풍이 몰고 오는 풍부한 비 덕분에 풀과 나무가 우거진 곳이다. 와디다바드는 건조하고 척박한 아라비아에서 유일하게 초목이 우거져 동물들이 살 수 있는 피난처가 되었다. 이 피난처의 양 옆의 산맥 너머로는 수백 킬로미터가 넘는 사막이 펼쳐져 있다.

피난처와 같은 이곳은 기원을 알 수 없지만 아주 오랜 예전부터 '에덴'이라 불리고 있다. 우연인지, 아니면 이곳에 머물렀던 인류에게 전해져 내려오는 것인지, 성서에 나오는 에덴동산과 지명이 같다. 어쩌면 이곳은 성서에 나오는 에덴일지도 모르겠다. 인류는 이 최초의 낙원에 한동안 머물렀다. 이곳은 채집하고 사냥할 먹을거리가 풍부했다. 하지만 아라비아 반도의 에덴은 인구의 증가를 감당하기에는 너무 좁았다. 안정된 생활로 인구가 점점 늘어나고 식량이 부족해지자 에덴에 살던 사람들은 먹을거리를 찾아 다시 사방으로 퍼져 나갔다.[11]

---

11 출처: BBC 다큐멘터리 '인류 20만 년의 여정'

인류의 이동

(1) 유럽

① 네안데르탈인

7만 년 전 한 무리의 인간이 과감한 도전을 하여 아프리카를 떠나 아라비아 반도에 왔다. 이 인간 집단은 아프리카를 제외한 모든 인류의 조상이 되었다. 우리 인간이 아프리카를 떠나고 수천 년 뒤 지구는 빙하가 녹으면서 잠시 습하고 따뜻한 시기를 맞이했다. 사막은 점차 줄어들었고 중동과 유럽 사이에는 풀과 나무가 자라는 초원이 늘어나기 시작했다. 사람들은 사냥거리를 따라 아라비아 반도를 지나 터키에 도착했다. 지금은 터키의 흑해와 마르마라해를 잇는 보스포루스 해협[12]을 사이로 유럽과 아시아가 나누어져 있지만 유럽인들의 조상이 처음 이곳에 도착했을 때는 낮은 해수면 덕분에 유럽과 아시아가 이어져 있었고 걸어서 유럽까지 갈 수가 있었다.

보스포루스해협을 건너면 멀지않은 곳에 도나우강이 있다. 유럽으로

---

12 흑해와 마르마라해를 잇고, 아시아와 유럽을 나누는 터키의 해협.

간 인류는 수렵과 채집을 하며 도나우강¹³을 따라 서쪽으로 이동해 갔다. 이렇게 이동을 하며 낯설고 더 추운 지역으로 갔을 때 이들은 자신들과 비슷한 사람들을 발견하게 되었다. 그 사람들도 돌로 된 도끼와 창을 가지고 있었고 동물들을 사냥하고 있었다. 그들은 유럽의 원주민인 네안데르탈인이었다. 네안데르탈인과 호모사피엔스는 70만 년 전에 공통의 조상으로 연결된 사촌지간인 셈이다. 20만 년 전 우리 조상들이 아프리카에서 출현하던 무렵 네안데르탈인은 이미 유럽에 살고 있었다.

네안데르탈인은 호모에렉투스가 유럽에서 진화한 아종(亞種)이다. 특이한 점은 네안데르탈인의 완성체가 나타나는 시기가 대략 17만 년 전으로 현생인류가 20만 년 전에 출현했던 걸 감안해보면 오히려 인류보다 더 늦게 탄생한 개체라는 점이다. 이들의 유골은 현재의 유럽과 중앙아시아 일부 지역에서 널리 발굴되고 있지만 호모에렉투스와는 달리 아프리카나 동아시아 지역에서는 전혀 발견되지 않고 있다.

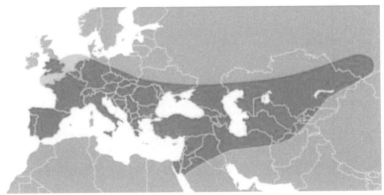

네안데르탈인 인골이 발견되는 지역
(출처: 위키미디어 커먼스)

---

13 독일 남부에서 발원하여 루마니아 동쪽 해안을 통해 흑해로 흘러가는 길이 2,860㎞의 유럽에서 두 번째로 긴 강.

7만 5천 년 전 대규모 화산이 폭발해 유럽의 기후는 극도로 추워졌고 혹독한 빙하기를 맞은 네안데르탈인은 사피엔스와 달리 재앙을 극복하지 못했고 회복하지도 못했다. DNA 분석 결과 이들의 다양성은 극도로 제한되어 있었고 극심한 영양실조에 시달리다 약 3만 년 전 멸종했다.

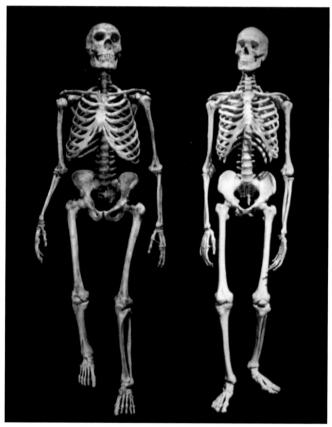

네안데르탈인과 호모사피엔스의 골격 비교(좌: 네안데르탈인, 우: 호모사피엔스)
(출처: AMERICAN MUSEUM OF NATURAL HISTORY)

네안데르탈인의 성인 키는 남자의 경우 대략 167㎝, 여자의 경우 155㎝ 정도로 당시의 영양 상태를 고려한다면 현생인류와 차이가 거의 없는 것이나 마찬가지다. 체형을 보면 단단한 골격에 통뼈라서 근육량이 상당했다. 평균체중은 남자는 80kg, 여자는 70kg 정도로 예상된다. 체력도 대단해서 손에 쥔 막대기만으로 거대한 매머드를 사냥했을 정도였다. 다만 걷거나 달리는 데는 현생인류만큼 구조적으로 적합하지 않아서 달리는 속도나 지구력에서는 현생인류보다 열세였다. 그러나 힘이 센 만큼 신진대사율도 빨라서 현생인류보다 50% 이상의 칼로리가 더 필요했을 것이다.

네안데르탈인은 주로 추운 북쪽에 거주했기 때문에 피부멜라닌 색소를 적게 가졌다. 일반적으로 네안데르탈인은 2차성징이 빨랐다. 15세가 되면 성인이 되었는데 이는 현생인류보다 4~5년 빠른 수치다. 짧은 시간에 번식이 가능한 시기로 성장했고 생후 7개월이면 이유식을 먹였다고도 한다.

네안데르탈인은 현생인류보다 평균적으로 뇌용량이 컸다. 네안데르탈인 성인 남성의 뇌 용적량은 평균 1,600㎤로 현생인류 남성의 1,450㎤보다 10% 정도 더 컸다. 하지만 지능의 중요한 부분을 차지하는 전두엽의 발달이 부족했던 것으로 보인다. 전두엽은 뇌에서 앞부분을 차지하고 있는 곳으로 기억력과 사고력 등의 고등 행동을 관장하고 있어 포유류 중에서 고등한 동물일수록 이 부분이 잘 발달되어 있으며 인간은 특히 전두엽이 잘 발달되어 있다. 하지만 네안데르탈인은 두개골의 구조상 전두엽이 현생인류에 미치지 못했기 때문에 커다란 뇌 용적량에도 불구하고 제대로 활용하지 못했다. 네안데르탈인은 얼굴에 비해 머리의 폭이 엄청 길다. 이런 두상을 장두형(長頭形)이라고 하는데 네안데르탈인의 경우 장두형의 정도가 백인, 흑인보다 훨씬 심하다.

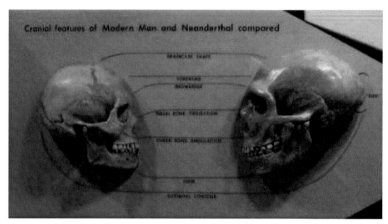

호모사피엔스와 네안데르탈인의 두개골 크기 비교(좌: 호모사피엔스, 우: 네안데르탈인)
(출처: 클리블랜드 자연사박물관)

화석인류는 200만 년 전 나타난 호모에렉투스 때부터 간단한 언어를
사용했던 것으로 추정하고 있다. 네안데르탈인 역시 평소 언어를 사용
했다. 다만 네안데르탈인은 머리와 목이 발성에 부족한 구조이기 때문
에 현생인류만큼 언어를 자유롭게 구사하지 못했을 것이라는 게 정설이
다. 하지만 유전자 연구에서 언어와 관련된 유전자가 현생인류와 거의
차이가 없다는 점이 밝혀지기도 했다. 때문에 현생인류와 언어를 공유
했을 거라는 주장도 있다.

현생인류와 비교해 눈구멍이 큰 것으로 보아 유럽의 추운 겨울과 긴
밤에 적응하기 위해 시력의 발달이 요구됐고 그렇기 때문에 그들의 커다
란 뇌는 안구활동에 유난히 소진되도록 뇌의 능력을 분산시켰을 것으
로 여겨진다. 시력의 정도는 가늠키 어렵지만 어두운 곳에서는 현생인
류보다 식별하는 능력이 좋았을 것이다. 청각기관의 경우 여러모로 현생
인류와 비슷하고 침팬지와 같은 유인원들과는 달랐다. 따라서 여러 소
리를 구분할 수 있는 능력을 가졌던 것으로 여겨진다.

네안데르탈인은 대부분 동굴에서 살았지만 매머드 뼈로 만든 움집에서 살기도 했다. 주거지 안에는 화덕이 있어 평소 불을 사용했다. 다만 불을 자유로이 만들어 사용할 수 있었을지는 의문이다.

네안데르탈인은 대부분 육식을 했고 고기는 주로 매머드, 사슴, 말, 털코뿔소, 들소 등을 먹었는데 고기를 말려서 육포를 만들어 먹을 줄도 알았고 가금류와 어패류도 섭취하는 등 다양한 식사를 즐겼다. 동물 뼈와 돌연장들은 네안데르탈인들이 집에서 멀리 떠나 사냥을 했음을 시사하는 것인데 이들이 소금을 사용했다는 증거가 없는 것으로 보아 먼 거리까지 고기를 나르기 위해서는 고기를 말려야만 했을 것이라고 추정된다. 이렇게 말린 고기는 집에 돌아와 모닥불에 구워 먹었을 가능성이 가장 크다.

네안데르탈인은 돌고래나 물개도 가리지 않고 먹었다. 때로는 식인도 했는데 죽은 사람 시체의 뇌를 먹기도 했다. 이들의 이빨 자국이 남은 사람의 뼈를 보면 골수를 빼먹은 흔적도 있다. 이들은 오직 육식만 했던 것은 아니었고 평소 딸기를 따 먹고 채소와 곡식도 익혀 먹었다.

네안데르탈인은 사냥할 때 창을 던진 게 아니라 창을 들고 찔렀다. 그러다 보니 항상 골절상을 달고 살아야 했다. 투창을 하지 않은 것은 힘이 뒷받침을 해줬기 때문이다. 멀리서 투창을 할 필요가 없었던 것이다.

네안데르탈인은 돌과 뼈, 나무 등을 이용해서 창이나 손도끼 등의 다양한 종류의 도구를 만들었다. 때로 동족의 뼈로 도구를 제작하기도 했다. 특이한 점은 주먹도끼를 만드는 방법이 지역에 따라 달랐다는 것인데 최소 2개의 석기문화가 공존했던 것으로 보아 네안데르탈인에게도 학습 메커니즘이 있었다고 보고 있다. 이들의 도구는 기본적으로 현생인류가 만든 것보다 다소 단순하지만 예리함에 있어서는 현생인류의 도구에

뒤지지 않았고 때로는 현생인류보다 더 정교한 도구를 만들어 쓰기도 했다. 특히 가죽을 손질할 때 짐승의 뼈로 만든 골각기를 쓰곤 했다.

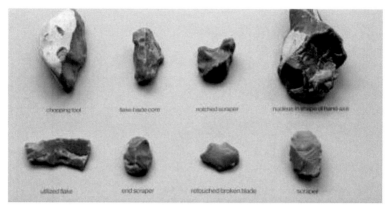

네안데르탈인이 사용한 뗀석기
(출처: 미국 자연사 박물관)

네안데르탈인은 아프거나 상처를 입은 동료를 돌봐주고 연장자를 보살피기도 했다. 또 상처를 치료하기 위해 약초를 사용했다. 그러다 동료가 죽으면 시체를 매장해 주었다. 시신의 매장은 네안데르탈인의 조상격인 하이델베르크인 시절부터 있어왔지만 매장할 때 생전에 사용했던 것을 함께 묻어주었는데 이를 원시적인 종교적 형태라고 보는 견해도 있다.

남자들은 사냥에서 돌아오면 가사(家事)일을 돕기도 했는데 주로 석기로 가죽을 벗기는 일을 도왔다. 다만 바늘을 제작할 줄 몰랐기 때문에 뾰족한 돌로 구멍 뚫은 가죽을 실로 연결해 엉성하게 입고 다녔다. 이러한 이유로 현생인류에 비해 몸을 따뜻하게 유지하는 데 한계가 있었다.

네안데르탈인들은 가죽 끈으로 엮은 한두 겹의 가죽 또는 털가죽으로 몸과 발을 감싸 옷과 신발을 삼았던 것으로 보이며 가죽에 남아있는 치아 흔적은 이들이 딱딱한 가죽을 부드럽게 만들어 옷감을 만들기 위해 씹었음을 보여준다. 이들은 동굴이나 다른 주거지에서도 불을 피우고 매머드 털가죽 등을 덮고 잤을 것이 틀림없다.

옷 만들기에 필요한 가죽긁개 등 도구들과 가죽에 구멍 뚫는 뾰족한 도구 등은 네안데르탈인들이 몸에 잘 맞는 옷을 입었을 것이라는 가정을 뒷받침하는 것이다.

네안데르탈인은 새의 깃털을 뽑아 몸을 장식하기도 했고 조개껍질로 몸치장도 했으며 얼굴에 화장도 했다. 심지어 동굴에 동물벽화를 그리기도 했다.

② 유럽의 지배자

호모사피엔스가 유럽에 도착했을 무렵에 이미 네안데르탈인은 유럽 전역에 퍼져 살아가고 있었다. 독일 남서부 튀빙겐 유적지의 동굴에서는 네안데르탈인과 호모사피엔스가 함께 살았던 흔적이 남아있다. 네안데르탈인은 불을 사용하고 주위환경을 이용할 줄 아는 뛰어난 기술자였다. 그들은 이미 먹이사슬의 꼭대기에 있었고 모든 환경을 통제하고 있었다.

서로 다른 두 인류가 만났을 때 두 인류는 서로를 경계하고 피했을 것이다. 하지만 문제는 계속해서 피하기가 어렵다는 점이다. 사람들에게는 살아갈 집과 식량이 필요했다. 다른 인류가 사냥터 내에 들어오게 되면 이런 것이 부족해진다. 그럴 경우엔 갈등이 생길 수밖에 없다. 네안데르탈인의 골격은 호모사피엔스보다 훨씬 강인했고 근육질이며 뼈는 단단했다. 다부진 체격에 키는 더 작고 팔다리는 더 짧았다. 흉곽이 더 넓고 앞으로 튀어나와 있었다. 이런 신체 비율은 빙하기의 추운 유럽기후에 적응한 결과이다.

네안데르탈인의 두개골은 우리보다 크다. 그들은 돌날을 고기를 자르고 가죽을 벗기는 데 사용하였고 나무를 자르거나 할 때에는 돌도끼를 이용하였다.

네안데르탈인은 주로 육식을 하였다. 그들은 바다에서도 먹을거리를 찾았다. 네안데르탈인은 시간의 개념이 있었고 계절의 변화를 알고 있었다. 바다표범 같은 동물의 생태도 알고 있었으며 바다표범이 번식하는 시기를 알고 있었고 그때가 사냥의 적기라는 것도 알고 있었다.

네안데르탈인이 멸종하고 호모사피엔스가 살아남은 것은 소통능력(疏通能力)과 조직화(組織化)의 차이에서 발생한 결과였다. 다양한 먹을거리와 사냥, 채집기술을 위해 소통하고 조직화하며 일을 분업화한 것은 호모사피엔스뿐이었다.

유럽의 호모사피엔스는 튀빙겐에서 3만 5천 년 전에 상아조각에 구멍을 뚫고 피리를 만들어서 사용하였다. 혁신적이고 독창적인 도구나 예술작품을 만들어내는 능력은 호모사피엔스의 특징이다. 피리는 사람들에게 위험을 알리고 사람들을 불러 모으는 데 사용했다. 네안데르탈인과 사냥감을 두고 경쟁하거나 싸움을 할 때에도 주변의 동료들을 부르는 데 사용했다.

3만 5천 년 전 제작해 사용한 동물뼈로 만든 피리
(출처: 독일 울름 박물관)

호모사피엔스는 매머드의 상아나 뼈로 만든 사람의 몸에 사자머리조 각상을 만들었고 그러한 것들이 주변 곳곳에서 발견되었다. 이것은 초현실적인 종교가 있었고 종교를 통한 여러 씨족집단 사이에 교류가 있었다는 증거다. 넓은 사회관계망(社會關係網), 사고(思考)의 교환, 동일한 정체성(正體性)의 상징물 등 추상적(抽象的)인 사고능력을 호모사피엔스는 갖고 있었지만 네안데르탈인은 갖지 못했다. 이러한 기획(企劃)과 창조(創造), 소통능력(疏通能力)은 우리 인류의 생존비결이었다.

인간을 비롯한 모든 동물들이 개별적으로 스킨십과 대화를 통하여 접촉하고 소통할 수 있는 개체 수는 50이 한계다. 아무리 사회성이 좋고 소통능력이 뛰어나도 그 이상은 관리를 할 수가 없다. 그래서 집단을 형성할 때에도 50개체를 넘지 않는다. 인간에게도 50명은 지도자가 지배하고 무리를 거느릴 수 있는 최대 한계인 것이다. 50명 이상을 지배할 때는 제도와 신념을 공유해서 지배한다. 인류가 유럽에 도착했을

3만 5천 년 전 제작한 동물뼈로 만든 사자머리상
(출처: 독일 울름 박물관)

때 아직 씨족을 운영할 제도나 신념을 수립하지 못했다. 그런데 종교적으로 공동체를 형성하면 지도자가 지배할 수 있는 수는 무한대에 이른다. 종교를 믿게 되면 국가와 인종을 초월하고 모두가 하나의 공통된 생각에 이를 수가 있게 된다. 호모사피엔스는 종교를 통하여 이웃의 부족

과 서로 소통하고 공감대를 형성하며 협조할 수가 있었다.

우리 조상들이 네안데르탈인과의 경쟁에서 승리한 비결은 더 넓은 사회적 관계망과 대규모 집단의 동원, 의사소통 능력처럼 계측할 수 없는 특징이었다.

수천 년에 걸쳐 네안데르탈인의 개체 수는 계속 감소하였다. 인류가 유럽으로 이동했을 때 네안데르탈인이 멸종하였고, 아시아로 이동했을 때 호모에렉투스가 멸종하였다. 마지막까지 살아남은 네안데르탈인은 남부유럽의 모퉁이인 지브롤터[14]로 밀려나 있었다. 그곳은 네안데르탈인이 살았던 마지막 보금자리였다. 네안데르탈인의 멸종 원인은 기후였다. 그 당시 유럽기후는 춥고 혹독했으며 가뭄과 혹한이 계속되었다. 열악한 기후환경은 소규모 집단에 특히 큰 피해를 주었다.

유럽으로 건너 온 호모사피엔스는 네안데르탈인과 생존을 위해 경쟁하였다. 하지만 몇 천 년이라는 짧은 시간이 지난 뒤에 호모사피엔스는 유럽의 주인이 되었고 네안데르탈인은 사라졌다. 하지만 시련은 그것뿐만이 아니었다. 유럽은 무시무시한 기후변화를 겪고 있었고, 마지막 빙하기의 절정을 지나고 있었던 것이다. 두터운 얼음층이 급격한 속도로 남하했다. 북반구 대부분은 사람이 살 수 없는 동토가 되어버렸다. 그래도 인류는 혹독한 기후에서 살아남았다. 유럽남부는 인류가 혹독한 추위를 피해 살아남은 곳이다. 유럽 전역이 빙하로 덮여 있을 때에 프랑스의 남부에서는 사람이 살고 있었다.

북부지역보다 온화한 기후와 천연의 은신처 덕분에 프랑스 남부의 계곡은 빙하기를 맞은 인간에게 피난처를 제공했다. 땅속으로 6~7미터 깊

---

14 에스파냐의 이베리아반도 남단에서 아프리카를 향하여 남북으로 뻗어 있는 반도로 영국의 직할 식민지이다. 지브롤터 해협을 마주보며 깎아지른 듯한 바위산 '지브롤터 바위'가 서 있다.

이의 동굴은 인류에게 살아갈 공간을 제공했고 여러 가지 위협으로부터 사람들을 보호했다.

프랑스 라스코 동굴벽화
(출처: 위키미디어 커먼스)

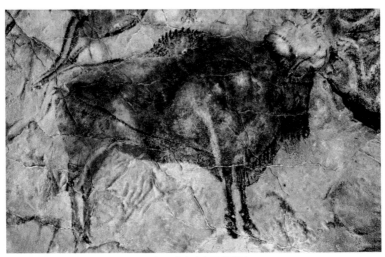

프랑스 알타미라 동굴벽화
(출처: 위키미디어 커먼스)

이런 동굴은 천장이 낮기 때문에 난방효율도 높다. 빙하기를 살던 사람들에게 이 동굴들은 단순히 추위에서 몸을 지켜주던 것 이상이었다. 사냥과 채집을 하며 떠돌던 무리들이 여기로 모였고, 동굴은 다른 씨족과 서로의 소식을 주고받는 효과적인 모임장소였다.

페슈멜르 동굴벽화
(출처: 위키미디어 커먼스)

페슈멜르 동굴벽에는 부근에 살았던 부족을 상징하는 그림이 장식되어 있다. 동굴은 자연이 건설하고 장식한 사원이었다. 동굴에 들어오면 사람이나 동물, 식물 등을 닮은 바위를 쉽게 발견할 수 있다. 선사시대 사람들은 동굴을 영혼의 집이라 믿었을 것이다. 그래서 사람들은 동굴벽에 그림을 그리기 시작했다. 동굴벽의 동물그림은 일종의 부적이었다. 야생의 소를 그린 그림은 풍족하게 먹고 싶은 소망이었다. 이렇게 선사시대 인류는 유럽에 자취를 남겼다.

유럽의 추위는 유럽인들의 피부색을 바꾸어 놓았다. 인류는 아프리카에서 태어났고 그 이후 10만 년이 지나서까지 인류의 피부빛은 햇빛을 차단하기 위해 어두운 빛깔을 띠고 있었다.

비타민D는 피부가 태양광선을 받을 때 생성된다. 비타민D가 부족할 경우 골다공증, 각기병 등의 골격형성과 면역력 문제를 겪게 되고 우울증 등의 심각한 장애가 일어난다. 유럽의 일조량은 적도에 비해 크게 적어 어두운 색의 피부는 생존에 불이익을 줄 수 있다. 소량의 햇빛으로도 비타민D를 만들 수 있는 창백한 피부는 수천 년을 거치며 유럽 전역으로 퍼져나갔다.

2만 년 전 유럽에 남은 인류는 우리 호모사피엔스뿐이었다. 3만 년 전에서 2만 년 전 사이에 유럽에서는 새로운 사람들이 아시아에서 유럽으로 이주해 들어왔다. 새로운 이주민은 혁신적인 도구와 문화를 가지고 유럽에 들어와 확산시켰다.

돌니베스토니체의 세라믹 비너스
(출처: 위키미디어 커먼스)

체코의 돌니베스토니체에서 발견된 비너스와 비슷한 조각상은 유럽 전역에서 발견되고 있다. 서쪽으로는 프랑스에서, 동쪽으로는 러시아까지 유럽 전체가 공통의 문화를 가지고 있었다는 것이다.

시간이 지나면서 지구는 다시 따뜻해졌고 빙하가 북쪽으로 점차 물러나자 인간이 일하고 살아가는 생존방식에 인류의 역사를 바꿔놓을 만큼 큰 변화가 일어났다.

터키 남부에 자리 잡은 괴베클리테페 유적은 인류의 변화가 얼마나 광범위하게 나타났는지를 보여준다. 수렵채집만 하던 인간사회에 권력자가 나타났고 권력자는 종교의 힘으로 다른 사람을 지배하였다. 티(T)자형 비석들에는 다양한 동물과 문양이 새겨져 있다. 석재를 떼어내 옮

괴베클리테페 유적
(출처: 위키미디어 커먼스)

괴베클리테페 유적 동물문양 비석
(출처: 위키미디어 커먼스)

기고 비석을 세우는 데에는 상당한 수준의 지식과 기술이 필요하다. 이 사회에 석재를 다루는 전문가가 있었다는 증거다. 다른 일은 하지 않고 비석에만 매달려 그림을 그리고 조각을 하는 사람들이 있었던 것이다. 더 큰 비석을 세우게 하고 조각을 하게 한 건 종교라는 미지의 힘이다. 그리고 종교는 권력자를 만들고 권력자에게 힘을 실어 주었다.

정교해진 사회조직 덕분에 인류가 혁명적인 발전을 이루었다. 이 지역에서 자라는 야생밀을 인류가 처음으로 경작하기 시작했다. 이곳이 인류 최초의 밀 재배지였다. 농경을 하기 위한 모든 요소가 갖추어져 있었다. 사람들은 자연을 이용해 더 많은 먹거리를 얻고자 하였다. 그래서 농업이 탄생하였다. 10만 년이 넘는 수렵채집생활을 마감하고 현생인류 호모사피엔스는 정착과 농경을 시작했다. 농경의 시작은 안정적인 식량 공급이 가능하게 했고 인구는 급격하게 늘어나기 시작했다. 농업은 유럽과 아시아 전역으로 퍼져나갔다. 인간의 집단 주거지는 더 커졌고 문명의 기초가 만들어졌다.

(2) 아시아

① 혹한에서의 생존

아시아로 향한 인류는 세 갈래로 갈라져 각기 다른 방향으로 향했다. 천산산맥[15] 남쪽으로 내려간 사람들은 인도를 지나 동남아시아로 향했

---

15 중국의 신장웨이우얼자치구와 키르기스스탄, 우즈베키스탄, 카자흐스탄의 4개국에 걸쳐 있는 산맥.

고 천산산맥 가운데의 하서회랑[16]으로 간 사람들은 티벳을 지나 중국 남부로 향했다. 천산산맥 북쪽으로 향한 사람들은 시베리아를 지나 베링해로 향해갔다. 그리고 일부 집단은 빙하기의 추위를 피해 베링해를 건너 북아메리카로 향했다.

북쪽 길을 택한 인류가 시베리아에서 만난 건 생존을 위협하는 환경이었다. 먹을거리는 부족했고 추위는 상상을 초월했다. 북시베리아는 북극권에 해당하는 얼어붙은 땅이다. 한겨울의 기온은 영하 70도까지 떨어진다. 이곳은 사람이 살고 있는 땅 중에서 가장 추운 곳이다.

아프리카에서 태어난 인류는 10만 년 동안을 아프리카에서 보냈다. 털이 없는 인류가 아프리카에서 동물들을 사냥하며 살아남은 비결은 열을 배출하는 땀샘과 사냥감이 지칠 때까지 추격하는 지구력이었다. 7만 년 전 아프리카를 떠나 중동을 가로질러 중앙아시아까지 온 인류는 사냥감을 찾아서 큰 강과 산맥들을 따라 계속 이동하였다.

이곳에서 인류는 살아남기 위해 동물의 털가죽을 뒤집어쓰고 자신들을 최대한 동물처럼 만들었다. 시베리아의 혹한에 적응하는 것은 엄청난 고통이었다. 털이 없는 인류는 추위와 싸워야 했고 살아남기 위해서 동물의 두꺼운 털가죽을 이용하였다. 동물들은 털 덕분에 혹한에서도 활동이 가능하다. 인간은 동물들의 털이 혹한에서 살아갈 수 있게 하는 생존비결임을 알아냈고 혹한 속에서 살아남기 위해 동물의 털가죽 속에 온몸을 집어넣고 온몸을 동물의 털가죽으로 덮었다. 인류는 그렇게 동물의 털가죽을 이용해 옷을 만드는 방법을 터득하였다.

각각의 동물 털가죽은 용도에 따라 다르게 사용하였다. 몸통은 제일

---

16 중국 간쑤성(甘肅省) 서부, 치렌산맥(祁連山脈) 북쪽에 동서로 이어져 있는 오아시스 지대.

따뜻한 순록의 털을 이용하여 만들었다. 순록의 털은 털 안에 공기층이 있어서 다른 동물의 털보다 열을 보존하는 능력이 뛰어났기 때문이다. 소맷부리와 목은 얼음조각이나 눈보라가 튀어 들어오는 것을 막을 수 있도록 덧대고 감쌌다. 그리고 털가죽으로 된 장갑과 신발, 모자를 만들어 온몸을 감쌌다. 털로 덮이지 않은 부분은 얼굴뿐이었다. 하얀 눈이 햇빛을 반사해 눈이 부시게 되기 때문에 눈을 보호하기 위해 모자에도 털로 챙을 만들었다.

인간이 시베리아에서 살아갈 수 있던 것은 순록 덕분이었다. 순록 떼의 이동 경로를 따라가며 가죽으로 차가운 바람을 막는 집과 옷을 만들고, 고기를 먹으며 이동했다. 이들은 이동하면서 이동 경로를 따라 곳곳에 사람들이 살았던 흔적들을 남겨 놓았다. 4만 년 전에 남시베리아에서 사람들이 살았음을 보여주는 정교한 석기가 곳곳에서 발견되고 있다.

인류는 계속해서 북쪽으로 이동하였다. 그 이유는 사냥감 때문이었다. 빙하기가 끝나면서 순록 떼는 좋아하는 이끼와 풀을 찾아 북쪽으로 이동하였고 사람들은 순록을 따라 다니면서 수렵과 채집생활을 하게 되었다.

남시베리아 말타 유물 석기
(출처: 이르쿠츠크 향토박물관)

남시베리아 말타 지역 야영지 상상도
(출처: E., 1881: Eskimos about the Bering Strait)

인류는 순록의 생태주기에 맞추어 생활을 하였고 이동을 하였다. 이 동하는 순록의 무리를 계속해서 따라다니며 순록을 사냥하여 털옷을 만들어 입고 먹을거리를 해결하며 털가죽과 뼈, 나무를 이용해 주거공간을 마련하였다.

시베리아는 식물이 천천히 자라는 곳이기 때문에 초원의 풀이 바닥나기 쉽다. 그래서 순록은 새로운 풀을 찾아 이동을 하였고 사람도 순록을 따라 계속 이동을 해야 했다. 여름에는 며칠, 겨울에는 몇 주에 한 번씩 이동해야 순록을 따라갈 수 있었다.

시베리아에서 선사시대의 인류는 사냥감을 따라 조금씩 북쪽으로 이동하며 불을 피워서 추위를 극복하였다. 그들의 이동식 가옥은 낙엽송 장대와 순록가죽으로 만들었다. 야영지는 며칠 동안 그들의 집이 되었다. 집은 가축에게 풀을 먹이는 곳이고 사냥의 출발점이 되는 곳이었다. 선사시대 시베리아에는 지금보다 훨씬 다양한 사냥감이 살고 있었다. 시베리아 곳곳의 유적지에서 돌촉이나 긁게 자국이 있는 동물의 뼈들이 발견되었다. 초기인류는 매머드, 코뿔소, 야생마, 새, 순록 등을 사냥했다. 순록사냥은 지금까지도 계속되고 있다. 사냥의 실패는 굶주림으로 이어졌다. 이런 때를 대비해 우리 조상들은 순록을 가축으로 기르기 시작하였다. 수만 년에 걸쳐 각 부분의 용도를 찾아온 결과 순록은 버릴 게 없다. 순록이 주는 건 먹을거리만이 아니었다. 순록의 털가죽은 최고의 방한의류였다. 시베리아로 건너온 초기인류는 사냥으로 얻은 짐승의 털로 옷을 만들어 입었다.

시베리아는 혹독하게 추웠고 그 덕분에 우리 조상들은 인류역사상 가장 중요한 발명품을 만들어 냈다. 바늘의 발명은 우리 조상들을 혹한에서 구한 특별한 도구였다. 남시베리아의 한 동굴에서는 4만 년 이상 된 동물의 뼈로 만든 바늘이 발견되었다. 세계 최초로 바늘이 사용된 곳이 춥고 척박한 시베리아라는 것은 자연스러운 일이다.

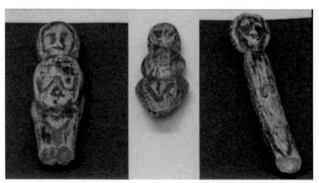

남시베리아 말타 유물 동물뼈로 만든 비너스
(출처: 이르쿠츠크 향토박물관)

하지만 바느질은 바늘만으로 되는 것은 아니다. 우리 조상들은 순록의 인대로 실을 만드는 법도 개발해 냈다. 순록의 몸에서 인대를 떼어낸 다음 말려서 실을 만들었던 것이다. 우리 조상들은 동물의 뼈로 만든 바늘과 인대로 만든 실로 털가죽을 꿰매어 찬바람이 새지 않는 아주 따뜻하고 튼튼한 옷을 지었다. 추위에 맞설 털가죽 옷을 마련한 우리 조상들은 북극해 근처의 얼어붙은 황무지도 정복할 수가 있었다.

② 종교지도자 샤먼

우리 조상들은 하늘을 바라보며 그 별빛 아래에서 잠을 잤다. 하늘이 그들의 이야기책이고 달력이며 삶의 안내서였다. 겨울에 언제 혹한과 눈보라가 찾아올지, 순록이 언제 어느 방향으로 이동할 것인지를 하늘을 보고 별을 보며 예측했다. 매일 밤 북극성을 중심으로 모든 별이 도는 것을 보았다. 북두칠성은 언제나 북극성의 주변을 돌고 그 외의 별들은 계절이 바뀌면 다른 별들이 나타나는 것을 보았다. 샤먼의 머리 위에서 밝게 빛나는 변치 않는 북극성[17]은 하늘의 상제이고 모든 무수한 별들은 북극성을 중심으로 반시계방향으로 도는 백성이었다. 북두칠성은 생명을 주관하는 신이며 은하수는 상제를 만나러 가는 길이었다. 샤먼은 은하수를 따라 가서 상제를 만나고 상제가 전하는 신탁을 받았다. 샤먼은 상제를 만나기 위해 혼자 멀리 떨어져 있는 높은 산으로 올라가 기도를 하였다. 산이 높을수록 신에게 가까이 다가갈 수 있다고 믿었다. 샤먼은 그곳을 신성한 땅으로 선포하여 아무도 출입할 수 없도록 명령하였다. 그리고 조용히 기도를 올리고 신을 만났다. 신에게 날씨의 변화를 묻고 사냥할 방향과 이동할 날을 물었다.

샤먼들은 의식을 하기 전에 반드시 환각제를 먹었다. 천연 환각제의 대표적인 것은 버섯, 나팔꽃, 선인장이다. 신을 만나기 위해서는 약간의

---

17 천부인이 북극성, 북두칠성, 은하수라는 설도 있다. 천부인은 샤먼에서 샤먼으로 이어진 하늘의 비밀이다.

환각상태가 필요하다. 시베리아에서 샤먼은 신을 만나기 위해 환각효과가 있는 버섯을 먹었다. 환각을 일으키는 버섯은 먹어도 죽지는 않지만 직접 먹거나 말려서 차를 끓여 마시면 환각상태에 빠진다. 며칠을 환각상태에서 깨어나지 못할 수도 있다. 샤먼들은 신을 만나기 전에 항상 버섯을 애용했고 환각상태에서 신을 만나 신의 계시를 들었다.

샤먼들이 환각버섯을 먹은 후에 신을 만나고 신의 계시를 받는 문화는 전 세계로 전해졌다. 후에 문명세계로 진입한 메소포타미아, 인도, 유럽과 이집트의 사제들이 신을 만나기 위한 도구로 버섯을 애용하였다. 그리스나 로마의 신관들도 항상 버섯을 먹고 신에게 기도한 후에 신탁을 받았다고 한다. 모세가 유태인을 이끌고 이집트를 탈출해 이스라엘로 갈 때도 호렙산에서 신을 만나 십계명을 얻은 것은 버섯을 먹고 환각에 빠진 덕분이었다.

샤먼은 북극성을 만나기 위해 은하수를 타고 가는 전설을 만들었다. 북극성은 옥황상제의 상징이었다. 샤먼은 하늘의 신을 만나 계시를 받고 땅에 사는 사람들에게 신의 계시를 전달하는 매개자였고 절대적인 지도자였다.

시베리아에서 하늘을 향해 곧게 자라는 자작나무는 하늘과 땅을 연결하는 매개체였다. 샤먼은 자작나무껍질에 그림을 그리고 신의 계시를 적었다. 신탁을 적은 샤먼만이 아는 부호는 나중에 문자로 발전하는 계기가 되었다.

북극권의 혹한에서 살아남을 수 있었던 것은 종교지도자 샤먼이 추위와 굶주림을 극복할 수 있도록 희망을 주며 무리를 이끌었기 때문이다.

③ 동지와 크리스마스

태양을 공전하고 있는 지구는 지축이 23.5° 기울어져 있기 때문에 사계절이 발생한다. 북위 66.5° 부근은 순록의 주요 거주지이며 먹이인 이끼가 이 지역에서 주로 나고 있다. 우리 조상들은 순록을 따라 북극권에 거주하면서 1년을 주기로 사계절이 반복되고 극야[18]와 백야[19] 현상이 발생하는 것을 경험하였다. 아프리카를 탈출하고 유럽과 아시아에 진출하면서 시간과 사계절의 변화를 알고 있었다. 극야와 백야는 북극권에서만 일어나는 현상으로 지축이 23.5° 기울어져 있기 때문에 발생하는 현상이며 북위 66.5° 이상에서만 경험할 수 있다. 우리 조상들은 겨울이 되면 태양이 지평선 아래로 사라져 3~4일 동안 밤이 계속되는 극야현상을 경험하고 여름이 되면 태양이 지평선 아래로 지지 않고 낮이 3~4일 동안 계속되는 백야현상을 경험하였다. 극야현상이 일어나는 때가 동지이고 백야현상이 일어나는 때가 하지이다. 그러한 현상이 사계절의 변화에 따라 365에서 366일을 주기로 반복되는 것도 알아내었다. 이런 주기현상을 관찰하고 알아낸 사람들은 종교적, 정치적 지도자인 샤먼이었고 샤먼은 인간의 주변에서 일어나는 모든 일과 자연현상을 알아야 했다.

북위 66.5° 아래에서 살아가는 사람들에게 동지와 하지는 특별한 의미도 없고 관찰하기도 어렵다. 하지만 북위 66.5° 위에서 살았던 우리 조상들에게 하지와 동지는 특별한 날이었고 1년이라는 역년(曆年)의 개념을 만들어주었다. 달의 주기로 알아낸 한 달 28일과 해의 주기로 알아낸 1년 365일의 연속된 날이 맞지 않기 때문에 윤달을 만들어내 날짜를

---

18 극지방에서 겨울철에 해가 뜨지 않고 밤이 지속되는 현상.
19 극지방에서 한여름에 태양이 지평선 아래로 내려가지 않는 현상.

맞추는 것이 샤먼들의 숙제였다. 샤먼들은 1년을 계산하여 반복되는 짧은 여름과 긴 겨울을 대비할 수 있도록 계획하고, 식량을 저장하여 축제를 열고 무리들의 마음을 달래주었던 것이다. 이러한 행위가 풍습이 되고 전통이 되어 동서로 퍼지면서 인류의 기억 속에 신화로 전해지게 되었다.

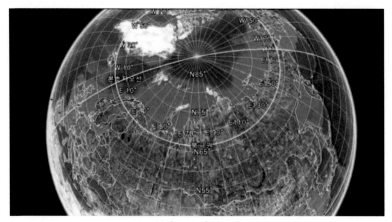

북위 66.5°의 북극권

샤먼들은 겨울에 동지가 되면 태양의 부활을 기다리며 축제를 열었다. 동지 때는 달과 금성이 하늘에서 가장 밝게 빛나는 천체이기 때문에 달과 금성은 태양을 부활시키는 매개체였다. 어두운 밤이 3~4일 동안 계속되는 동지는 부족민 전체가 모두 모여 태양을 부활시키고 자손을 번식을 시키는 날이었다. 결혼이라는 개념이 없던 그 시대에는 동지가 되면 모든 남녀가 어울려 자손을 번식시켰다. 자식이 태어나면 어머니는 확실하지만 아버지가 누구인지를 모르기 때문에 어머니를 중심으로 씨족이 형성되어 모여 살았다.

가장 경험이 많고 자식을 많이 둔 어머니가 집단의 우두머리가 되었다. 지도자가 되면 경험과 지혜를 바탕으로 하늘의 이치와 땅의 이치를 깨닫고 인간들을 지도하는 샤먼이 되었다. 샤먼은 신을 만나서 하늘의 이치를 부족민들에게 전달하고 부족민들 사이에서 발생한 분쟁을 공정하게 판단해서 결정하고 해결하였다.

오늘날 우리는 동짓날이 되면 팥죽에 새알심을 만들어서 넣어 먹는 풍습이 있다. 새알심이 상징하는 것은 태양으로, 태양을 먹으면 한 살을 더 먹는 것으로 여겼다. 동지는 밤이 길어서 음의 기운이 강하기 때문에 양의 기운을 먹어서 중화하려는 전통이 생긴 것이다. 시베리아에서 발생한 동지의 풍습은 사람들의 이동에 따라 유럽과 아시아 전체에 퍼졌고 얼어붙은 베링해를 지나 아메리카까지 퍼져 극야와 백야를 경험해보지 못한 북극권 아래에 살던 사람들도 동지와 하지의 풍습을 기리게 되었다.

기원전부터 로마, 이집트 등의 지역에서는 태양숭배와 관련 신화에 따라 12월 25일을 태양신 축일로 기념하고 있었다. 1년 중 해가 가장 짧아지는 동지에 즈음하여 그 이후부터는 해가 조금씩 길어지기 때문에 어둠이 물러나고 빛이 세력을 얻어 만물이 소생해 나갈 수 있음을 기념하기 위해서 12월 25일을 기념일로 지정했던 것이다.

로마교황 율리오 1세가 12월 25일을 크리스트의 탄생일로 선포한 350년부터 동지축제가 기독교의 축제로 변질되기 시작하였고 오늘날까지 전통으로 굳어지게 되었다.

크리스마스에는 자작나무를 크리스마스 트리로 사용하며 장식을 하는 풍습이 있다. 방울도 달고 반짝이는 줄을 널어 장식을 하는 전통이다. 자작나무에 헝겊을 매어놓는 전통은 아시아의 샤먼에게서 시작되었다. 샤먼들이 신탁을 하고 헝겊을 찢어 신목에 매어 놓으며 유목민들이 소원을 빌고 신목에 매어 놓는 풍습이 유럽으로 전해져 크리스마스가 되면 자작나무에 장식하는 풍습이 된 것이다. 우리나라의 서낭당에도 여행객들이 낡은 짚신을 걸어놓는 풍습이 있었다.

(3) 조왕신과 산타

도교의 최고신이며, 만인의 운명을 관장하는 옥황상제는 동짓날이면 부엌에서 그 집 식구들의 운명을 다스리는 조왕신들을 천상으로 불러들인다. 1년 내내 그 집안 사람들의 선악을 낱낱이 상제에게 고하고 그에 걸맞은 새해의 길흉을 배정받고 섣달 그믐날 밤 하강한다.

굴뚝을 통해 드나드는 조왕신을 맞는 날, 굴뚝 밑과 부엌은 물론이고 대청, 외양간, 샘가, 곳간, 장독대, 측간 할 것 없이 환하게 불을 켜놓고 이 운명의 사자를 겸허하게 기다린다. 물론 이날 밤 잠을 자서는 안 된다. 중국에서 전파된 이 조왕신 풍습은 우리나라를 비롯하여, 일본 등 아시아에 널리 번져 있다.

크리스마스 때의 산타클로스 할아버지는 탄생 지역이 독일, 터키, 노르웨이라는 등 설이 구구하고 그 이름도 다양하며 수호신으로 모셔 내린 곳도 러시아, 그리스, 시칠리아라는 등 다양하다. 또한 토속 관습과 성탄과도 배합되어 정체를 가려보기 어렵게 돼 있다.

다만 공통된 것은 산타 할아버지가 오는 때는 동지 즈음인 12월 24일 전후라는 것, 불을 상징하는 붉은 옷을 입고 굴뚝으로 드나드는 부엌신이라는 것, 선물을 들고 와 신발이나 양말 속에 넣어두고 간다는 것, 크리스마스트리가 말해주듯 집안 곳곳에 불을 밝히고 잠을 자지 않는다는 것 등을 들 수 있다. 이상의 크리스마스 풍습은 한국의 조왕신 풍습과 너무나 흡사함을 알 수 있다.

크리스마스의 양말과 유사한 풍습으로 동짓날 버선을 지어 바치던 동지헌말(冬至獻襪)을 들 수 있다. 송나라 때 동짓날 버선을 지어 바쳐 복을 비는 습관이 있었고, 이것이 민간으로 퍼져 시부모에게 버선을 지어 바치며 수복이 길어지길 빌었다고 한다.

이익의 『성호사설』에 보면 우리나라에서도 동짓날 시부모에게 헌말하는 풍속을 적으면서 동지부터 해가 길어지기에 수(壽)도 따라 길어지길 바라는 뜻이라 했다. 신발이나 버선을 신고 벗는 행위가 성행위를 상징하는 것은 동서양이 다르지 않다. 곧 동짓날에 버선을 지어 바치는 것은 이날이 음기가 다하고 양기가 자라기 시작하는 날이기에 부모님의 성생활을 주술적으로 기원하는 행위로 해석하기도 한다. 이것으로 미루어 원초적 불의 숭배가 동서로 갈리어 기독교를 만나 산타클로스가 되고 도교와 만나 조왕신이 된 것이 아닌가 싶다.[20]

시베리아에서 시작된 동지를 기리는 풍습과 한 해의 선악을 판단하고 굴뚝을 타고 집으로 들어오는 조왕신과 산타는 인류가 공통적으로 지켜왔던 풍습이 동과 서로 떨어지면서 다른 이름으로 지켜져 내려오는 전통이라 하겠다. 산타클로스의 기원을 4세기경 터키지방의 성 니콜라우스에서 유래됐다는 설이 유력하다고 하지만 빨간 옷과, 양말, 순록이 끄는 썰매는 그 훨씬 이전부터 존재했다고 한다.

---

20 이규태, 조선일보 칼럼, '산타翁과 조왕神', 2002.12.24.

(4) 몽골리안

북극권의 동토에는 순록고기를 제외하면 먹을거리가 거의 없다. 3만 년 전에 초기인류는 얼어붙은 시베리아의 강과 호수를 지나 수천 킬로미터 북쪽의 북극해로 이동하여 아시아대륙의 북단까지 이동했다. 하지만 인류는 지구가 얼어붙는 엄청난 재앙을 만났다. 아시아로 이동해 온 인류는 큰 변화를 맞이했다. 수천 년에 걸쳐 지구의 기온은 급강하했고 시베리아는 더욱더 추워졌다. 기후가 험해지자 선사시대의 인류는 생존이 가능한 남쪽으로 이주할 수밖에 없었다. 이주하던 선사인들은 바이칼호수 근처에 있는 남시베리아의 말타에 그들의 흔적을 남겨 놓았다.

혹한 때문에 도구를 만들러 바위산을 찾아가기가 힘들어지자 사람들은 돌 하나를 쪼개서 여러 개의 돌날을 만드는 세석기를 사용하였다.

이 시기에 인류는 늑대를 길들이기 시작했다. 먹이를 구하지 못한 늑대는 인간들이 먹다 남긴 순록고기를 얻어먹었다.

먹다 남은 음식이 남아있는 인간의 거주지는 늑대들에게 매력적인 장소였다. 인간의 근처를 맴도는 늑대를 쫓기 위해 고기덩이를 던져주는 일이 계속되면서 야생의 늑대가 길들여지기 시작한 것이다.

늑대의 새끼들은 생후 21일이 되기 전에 인간이 길들이기 시작하면 인간과 급속한 사회화가 형성된다. 늑대의 새끼들은 인간의 아이와 같이 자라면서 가축화되었고 순록을 사냥하거나 다른 육식동물들로부터 인간을 보호하기 시작하였다. 최초로 인간에게 길들여진 가축은 늑대였고 인간은 점차로 다른 동물들을 길들이기 시작했다.

시베리아의 추운 겨울을 보내고 봄이 올 시기가 되면 비축해 놓은 순록고기도 다 먹고 굶주림이 시작되었다. 봄을 알리는 철새들이 날아오는 시기는 순록들이 처음으로 모습을 드러내는 시기와 비슷했다. 그래서 동물의 뼈로 새의 조각을 만들어 사냥꾼들의 부적으로 가지고 다녔다. 초자연적인 존재에 의지해 고난을 이기려고 한 것이다.

새들이 날아오는 시기가 되면 겨울이 끝나고 순록 사냥이 시작되었다. 새는 봄을 알리는 전령사(傳令使)였기에 새가 나타나면 새로운 1년이 시작되고 생존할 희망을 갖는 새해가 시작이 되었다. 새해가 시작되는 시기는 지금 우리가 사용하는 달력에도 남아있다. 새해가 시작되는 봄을 기다리며 사냥꾼들은 이른 새벽에 동이 터오면 멀리서 태양을 등지고 날아오는 새를 기다렸다. 새가 나타나면 그 뒤를 이어 순록이 나타났고 사냥을 할 수 있게 되어 굶주림이 해결되었다. 새를 기다리는 마음으로 새를 조각해 십자형으로 만들어 부적으로 지니고 다녔다. 태양 속에 십자형의 새를 그려 넣는 풍습이 생긴 것이다.

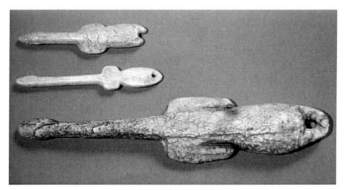

남시베리아 투메친 유적 동물 뼈로 만든 새 조각
(출처: 이르쿠츠크 향토박물관)

십자가는 시베리아에서 살아가며 봄을 기다리던 사냥꾼의 부적이었다. 태양을 등지고 나는 새의 모습은 동쪽으로는 고구려 삼족오의 원형이었고 서쪽으로는 기독교 십자가의 원형이었다.

서양 기독교 세계에 십자가가 도입된 시기는 A.D. 3세기로 그 전까지 기독교도들은 십자가를 사용하지 않았다. 십자가는 성 조지가 시리아에 거주하는 킵착족의 일파인 쿠미족을 정복하고 무력으로 그들을 개종하는 과정에서 킵착족의 전통신앙인 텡그리[21] 사상의 상징이었던 십자가를 기독교의 상징으로 받아들이면서 도입되었다. 하지만 당시 로마 카톨릭은 성 조지가 도입한 십자가를 이단으로 규정하고 받아들이지 않았을 뿐만 아니라 이민족의 이단종교 상징을 허용했다는 죄목으로 사형까지 시켰다가 후에 받아들여 오늘날까지 전해지게 되었다.[22]

새는 하늘과 땅을 이어주는 매개체로, 사람들의 바람을 하늘에 전달하고 상제의 뜻을 샤먼에게 전하는 상징이 되었다.

얼어붙은 북시베리아의 황무지까지 이동해 왔고 극심한 추위에 쫓겨 남쪽으로 돌아갈 때까지 척박한 환경에서 생존을 이어가며 문명의 시원을 마련한 시베리아의 인류는 빙하기의 추위를 이겨내고 버텨냈다. 그리고 이 시기를 지나며 우리 조상들은 겉모습이 달라지는 변화를 겪었다. 사람들의 변화된 모습은 시베리아에서 중국까지 그 변화의 결과를 확인할 수 있다. 동아시아인은 대체로 코가 낮으며 얼굴이 둥글고 납작하며 눈꺼풀의 피하지방층이 두터운 특징을 갖고 있다. 동아시아인의 납작한 코는 차가운 공기가 콧속으로 들어오면 체온으로 녹일 수 있게 하여 동상의 위험을 줄여주었고 눈꺼풀의 두터운 피하지방은 추위를 막아주었으며, 쌍꺼풀 없는 작은 눈은 설원에서 반사되는 햇빛을 차단해 주었다.

1만 3천 년 전의 어린드리아스기에 지구는 갑자기 급속도로 차가워지

21 단군.
22 김정민, 『단군의 나라 카자흐스탄』, 글로벌콘텐츠, 2016.

고 먹을거리는 귀해졌다. 기후변화로 사냥거리가 줄어들게 되고 수렵채집을 하는 우리 조상들은 새로운 먹을거리를 찾아야 했다. 혹독한 추위를 피해 사람들이 남쪽으로 이동해 왔고 행동반경은 줄어들었다. 계속해서 이주해오는 다른 부족들의 유입으로 인해 먹을거리가 더욱 부족해지고 갈등이 증가하게 되었다.

(5) 순록

순록을 길들이고 유목을 하며 순록을 타기 시작하던 사람들은 계속해서 이어지는 사람들의 유입으로 더 이상 순록의 서식지에서 살 수가 없게 되었다. 가장 크고 강력한 세력을 가진 어윙크족은 순록 서식지에 남아서 계속 순록을 사냥할 수 있었고 세력이 약한 다른 씨족들은 어윙크족에게 쫓겨 생존을 위해 남으로 밀려 내려왔다.

쫓겨온 씨족들이 순록 대용으로 찾은 동물이 말이었다. 식용으로 사냥하던 야생의 말을 길들였고 승용으로 이용하였다. 그렇게 해서 기마민족이 생겨났다.

기마민족에게 순록은 강한 부족의 상징이었고 순록의 뿔은 주변의 부족을 제압하는 상징이었다. 초기의 기마민족은 말의 머리에 순록의 뿔을 장식하였다.

순록의 뿔은 또한 정치적·종교적 지도자의 권위의 상징으로 쓰였다. 동쪽으로 이동해 간 부족은 순록의 뿔로 왕관을 장식하였고 서쪽으로 이동해 간 부족은 순록의 뿔로 제사에 쓰이는 촛대를 장식하였다. 샤머니즘은 북극성의 기운을 받아 하늘에서 내려온 천자(天子)라는 것을 묘사하는 데 순록을 사용하였다. 스키타이족이나 흉노족, 신라왕의 금관 장식은 모두 순록의 뿔을 상징한다.

2만 년 전 인류는 토기를 발명하였다. 토기를 만드는 방법은 진흙에 방해석을 섞어 그릇의 모양으로 만들고 그늘에 말린 후에 불로 굽는 것이다. 방해석 조각이 섞인 토기는 구울 때 갈라지거나 터지지 않고 높은 온도를 견딜 수 있다.

토기의 발명은 수렵채집인의 조리법을 바꾸어 놓았다. 굽거나 날것으로 먹던 음식물을 끓일 수 있게 된 것이다. 토기는 채소나 고기를 익혀서 부드럽고 먹기 좋게 해주었다. 물과 함께 끓이는 조리법은 식생활에 혁명을 몰고 왔다. 야생밀과 야생보리, 야생벼 같은 곡물을 섭취를 할 수 있게 된 것이었다. 물에 불린 곡물은 끓이면 부피가 3배 이상으로 커져 많은 사람이 배고픔을 해결할 수 있었다. 그리고 끓인 물은 세균과 바이러스성 질병으로부터 인간들을 보호하고 위생을 해결해 주었다.

메소포타미아에서는 밀을 재배했고 중국과 인도에서는 쌀을 재배했으며 이를 기반으로 인류는 찬란한 문명을 이루었다. 곡물은 수분이 많은 곳에서 자란다. 이 까다로운 풀을 이해하고 재배하는 데 적지 않은 시간이 흘러야 했다. 수렵채집생활을 하던 인류는 땅에 물을 채우고 그 물이 증발하게 놔두는 방식으로 곡물을 재배하기 시작했다. 농사는 잉여생산물의 등장으로 이어졌다. 잉여농산물이 생기자 사람들은 상업활동을 시작했고 이로 인해 부와 계급이 탄생했으며 문명(文明)의 기초가 마련되었다. 기후의 변화는 인류에게 새로운 먹을거리를 찾게 했고 언어를 사용해 지식을 전달하는 인류에게 수렵채집에서 농경과 유목을 시작함으로써 문명의 시대가 열리는 계기가 되었다.

제3장

문명의 시원 마고

파미르 고원은 중앙아시아에 위치한 '세계의 지붕'이라는 별명을 가지고 있는 고원지
대로 평균 고도가 5,000m 이상의 톈산 산맥이나 카라코람 산맥, 쿤룬 산맥, 티베트
고원, 히말라야 등의 산맥에서 힌두쿠시까지의 산줄기들이 모여서 이루어져 있다.

(사진출처: 위키미디어 커먼스)

문명의 시원

(1) 파미르

중앙아시아의 자연환경은 높은 산맥과 고원, 광대한 초원과 사막, 그리고 풍부한 녹지의 오아시스로 이루어져 있다. 높은 산맥과 고원의 중심지는 만년설을 머리에 이고 있는 파미르 고원[23]이다.

파미르 고원 주변 지도

---

[23] 파미르 고원(Pamir Mountains)은 '세계의 지붕'이라는 별명을 가지고 있으며, 평균 높이 5,000m 이상으로 중앙아시아의 톈산 산맥(天山山脈)이나 카라코람 산맥, 쿤룬 산맥(崑崙山脈), 티베트 고원, 히말라야 등의 산맥에서 힌두쿠시까지의 산줄기들이 모여서 이루어져 있다.

이 파미르를 중심으로 서남쪽의 아프가니스탄 방면에는 힌두쿠시 산맥이 있고 동쪽에는 톈산 산맥과 쿤룬 산맥, 동남쪽에는 히말라야 산맥을 비롯한 고산준령이 펼쳐져 있다. 그리고 톈산 북방에는 풍요로운 초원이 있는 준가르 분지와 그 북쪽의 알타이 산맥[24]이 있으며 몽골고원의 중북부에는 항가이 산맥이 뻗어 있다.

이 고산준령들은 중앙아시아의 자연환경을 결정하는 중요한 역할을 하고 있다. 이 고산준령은 습기를 잔뜩 머금은 축축한 공기의 이동을 가로막아 이 지역을 건조하게 만드는가 하면, 때로는 구름을 불러와 초원과 분지를 푸르게 물들이는 비나 눈이 내리게 하기도 하고, 만년설이 녹은 물이 하천이나 복류천이 되어 저지대의 오아시스를 기름지게 하기도 한다. 그러므로 이러한 고산준령이 없었다면 중앙아시아의 유목민과 오아시스 정주민은 생존 자체가 불가능했다고 할 수 있다.

유라시아 초원

---

24 알타이 산맥(Altay)은 러시아(서시베리아)와 몽골, 카자흐스탄, 중국에 접해 있는 산맥이다. '금의 산'을 의미하는 몽골어에서 유래되었다.

중앙아시아의 서쪽으로는 볼가강이 흐르며 풍요로운 삼림과 비옥한 땅을 형성하는데, 이 강 동서쪽에는 남러시아 초원과 카자흐 초원이 합쳐진 광대한 킵차크 초원이 펼쳐져 있고, 이곳에서 동쪽으로는 톈산 산맥 북방의 준가르 분지를 지나 몽골 고원을 거쳐 대싱안링 산맥에 이르는 지역까지의 광활한 지대를 아우른다. 북쪽으로 시베리아 남부의 삼림지대에서 남쪽으로 티베트 고원, 서남쪽의 이란 동북부, 그리고 아프가니스탄 북부에 이르는 남북 지역은 이른바 유목민의 세계인 초원 지대이다. 이 지역은 거칠 것 하나 없이 끝없이 길게 펼쳐진 유라시아 초원지대로 로마와 중국의 문명세계를 서로 연결하는 실크로드와 초원길이 형성되었다. 유라시아 역사를 통한 다양한 유목민 집단이 동에서 서로 이동하고 투르크와 위구르를 비롯한 수많은 유목민들이 국가를 세우고 흥망을 거듭한 지역도 바로 이 초원지대이다.

파미르 고원을 중심으로 하는 고산지대의 산록이나 그곳에서 발원하는 하천 유역에는 오아시스 형성에 적합한 조건이 갖추어졌다. 그리하여 서투르키스탄의 아무다리아강, 사르다리아강, 자라프샨강 유역에는 우즈베키스탄의 페르가나계곡을 비롯하여 타슈켄트, 사마르칸트, 부하라, 호라즘 등 대규모 오아시스가 이루어졌다.

또한 카스피해와 아랄해, 발하슈호, 바이칼호를 비롯한 큰 호수들은 경계표(境界標)[25]로서 중요한 역할을 했다. 특히 아무다리아강과 사르다리아강이 흘러들어가는 아랄해는 주변 지역의 기온상승을 완화하고 건조화를 막는 역할을 해왔다.[26]

이 초원지대의 중심에 있는 파미르는 '세계의 지붕'이라는 별명을 가지

---

25 경계를 나타내는 표지(標識).
26 고마츠 히사오, 『중앙유라시아의 역사』, 소나무, 2005.

고 있는 중앙아시아의 고원지대이다. 평균 높이는 해발 5,000m 이상으로 중앙아시아의 톈산 산맥, 카라코람 산맥, 쿤룬 산맥, 히말라야 산맥, 힌두쿠시 산맥, 티베트 고원 등의 산줄기들이 모여서 이루어졌다. 이곳은 세계에서 가장 높은 산들이 모여 있는 곳 중의 하나로서 예전에 중국에서는 총령(蔥嶺)이라고 불렀다.

파미르에서 가장 높은 산은 타지키스탄의 이스모일소모니 봉으로 해발 7,495m이다. 파미르 고원에는 많은 빙하가 있는데, 그중에서 페드첸코 빙하는 길이가 72km로 가장 길다.

파미르는 지대가 높아서 일 년 내내 눈이 덮여있고, 혹독하고 긴 겨울과 짧은 여름을 가지고 있다. 연중 강수량은 130mm이며, 풀과 나무가 자라기 힘든 기온이다.

파미르는 세계에서 가장 격해도[27]가 높은 내륙지역인 만큼 극도의 대륙성기후를 띄고 있다. 평균 고도가 5,000m를 넘기 때문에 인간이 살기에는 별로 좋지 못한 환경으로 인구밀도도 낮은 편이다.

파미르의 곳곳에는 수십 개의 물줄기가 굽이굽이 흐르고 있고 수천 개의 호수가 형성되어 있다. 해발 3,000m 높이의 평지에서는 초지가 형성되어 있어서 야크나 양 등을 유목하고 있다.

(2) 모계씨족사회

1만 3천 년 전에 시작된 빙하기의 혹독한 추위를 피해 순록과 함께 시

---

27 바다에서부터 거리에 따라 생기는 기후의 차. 해안 지방은 기후의 차가 적은 해양성 기후로 되고, 내륙 지방은 대륙성 기후로 된다.

베리아를 떠나 남쪽으로 내려온 사람들이 파미르에 도착했다. 사냥감인 순록을 따라 온 파미르는 시베리아의 혹독한 추위에 익숙한 사람들에게 살 만한 곳이었다. 환경은 시베리아의 여름철과 비슷할 정도였다. 빙하기의 혹독한 추위를 피해 파미르에 모인 수렵과 채집을 하는 사람들에게 야생의 야크와 산양은 이들에게 고기와 가죽을 제공하여 살 수 있도록 하였다.

파미르에는 아시아로 이주한 인류가 동쪽으로 이동하던 시기에 남아 있던 원주민이 살고 있었고 파미르 아래의 초원지대는 수렵채집을 하는 다양한 인종들이 사냥감을 찾아 이동하고 있었다.

아프리카를 탈출한 인류는 아라비아 반도를 지나 중앙아시아의 평원에서 오랜 기간을 보냈다. 이곳에서 수렵과 채집을 하며 사냥감을 따라 이곳저곳 옮겨 다니던 인류는 시베리아와 중국, 인도의 세 방향으로 나뉘어 이동하였고 각기 다른 환경에 적응해 있었다. 오랜 기간 떨어져 살면서 피부색과 얼굴의 생긴 모습은 서로 조금씩 다르게 진화했지만 인간이라는 공통점을 공유한 원주민과 이주민이 서로 경쟁하지 않고 구역을 나누어서 파미르에서 살았다. 이들이 평화롭게 공존할 수 있었던 데는 대자연이 주는 두려움과 공포를 하늘신을 섬기는 종교의 힘으로 극복하고 다른 인종들 간에 협력을 도모하려는 샤먼의 역할이 크게 작용했다고 할 수 있다. 또한 드넓은 평원에는 인구가 거의 없었다.

인류가 유라시아로 이동하면서 서로 다른 환경에 적응하며 살아온 경험과 지식은 기후변화로 혹독한 추위를 피해 파미르에 모이면서 교류되기 시작했다. 이 지식정보의 교환과 축적이 인류사에 크게 활용되었다.

역수(曆數)를 정리하여 시간의 흐름과 하지, 동지가 반복되는 1년은 365일이라는 개념이 정립되었다 1달은 30일이고 1년을 주기로 4계절이 변화하며 계절의 변화에 따라 옷과 식량을 준비해야 혹독한 겨울을 견딜 수 있다는 것을 알게 되었다.

천체는 북극성을 중심으로 원을 그리며 반시계방향으로 돌고 북극성은 항상 북쪽을 가리키고 있어서 동서남북의 사방을 알 수 있었다. 샤먼은 밤하늘에 새겨진 천문을 보고 점을 쳐서 앞일을 예측하며, 신의 계시를 받아 부족민들을 이끌었기에 강력한 권력을 가질 수 있었다.

신석기시대의 초기는 모계중심의 씨족사회였다. 낳은 자식이 확인되는 어머니를 중심으로 가족이 함께 모여 살았으며 아버지를 모르기 때문에 아버지의 개념이 없었다. 따라서 자손을 많이 낳은 여성을 중심으로 씨족사회가 형성되었다. 아버지가 서로 달라 형제자매 간에 근친이 이루어지기도 했고 다른 씨족의 상대를 만나 번식도 했다.

마고성에서는 4개 부족이 12개의 씨족사회를 형성하여 무리를 이루고 생활하였다. 여러 인종이 모여 집단을 이루었으며 씨족의 결성은 동일혈연(同一血緣)으로 이루어졌다. 이와 같은 혈연 사회는 영혼에 대한 생각, 특히 조상신(祖上神)에 대한 신앙이 두터워지고 통제가 행하여지게 되자 씨족이 발생하여 형성된 것이다. 초기의 씨족사회에는 여성의 지위가 높았고, 특히 모계(母系)의 지배하에 있었다. 씨족이 처음 모계 또는 모권적(母權的)이었다는 것은 주술(呪術) 신앙과도 관계가 있다. 또한 난혼(亂婚) 혹은 집단혼(集團婚)이 행하여졌을 때 누가 아버지라는 것을 모르는 자녀들은 모두 어머니 아래 있었으므로 모계 씨족사회가 만들어졌던 것이다.

자손이 많은 여인들 중에서 나이가 많고 경험과 지식이 많은 지혜로운 여성이 씨족장이 되었다. 씨족장 중에 부족장을 선출하였고 부족장들 중에서 마고가 되었다. 마고는 신의 계시를 받아 하늘과 땅의 변화에 대한 모든 지식을 갖추어야 했기에 샤먼이 되었다.

마고신화는 유라시아 전역에 걸쳐 나타나며
중국에서는 서왕모로 잘 알려져 있다.
(출처: 위키미디어 커먼스)

　　마고(麻姑)는 배우자 없이 궁희(穹姬)와 소희(巢姬) 두 딸을 낳았으며, 궁
희와 소희 역시 결혼하지 않고 황궁(黃穹), 청궁(靑穹), 백소(白巢), 흑소(黑
巢)를 낳았다고 하는 것은 마고 원시사회의 모권씨족 사회에 관한 실상
을 알려주는 대목이다.

(3) 마고신화

마고신화는 무속(巫俗)에서 구전으로만 전해지고 있었다. 신라의 박제상이 저술했다는 『부도지』[28]에 마고에 대한 내용이 언급되어 있으나 유적이나 유물이 아직 발견되지 않아 실체를 규명하기는 어렵다. 카자흐스탄이나 타지키스탄, 우즈베키스탄에서 파미르산의 정밀조사를 한다면 찾을 수 있을지 모르겠지만 아직은 어렵다고 본다.

마고시대의 문화와 풍습은 유라시아 대륙 곳곳에 널리 퍼져 있으므로 마고의 문화를 전달받아 문명을 일으키고 기록된 역사를 찾아 그 실체를 규명할 수밖에 없다.

유라시아 전역에 걸쳐서 마고는 전설상의 여신이다. 유라시아에서 살고 있는 유목민과 정주민들에게 전해지는 마고는 공통적으로 아이의 출산, 옷감의 직조, 농경과 생산에 관련된 대지의 여신으로 모셔졌다.

러시아의 전설로 내려오는 마고신을 살펴보면 다음과 같이 기록되어 있다.

Mokoš (Old East Slavic: Мокошь) is a Slavic goddess mentioned in the Primary Chronicle, protector of women's work and women's destiny. She watches over spinning and weaving, shearing of sheep, [citation needed] and protects women in child birth Mokosh is the Great Mother, Mat Zemlya.

---

28 신라 눌지왕 때 박제상이 저술했다는 사서인 『징심록』의 일부이다. 1953년에 그 후손인 박금(朴錦)이 그 내용을 발표함으로써 일반에 공개되었고, 1986년 번역본이 출간되어 널리 알려졌다. 조선 시대에 김시습에 의해 번역되었고, 그 필사본이 보관되고 있었다고 하지만 확인할 수 없다. 현존하는 『부도지』의 내용은 원본의 내용을 연구했던 기억을 복원한 것이라고 한다.

Mokoš was one of the most popular Slavic deities and the great earth Mother Goddess of East Slavs and Eastern Polans.

Mokosh is also the mother of the twin siblings Jarilo and Morana.

마고(마꼬쉬)[29]는 여성의 일과 여성의 운명을 보호하며 원초연대기(흘러간 시간의 이야기)[30]에 기록된 슬라브의 여신(女神)이다. 그녀는 방적이나 방직, 양털 깎기 등을 관장하고 자녀 출산 시 여성을 보호하고 있다. 마꼬쉬는 위대한 어머니인 Mat Zemlya이다.

마고는 가장 인기 있는 슬라브의 신들 중 하나이며 동슬라브와 동부폴란드의 위대한 대지의 어머니신이다.

마고는 쌍둥이 자매인 Jarilo와 Morana의 어머니이기도 하다.[31]

중국의 지리서인 『산해경(山海經)』[32]에는 마고를 서왕모로 표현하였다.

서쪽으로 350리를 가면 옥산이라는 곳이 있고 이곳에 서왕모가 살고 있다. 서왕모는 그 형상이 사람 같지만 표범의 꼬리에 호랑이 이빨을 하고 휘파람을 잘 불며 더부룩한 머리에 머리꾸미개를 꽂고 있다. 그녀는 하늘의 재앙과 오형을 주관하고 있다.

— 『산해경(山海經)』, 「남산경(南山經)」

---

29 고대 동슬라브에서 마고를 부른 명칭.

30 고대 동슬라브 국가인 키예프 루시의 역사서이다. 1113년경 키예프에서 편찬되었으며 850년경에서 1110년경에 걸친 역사를 다뤘다. 네스토르 연대기, 흘러간 시간의 이야기라고도 불린다. 11세기 문학 연구에 있어 어려운 점은 작품이 창작된 시기, 작가 등이 불명확하다는 점이다. 때문에 연대기의 작가가 네스토르인지에 대해서는 의견이 분분하다.

31 https://en.wikipedia.org/wiki/Mokosh.

32 중국이 진시황에 의해 통일되기 전인 선진(先秦) 시대에 저술되었다고 추정되는 신화집이자 지리서이다. 하(夏)나라 우(禹)왕과 그의 신하 백익(伯益)이 국토를 정리하고 각지의 산물을 파악한 결과로써 편찬하였다고도 하지만 춘추 시대부터 한대(漢代) 초기까지 걸쳐서 호기심 많은 학자들이 한 가지씩 첨가했다는 것이 정설이다.

서왕모가 책상에 기대어 있는데 머리꾸미개를 꽂고 있다. 그 남쪽에 세 마리의 파랑새가 서왕모를 위해 음식을 나른다. 곤륜허의 북쪽에 있다.

- 『산해경(山海經)』, 「해내북경(海內北經)」

西王母是中国最古老的女性神祇 早在殷商卜辞中
서왕모는 상나라의 비문처럼 중국에서 가장 오래된 여성신이다.[33]

서해의 남쪽, 유사의 언저리, 적수의 뒷편, 흑수의 앞쪽에 큰 산이 있는데 이름을 곤륜구라고 한다. 사람의 얼굴에 호랑이의 몸인데 꼬리에 무늬가 있으며 모두 흰 신이 있어 여기에 산다. 산 아래에는 약수연이 둘러싸고 있으며 그 바깥에는 염화산이 있어 물건을 던지면 곧 타버린다. 어떤 사람이 머리꾸미개를 꽂고 호랑이 이빨에 표범의 꼬리를 하고 동굴에 사는데 이름을 서왕모라고 한다. 이 산에는 온갖 것이 다 있다.

- 정재서 역주, 『산해경(山海經)』

우리나라의 토속신앙에서 전해지는 마고는 여신이며 창세신(創世神)으로 마고할망, 마고할미, 마고선녀 등으로 불리고 있다. 마고는 『부도지(符都誌)』에 이름이 나오는 궁희(穹姬), 소희(巢姬)와 함께 삼신할미라 불리며 아이의 출산에 관여하는 신으로 여겨져 왔다.

파미르산에 살았었다는 마고는 러시아와 카자흐스탄을 비롯한 유럽과 아시아에 신화로 전해내려 오고 중국에서는 서왕모(西王母)로 알려져 있다. 유럽과 중앙아시아에서는 현재에도 마고가 여성의 이름으로 많이

---

33 위키피디아(https://zh.wikipedia.org/wiki/西王母).

쓰이고 있다. 마고는 고대 메소포타미아 지방에 전해져 풍요와 다산의 신으로 곡식의 파종과 절기를 관장하는 생육의 신이며 가축의 번식과 아기를 잉태하게 하는 아세라신으로 추앙받았다. 아세라신의 성상은 유럽으로 전해졌고 가톨릭교에서는 성모마리아의 성상을 만들어 섬기게 되었다. 아시아에 전해진 마고는 중생을 구하는 보살[34]이 되었고 중국에서는 곤륜산의 정상에 기거하는 서왕모의 신화로 남아 유라시아 여신의 모태가 되었다.

마고는 자손이 많은 여인들 중에 가장 지혜로운 자가 선정되었다. 마고는 혈통으로 승계되는 것이 아니라 12부족 중 가장 지혜롭고 덕이 많은 여인을 신의 계시에 따라 신관들 중에서 지명하였다. 마고가 되기 위해서는 많은 수련을 해야 했기 때문에 참선하며 지혜를 깨달아 마고가 되었다.

마고가 되면 하늘에 새겨진 천부삼인[35]을 전승받고 신의 계시를 받았다. 신을 만나 계시를 받고 미래의 일을 예언하고 부족들의 갈등을 중재하며 부족들의 중요한 일을 결정하였다. 우리말의 '아름다움'은 '알다'라는 말에서 파생된 것으로 많이 아는 지혜로운 사람이 지도자인 마고가 되었다. 마고는 혈통으로 계승되는 것이 아니라 천통으로 계승되었다. 마고의 뒤를 이을 때는 선대 마고가 신의 계시를 받아 지혜롭고 냉철하며 현명하게 판단하고 쉽게 흥분하지 않는 여인을 지정하여 후대 마고, 즉 지도자로 삼았다. 마고의 명령은 곧 신의 명령이었으므로 거스를 수 없는 절대적인 것이었다.

---

34 보리살타.

35 하늘에 새겨진 부적으로 자미원(옥황상제), 태미원(정치관리), 천시원(백성), 또는 북극성(옥황상제), 북두칠성(수명주관), 은하수(상제를 만나러 가는 길)를 칭한다.

그녀는 신의 결정을 정치 지도자인 4명의 천인에게 전달하여 시행하였다.

마고에 대한 내용은 대부분 유라시아의 토속신앙(土俗信仰)과 신화(神話)로만 남아있다. 신라 눌지왕 때의 재상인 박제상이 작성했다고 하는 『부도지』가 마고의 전설을 정리해 놓은 책이다. 문자가 없던 선사시대에는 역사 기록을 후대에 전달하기 위한 수단으로, 영웅과 건국의 사건을 신화 속 이야기로 만들어서 다음 세대의 지식인들에게 구전으로 전달하였다. 선사시대(先史時代)의 역사적 실체는 신화나 전설로만 남아 있기 때문에 그 신화를 살펴보면 그 시대의 역사와 생활풍습 등의 흔적을 찾을 수 있다. 마고시대의 역사는 마고시대의 풍습을 이어 받은 후대에서 그 흔적을 찾을 수 있다.

(1) 신전

麻姑城 地上最高大城. 奉守天符 繼承先天.

마고성은 지상에서 가장 높은 성이다. 천부를 받들어 모시고, 선천시대를 계승하였다.

- 박제상,『부도지』

신과 가까이서 만나기 위해 신전을 높이 쌓는 문화는 마고시대부터 있어왔다. 마고시대 이전의 선천시대에 시베리아에서는 높은 산이나 특이한 지형 또는 특이하게 큰 나무나 바위가 신전이었다.

신전은 샤먼이 혼자 들어가서 조용히 기도하고 답을 구하는 곳으로 샤먼 외에 다른 사람들은 아무도 들어올 수가 없었다. 삼한시대(三韓時代)의 소도(蘇塗)는 나무기둥을 세워 만든 기도처로 성황당과 같은 역할을 하는 곳이며 솟대신앙과 신목과도 연관이 있는 곳으로 마고시대의 신전과 같은 곳이다.

마고시대에는 파미르산에 신전을 쌓고 그 안에서 신과 소통하고 신에게 답을 구했다. 마고가 살았던 성은 파미르의 산 위 높은 곳에 있고 수천 년간 이어 온 오래된 성이었다. 네모형의 성으로, 가운데에는 천부단(天符壇이)이 있어서 하늘에 제사를 지내고 신의 계시를 받았다. 보단(堡壇)과 보단 사이는 세 겹의 도랑으로 연결되어 있었다.[36]

마고의 성은 유라시아 문명에서 신전의 기원이 되었다. 신전을 높이 쌓는 풍습이 전해진 메소포타미아의 도시국가 수메르에는 방 한 칸의 소규모 신전구조에서 테라스와 여러 개의 방이 있는 지구라트로 구조가 발전하였다. 수메르의 신전은 아카드, 바빌로니아, 아시리아를 비롯하여 다른 민족 및 문화집단들에게 전달되어 그들의 신화와 종교 속에 남아 있다. 바빌로니아에서는 신에게 가까이 다가가기 위해 평지에 산처럼 높은 바벨탑을 쌓았고 그리스나 로마에서도 산 위에 신전을 쌓아 신에게 가까이 다가가려 하였다.

---

36 단군이 천단을 쌓아 하늘에 제사를 지낼 때 마고성의 제단의 모습과 똑같이 만들었다고 한다.

동양에서는 소도[37]와 같이 신성한 장소를 두거나 단을 만들어 제사를 지냈다. 황제나 천자가 직접 제사를 지낼 때에는 천원지방(天圓地方)[38]이라 하여 하늘에 제사를 지내는 곳은 원형으로 단을 쌓고 땅에 제사를 지내는 곳은 장방형으로 단을 쌓아 제사를 지냈다.

좌측 상단부터 시계방향으로 수메르의 지구라트, 그리스의 아테네신전,
북경의 황궁우, 이집트의 아부심벨신전이다.
(출처: 위키미디어 커먼즈)

하늘에서 밝게 빛나는 북극성은 방향을 알려주는 지표로 모든 별은 북극성을 중심으로 반시계방향으로 돌고 있다. 그래서 북극성은 하늘을 다스리는 상제(上帝)를 상징한다. 북극성의 가장 가까이에서 돌고 있는 북두칠성은 인간의 수명을 관장하는 신이다. 지금도 무속신앙에서는

---

37 삼한시대에 천신을 제사지낸 지역. 신성(神聖)한 지역으로 국법의 힘이 미치지 못하여 죄인이 이곳으로 도망하여도 잡지 못했다.
38 하늘은 둥글고 땅은 네모나다는 뜻이다.

칠성단(七星壇)을 만들어 북두칠성을 모시고, 아이를 낳으면 무병하고 오래 살게 해달라고 칠성신에게 재복을 빌고 있다. 은하수는 마고가 상제를 만나러 가는 길로 선천시대부터 알려져 오고 있다. 마고는 상제를 만나기 위해 마고성에서 조용히 기도를 올리며 참선하였다. 마고성은 신성한 장소였기 때문에 마고와 궁희, 소희만 들어갈 수 있는 곳이었고 다른 사람은 출입을 할 수가 없는 곳이었다. 마고성이 지상에서 가장 높은 것은 신에게 가까이 다가갈 수 있기 때문이었다. 마고성은 흙으로 벽돌을 만들어 지었다. 벽돌을 단단하게 굽는 기술은 훨씬 후에야 개발되었기 때문에 흙으로 만든 벽돌을 그늘에 말린 다음 진흙 몰타르로 이어 단을 만들고 벽을 만들었을 것이다. 문은 가축의 가죽으로 만들었을 것으로 추정된다.

(2) 인종

成中四方 有四位天人 堤管調音 長曰 黃穹氏 次曰 白巢氏 三曰 靑穹氏 四曰 黑巢氏也.

兩穹氏之母曰穹姬 兩巢氏之母曰巢姬 二姬 皆麻姑之女也.

성 안의 사방에는 네 명의 천인(天人)이 있다. 관을 쌓아 음을 만드니, 첫째는 황궁씨(黃穹氏)이고, 둘째는 백소씨(白巢氏)이며, 셋째는 청궁씨(靑穹氏)이고, 넷째는 흑소씨(黑巢氏)였다. 두 궁씨의 어머니는 궁희(穹姬)이고, 두 소씨의 어머니는 소희(巢姬)다. 궁희와 소희는 모두 마고의 딸이다.

靑穹氏 率眷出東間之門 去雲海洲 白巢氏 率眷出西間之門 去月息洲 黑

巢氏 率眷出南間之門 去星生洲 黃穹氏 率眷出北間之 去天山洲 天山洲는
大寒大險之地.

　청궁씨(靑穹氏)는 권속을 이끌고 동쪽 사이의 문을 나가 운해주(雲海洲)
로 가고, 백소씨(白巢氏)는 권속을 이끌고 서쪽 사이의 문을 나가 월식주
(月息洲)로 가고, 흑소씨(黑巢氏)는 권속을 이끌고 남쪽 사이의 문을 나가
성생주(星生洲)로 가고, 황궁씨(黃穹氏)는 권속을 이끌고 북쪽 사이의 문을
나가 천산주(天山洲)로 가니, 천산주는 매우 춥고, 매우 위험한 땅이었다.

- 박제상, 『부도지』

　『부도지』의 4명의 천인은 피부빛과 사는 집으로 성씨(姓氏)를 삼은 듯
하다. 『환단고기』, 「태백일사」에도 비슷한 내용이 적혀있다.

　색족(色族)이란 어떠한가? 황부(黃部)의 사람은 살갗(皮膚)이 조금 누르
고 코는 솟구치지 않고 볼은 높으며 머리 빛은 검고, 눈은 평평하여 검푸
르다. 백부(白部)의 사람은 살갗이 맑으며 볼은 높고 코도 높으며 머리 빛
은 잿빛과 같다. 적부(赤部)의 사람은 살갗이 녹슨 구리빛을 하고 코는 낮
으며 그러면서도 모양은 단아하며 넓은 이마이며 뒤로 기울고 머리는 곱
실거려 황부(黃部)의 사람 모습에 유사(類似)하다. 남부(藍部)의 사람은 풍
족(風族)이라고도 한다. 또한 종색종(棕色種)이니 그 살갗은 암갈색(暗色)
이고 모습은 오히려 황부(黃部)의 사람이다.

- 『환단고기』, 「태백일사」

　색족은 사카(Saka), 스키타이(Scythian), 스쿠드라 (Skudra), 소그디아
(Sogdian), 스키텐(Scythen)족으로도 불렸으며 인도유럽어를 사용한 아리

아인 계통의 이란인들로 추정하지만 기록을 보면 알타이어를 사용한 투르크 계통으로도 확인된다.

페르시아의 왕 다리우스 1세의 비문에 사카인은 때로는 화해하고, 때로는 서로 싸웠다고 기록하고 있다.

사카를 중국에서는 새(塞)라고 했으며 기록에는 새종대월씨(塞種大月氏)라고 되어 있다. '사카'의 '사'와 '새종'의 '새'는 '동쪽'을 뜻한다. 오늘날 우리말에 '샛바람'은 '동쪽 바람', '새벽'은 '동의 밝음', '새쪽'은 '동쪽' 등의 예에서 보는 것처럼 한국어와의 친연성을 인정할 수 있다.

『한서(漢書)』에는 "烏孫國 … 本塞地也 … 故烏孫民有塞種云"이라고 기록하고 있고 『사기(史記)』에는, "烏孫 … 行國隨畜與凶奴同俗"이라 했다.

사카족은 흉노와 거의 비슷한 언어를 사용하고, 대원(大苑), 안식(安息) 등 비교적 비옥한 지방에서 농사를 짓고 살았다고 했으며, 양관(陽關) 외의 새인(塞人)이 흉노에게 쫓겨 서쪽으로 이주한 씨족이 대원대월씨(大苑大月氏), 소원소월씨(小苑小月氏) 및 오손(烏孫)이라 했다.

석가모니(釋迦牟尼)의 '석가(釋迦)'도 사카(Saka)를 음차한 발음이다.

스키텐 어족은 일티쉬(Irtishi)강 유역에서 핀란드, 헝가리까지 넓은 평원을 점유하고 있었다고 한다. 덴마크의 언어학자인 라스머스 라스크(Rasmus Rask)는 스키텐 어족으로 몽골어, 만주어, 터키어, 바스크(Bask)어를 포함시켰다.

마고시대에는 종교와 정치가 분리되어 종교를 관장하는 샤먼이 정치를 관장하는 부족장을 지배하는 형식이었다. 천신에 제사를 맡은 신관 마고를 보좌하는 2명의 부신관 궁희와 소희를 두었고 각 부족의 부족장 4명이 신관의 지배를 받았다.

4부족은 각자 구역을 정하여 정해진 곳에 기거했음을 알 수 있다.

4부족은 피부색으로 구분되는 4인종일 것으로 추측된다. 황궁씨는 황인종인 몽골리안이고 백소씨는 백인종인 투르크나 아리아인으로, 흑소씨는 말레이인종이나 드라비다족으로 추정된다. 청궁씨는 청색인종으로 추정되는데『부도지』에 따르면 대홍수로 인해 거의 대부분 죽은 것으로 되어있다. 인도 힌두교 서사시 마하바라타의 영웅인 크리슈나는 피리를 불고 다녔다고 하며 온몸이 청색이었다고 한다.

(3) 역년과 60진법

分管響象而修證 曆數始得調節
소리의 울림을 나눠서 관리하고, 법칙을 정리하니, 비로서 역수가 조절되었다.

- 박제상, 『부도지』

대부분의 사람들은 10진법을 많이 쓴다. 그 이유는 사람의 손가락 개수가 10개이기 때문인 것으로 알려져 있다. 고대에는 10 이상의 수를 세는 방법을 개발해 냈는데 손가락의 마디를 세어 더 많은 수를 세는 방법이다. 사람의 손가락 마디는 각 손가락마다 3개씩 있다. 한 손의 손가락은 5개이므로 마디를 세면 15개의 숫자를 셀 수 있지만, 엄지를 세는 손가락으로 이용하면 엄지를 뺀 나머지 네 손가락 마디는 12개가 된다. 엄지로 각 손가락 마디를 세어보면 12개의 숫자를 셀 수 있다. 그리고 다른 한 손은 12를 센 후에 한 번씩 접어서 12씩 숫자를 세면 60을 셀 수 있다. 현재도 역술인들이 12간지를 셀 때는 손가락 마디를 세어 확인한다.

이 60진법을 토대로 역년을 정리하고 천문학이 발전하였다. 1년은 365일로 60이라는 숫자가 여섯 번 반복이 되고 남는 우수리 날들로 이루어진다. 이 남는 날들은 시베리아에서 극야 3일, 백야 3일을 기억하여 동지 3일, 하지 3일은 태양신을 위한 축일로 삼아 1년을 맞추었다. 현대(現代)에서 60진법은 시간과 공간을 측정하는 데 많이 사용하고 있다. 수학적 관점에서 보면 12와 60은 다른 수에 비해 어떤 수를 나누어떨어지게 하는 약수를 많이 갖고 있다. 약수가 많은 수는 수학적 계산과 응용에 편리하다. 그래서 1분을 60초, 1시간을 60분, 하루는 24시간으로 만들어서 사용하고 있다.

또 원이나 각도를 잴 때도 360도로 나누어서 사용하고 있다.

(4) 계층의 분화

마고시대는 종교를 담당하는 신관 계층과 정치계층 그리고 생산계층의 3단계 계층이 분리되어 존재하고 있었다. 계층은 세습이 되지 않는 당대의 직급이며 직책이었다. 최고계층은 종교계층으로 최고신관인 마고(麻姑)와 부신관인 궁희(穹姬)와 소희(巢姬)가 있었다. 두 번째 계층은 정치계층으로 황궁(黃穹), 청궁(靑穹), 백소(白巢), 흑소(黑巢)의 4개 부족장이 각각 3명의 천인을 거느렸고 12명의 천인은 12개의 씨족을 대표하였다. 이들 종교와 정치계층은 직접 생산에 종사하지 않는 귀족계층이었다.

그리고 수렵과 채집의 직접 생산에 종사하는 평민계층이 있었고 아직 노예계층은 없었다. 노예계급은 잉여생산물과 전쟁으로 불공평한 분배가 일어나는 신석기 후기에 발생하는 것으로 추정이 된다.

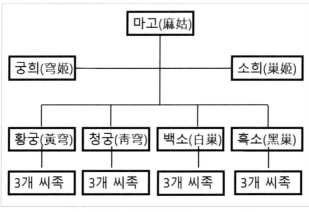

마고 계층 조직도

(5) 주거문화

　파미르에서 아직 주거유적이나 유물이 발견된 것은 없다. 다만 전설과 신화로써 전해질 뿐이다. 성씨는 사는 지역을 본으로 삼아서 생겼기 때문에 성씨를 보면 어디에 살았는지 짐작할 수 있다. 정치지도자인 부족장들의 성씨는 황궁(黃穹)씨, 백소(白巢)씨, 청궁(靑穹)씨, 흑소(黑巢)씨로 모두 주거지를 성씨로 삼고 있다. 성씨를 보면 그들의 주거문화를 가늠할 수 있다.

　궁(穹)은 땅에 깊고 큰 구멍을 파서 지은 집이다. 나무로 기둥을 세우고 나뭇잎이나 가죽으로 그 위를 덮은 움집형태이다. 땅을 파서 지었기 때문에 집은 상대적으로 넓었다. 소(巢)는 나무 위에 망루나 원두막처럼 높이 지은 집이다. 야생의 동물이 집 안으로 들어올 수 없도록 나무 위에 집을 지었기에 크게 지을 수가 없었다.

(6) 지모신 숭배문화

마고(麻姑) 전설은 우리나라와 중국을 비롯한 중앙아시아에 널리 분포
되어 있으며, 『부도지』에 따르면, 마고와 궁희(穹姬) 그리고 소희(素姬)는
모두 여성으로서 창조적 생산의 기능을 가지고 있었다고 한다. 한편 궁
희는 하늘을, 소희는 땅을 나타내기도 하므로 천공신(天空神)과 지모신
(地母神)에 비유되기도 하는데, 남부 시베리아의 말타(Malta)지역과 유럽지
역, 동아시아지역에서 발견되는 지모신 숭배는 마고성의 믿음이 이어져
계승된 것으로 추정된다.

(7) 농경의 시작

고고학자들은 인류의 농경이 1만 년 전 터키지역에서 시작되었던 것
으로 추정하고 있다. 강가에서 자라는 야생밀을 가져다 인공적으로 씨
를 뿌려 재배한 것을 농경의 시작으로 보고 있다. 학자들에 따라서는 1
만 2천 년경부터 농경이 시작됐다고 보기도 한다. 『부도지』에는 지소(支
巢)씨가 소(巢)의 난간 넝쿨에 달린 포도를 먹고 오미(五味)를 맛을 보았다
고 기록되어 있다.

오늘날 파미르 고원 서쪽의 신록으로 우거진 오아시스 페르가나 계곡
은 포도산지로 유명하다. 로마의 역사학자 스트라보도 『지리지』에서 중
앙아시아의 오아시스에는 말의 젖에서 나는 갈색을 띤 자줏빛의 독특한
포도주가 20년 혹은 그 이상 숙성되어 수천 리터의 포도와인이 풍부하
게 저장되어있다고 묘사했다.

월지(月支)를 찾아 중앙아시아에 온 장건(張騫)도 페르가나 계곡에서 다량으로 재배되고 있던 유라시안포도넝쿨을 잘라다가 장안으로 가지고 돌아가 씨를 받아 경작을 시작했고, 황제를 기쁘게 하고자 첫 번째 와인을 생산했다는 기록도 있다.

파미르에서 야생의 포도를 심어 재배했을 가능성이 있고 농작물을 재배해 농경이 시작되었을 가능성은 충분하다.

(8) 토기의 제작

파미르 지역에서는 재배한 농작물을 보관할 별도의 용기를 만들어 사용했을 것이다. 천신에게 제사를 지낼 때에도 제물을 용기에 담아 지냈을 것이다. 초기에는 토기를 불에 굽는 기술이 발달하지 않았기 때문에 질그릇을 만들어 그늘에 말려서 사용했을 것이다. 고고학적 자료에 의하면 토기는 중국 남부지방에서 2만 년 전에 만들어 사용하였다. 파미르 지역에서도 점차 불에 구운 토기를 만들어 사용했을 가능성이 크다. 불에 구운 토기의 발명은 농사와 곡식의 보관을 가능하게 했고 조리방법의 변화를 가져왔다. 구워먹는 방법에서 물에 끓이거나 삶아먹는 방법이 가능해졌기 때문에 소화에도 부담이 덜 됐다. 잉여산물의 증가와 식량의 장기보관이 가능하게 되어 소유의 차이가 신분의 격차를 만들었고 직접생산에 종사하지 않는 계급을 만들었다. 마고시대 파미르 지역에서 직접생산을 하지 않고 종교와 정치를 맡은 신관과 부족장의 귀족계급과 직접생산에 종사하는 농민, 유목민 등의 평민계급, 그리고 신관과 부족장을 보좌하고 호위하는 중간계급이 존재했을 것으로 추정된다.

(9) 홍수설화

홍수로 세상이 물에 잠겨 7달 7일 7시간이 지난 후에 한 배[39]가 카자흐스탄의 투르키스탄 지역에 위치한 해발 1,768m, 카즈구르트산에 도착했다. 선지자 누흐는 텡그리에게 헤엄쳐 가면서 홍수에 피난하지 못한 사람들과 동물들을 구원해 달라고 빌었다. 이때 많은 산들[40]이 그 방주가 자신의 산으로 오기를 빌었다. 그러나 카즈구르트산만은 그런 식으로 소망하질 않았다. 왜냐하면 카즈구르트산만은 다른 산들보다 높아 특별하다고 생각했기 때문이다. 이에 텡그리는 겸손했던 오르다바스산, 크즐생그르산, 에름타우산, 코이룩산, 엥크산, 바가나르산, 만사르산, 캉으락산을 구원해주고 카즈구르트산에게는 구원의 길을 열어주지 않고 처단하였다.

(중략)

홍수가 끝난 후 사람들은 새들을 날려 보내서 마른땅이 있는지를 확인했는데 그중 제비가 녹색 잔가지를 물고 돌아왔다. 이때부터 제비는 카자흐인들에게 가장 존경받는 새가 되었다. 이후 사람들은 카즈구르트에 배를 정박하고 거기서 살기 시작했다.

- 김정민, 『단군의 나라 카자흐스탄』

노아의 식구는 아내와 아들 셋, 즉 셈, 함, 야벳 그리고 며느리 셋을 포함하여 모두 여덟 명이었다. 노아는 하나님의 명령에 따라 배를 만들고 가족과 정결한 짐승 암수 일곱 마리씩, 부정한 짐승 암수 한 마리씩 그리고 새 암수 일곱 마리씩을 싣고 밀어닥친 홍수를 피하였다. 모든 사람들

---

39 방주.
40 아마도 산에 피난해 있던 사람들.

이 타락한 생활에 빠져 있어 하나님이 홍수로 심판하려 할 때 홀로 바르게 살던 노아는 하나님의 특별한 계시로 홍수가 올 것을 미리 알게 되었다. 그는 길이 300규빗,**41** 너비 50규빗, 높이 30규빗, 상, 중, 하 3층으로 된 방주를 만들어 8명의 가족과, 한 쌍씩의 여러 동물을 데리고 이 방주에 탔다. 비는 40일 동안 밤낮으로 쏟아졌고 물은 제일 높은 산까지 덮었다. 비가 그치고 홍수 물은 빠져 다섯 달 후, 방주는 어느 산꼭대기에 얹혔다. 노아는 까마귀를 방주 밖으로 내보내 여러 번 날아다녀 보았지만 매번 돌아와 방주 위에 앉았다. 이번에는 비둘기 한 마리를 내보냈고 올리브 잎을 물고 돌아왔다. 노아는 비둘기를 다시 내보냈고 비둘기는 결국 물이 없는 곳을 찾아 다시 돌아오지 않았다.

- 창세기 6장

유프라테스 강변 슈르파크에서 신들의 왕 엘릴을 중심으로 한 여러 신들은 공포의 폭풍과 번개로 하여금 인간 세상을 전멸시키기 위하여 대홍수를 일으키기로 했다. 그러나 선량한 인간 우트나피쉬팀을 사랑한 지혜의 신 에아는 신의 계획을 그에게 미리 알려주고 그에게 방주를 짓게 했다. 우트라피쉬팀은 7일간에 걸쳐 6층으로 된 네모진 방주를 만들었다.

저녁에 비가 내려 이윽고 파도가 산 위를 덮는다. 7일 후 홍수가 멈추고 물이 빠지기 시작했다. 7일 후 비둘기와 제비를 보냈으나 다시 돌아왔다. 그 후 까마귀를 날려 보냈으나 돌아오지 않았다.

방주에서 내린 그는 생물들을 사방으로 놓아주고 제단을 세워 신들에게 제사를 지냈다. 인간들로부터 공물이 끊겨 굶주렸던 신들이 냄새를

---

41 고대의 1규빗은 팔꿈치에서 가운데 손가락 끝까지의 길이로 약 45~46㎝를 가리킴.

맡고 몰려들어 제물을 먹으며 대책 없이 경솔하게 인간을 몰살시킨 엘릴을 비난하였다.

엘릴은 우트라피쉬팀의 방주를 보고 살아남은 인간이 있음을 알고서 화를 냈으나 에아가 그를 변호해주었다. 결국 엘릴 신은 우트나피쉬팀을 축복하여 그에게 신들처럼 영원한 생명을 주었다.

- 『길가메시 서사시』

於時 麻故與二姬로 修補大城 注入天水 淸掃城內 移大城於虛達之上 是時에 淸掃之水 大漲於東西 大破雲海之地 多滅月息之人.

이때에 마고(麻故)가 궁희(穹姬), 소희(巢姬)와 더불어 대성(大城)을 보수하여, 천수(天水)를 부어 성내를 청소하고, 대성을 허달성의 위로 옮겨버렸다. 이때에 청소를 한 물이 동과 서에 크게 넘쳐 운해주(雲海州)의 땅을 크게 부수고, 월식주(月息州)의 사람을 많이 죽게 하였다.

- 박제상, 『부도지』

전설에 나오는 홍수는 플라이스토세[42]가 끝나갈 무렵인 1만 2천 년 전의 마지막 빙하기 때 발생했던 자연재해에 대한 인류의 기억이 전승된 것으로 추측된다. 당시 빙하가 녹으면서 저지대에 건설되었던 도시문명은 모두 물속에 잠기게 되었다. 빙하가 녹아 흘러내리면서 시베리아와 중앙아시아의 평원은 모두 늪지대가 되었기 때문에 당시 인류가 생존할 수 있는 지역은 고지대밖에 없었기 때문이다.

---

42 홍적세. 258만 년 전에 시작해서 1만 2천 년 전까지의 지질시대를 말하며 위도 40° 부근까지 빙하가 밀려 내려가기를 반복하는 빙하의 사이클을 특징으로 한다. 최대로 빙하기가 확장되었을 때에는 지구표면의 30% 정도가 빙하로 덮여 있었다. 마지막 빙하기는 뷔름 빙기로 11만 5천 년에서 1만 2천 년까지였다.

해빙기가 되면서 홍수로부터 살아남은 인류가 반드시 티베트-파미르 지역에서만 살아남았다고 볼 수는 없다. 하지만 다른 지역은 티베트-파미르처럼 거대한 분지와 산지를 광활하게 가지고 있는 지역이 없었기 때문에 살아남았을 가능성이 적은 것이다. 그래서 대홍수 이후 세계 각지에서 인류가 살아남았다 할지라도 거의 괴멸상태가 되었을 것이며 문명을 일으킬 만한 땅이나 인원과 자원이 없어서 대부분의 문명이 원시시대로 돌아갔을 것이다. 하지만 파미르 지역에 살아남은 생존자들은 구황작물이나 방목을 할 수 있는 광활한 평야와 수자원을 가지고 있었기 때문에 대홍수 이후에도 살아남은 사람들이 이전에 가지고 있었던 문명을 보존하기에는 최적의 조건이었을 것이다. 따라서 다른 지역보다도 더 빨리 문명재건이 이루어졌던 것으로 여겨진다.[43]

---

43 김정민, 『단군의 나라 카자흐스탄』, 글로벌콘텐츠, 2016.

白巢氏之族 支巢氏 與者人 往飮乳泉 人多泉少 讓於諸人 自不得飮 而如是者五次.

백소씨(白巢氏)족의 지소씨(支巢氏)가, 여러 사람과 함께 젖을 마시려고 젖샘에 갔는데, 사람은 많고 샘이 작아, 여러 사람에게 양보하고, 자기는 마시지 못하였다. 이렇게 다섯 차례나 하였다.

吞嘗五味 卽巢欄之蔓籬萄實.

오미의 맛을 보니, 바로 소(巢) 난간의 넝쿨에 달린 포도열매였다.

白巢氏之諸人 聞而大驚 乃禁止守祭 此又破不禁自禁之自在律者也. 此時에 食實之習 禁祭之法始 麻姑閉門撤冪.

백소씨의 사람들이 듣고 크게 놀라, 곧 제사를 금지하였다. 이는 규율로 금지하고 있지 않지만, 스스로 금지하고 있는 자재율(自在律)을 파기하는 것이었다. 이때부터 열매를 먹는 습관과 제사를 금지하는 법이 시작되어, 마고가 성문을 닫고 성을 덮고 있는 기운을 거두어버렸다.

乃欲得乳泉 掘鑿城廓 城址破損 泉源 流出四方 然卽化固土 不能飮 以故

城內 遂乳渴.

사람들이 젖샘을 얻으려고, 성곽 밑을 파헤쳤더니, 성터가 파손되어 샘의 원천이 사방으로 흘러 내렸다. 그리고, 곧 단단한 흙으로 변하여 젖을 마실 수가 없게 되어 성 안의 젖이 말라버렸다.

麻故與二姬 修補大城 注入天水 淸掃城內 是時 淸掃之水 大漲於東西 大破雲海之地 多滅月息之人.

마고가 궁희와 소희와 더불어 대성을 보수하고, 천수를 부어 성내를 청소했다. 이때에 청소를 한 물이 동과 서에 크게 넘쳐 운해주의 땅을 크게 부수고, 월식주의 사람을 많이 죽게 하였다.

- 박제상, 『부도지』

『부도지』에는 마고가 쇠퇴한 이유와 과정에 대한 기록이 신화적인 형태로 남아 있다. 수렵과 채집을 하던 인류는 농경과 목축을 하면서 잉여산물을 계획하고 비축하여 겨울의 굶주림에서 벗어날 수 있게 되었다. 그러나 농경과 목축의 기술이 충분히 발달하지 않은 상태에서 인구의 증가와 기후의 변화는 인간이 보유하고 있는 한정된 자원의 고갈을 가져왔고 식량이 부족해지게 되었다. 가뭄과 한파는 잉여산물을 더 가지고 있는 부족과 더 갖지 못한 부족 간의 갈등을 불러왔다. 역사시대에도 중앙아시아의 이상기온에 의한 가뭄이나 한파가 발생해 스키타이족, 훈족, 거란족, 말갈족, 투르크족 등 유목민족들이 대규모로 이동하여 역사가 바뀌는 일이 자주 일어났다.

평민들이 과일과 덩이식물 등의 먹을거리를 채집하면 각 씨족장들이 가장 크고 잘 익은 것은 마고성의 신에게 바치고 나머지는 각 씨족들에

게 배분해 주었다. 12개 씨족들이 바치는 제물로 제사를 올리고 남은 식
량은 비축해 두어 마고성의 신관들은 직접 생산하는 일에 종사하지 않
고 기도와 참선을 하며 살 수 있었다.

　그러나 기후의 변화로 식량의 수확이 줄어들게 되어 천인과 마고에게
바쳐야 하는 제물의 양도 줄어들었다. 굶주리는 사람들이 늘어나게 되
자 일부 사람들이 해결책을 구하고자 신관을 만나기 위해 마고성에 숨
어들었다가 식량창고를 알게 되었고 이를 다른 사람들에게 알렸다. 굶
주린 사람들은 마고성의 식량을 나누어 줄 것을 요구하였고 마고성의
신관들은 신에게 바쳤던 제물을 조금씩 평민들에게 나누어 주었다. 그
러나 사람들은 많았고 비축해 놓은 식량은 부족했다. 신관들은 매일 조
금씩 나누어서 배분했기 때문에 풍족하게 나누어 줄 수가 없었다. 굶주
린 사람들이 계율을 깨뜨리고 더 많은 요구를 하며 계율을 지키지 않게
되어 이를 규제하기 위해 금찰지법(禁察之法)[44]을 시행하였다. 신관들은
마고성의 사람들이 수행하던 임무이자 권리에 해당하는 수찰(守察)[45]을
금지시켰다. 더 이상의 통제가 불가능해지게 되자 마고는 자신의 명령
을 거역한 무리들에게 마고성의 성문을 닫고 출입을 금지시켰다. 마고성
에서는 엄격한 법의 통제를 받는 곳은 아니었지만 통치자에게 통제를 받
지 않아도 모든 것을 스스로 알아서 할 수 있을 정도의 책임과 권한이
주어진 자재율이 있는 사회였다.

　식량의 부족으로 굶주림에 지친 사람들의 심기가 잔혹하게 변해 평화
를 유지하던 사람들이 평정을 잃어버렸다. 식량의 부족은 마고의 능력

---

44 특권과 자유가 박탈되고 제한되는 것.
45 금지하지 않더라도 스스로 금지하는 자재율.

으로 해결할 수 있는 일이 아니었다. 굶는 사람이 생겨 마고성에 갔다가 창고에서 포도를 훔쳐 먹어 본 지소씨는 씨족사람들에게 알렸고 씨족사람들은 식량을 창고에 쌓아두고 씨족민들을 외면하는 마고에게 분노하기 시작했다. 모든 사람들이 마고에게 가서 저장된 식량을 나누어 줄 것을 요구하였고 조금씩 나누어 주었으나 사람들이 먹기에 너무 적다고 불평불만이 늘어나자 마고는 성문을 닫아버렸다. 마고는 씨족민들의 요구가 자신의 지위와 신에 대한 도전하는 것이라 생각하고 씨족민들과의 대화를 단절하였다. 분개한 지소씨의 부족이 먼저 제족을 이끌고 마고성을 떠났다. 황궁씨가 마고와 씨족들을 달래려고 중재를 했으나 마고는 씨족민들의 마음을 달래주지 못했다. 이에 모든 제족들이 마고성을 부수고 창고를 털어 식량을 나누어 가졌다. 더 이상 마고성에는 먹을거리가 없게 되어 식량을 구할 수 없게 된 모든 씨족들이 사방으로 흩어졌다. 사람들의 마음이 흉흉해졌는데 빙하가 녹으면서 대홍수가 발생하였다. 파미르산에 살던 사람들은 살아남았으나 파미르 아래에 살던 사람들은 모두 홍수에 떠내려가 죽었다. 청궁씨 부족은 이때의 대홍수로 인해 모두 멸족을 당했다.

홍수가 휩쓸고 간 자리는 폐허가 되었고 정신적 지도자인 마고가 없는 파미르에 더 이상 살 수가 없게 된 사람들은 사방으로 흩어졌다. 백소씨는 서쪽으로 향해 떠났고 황궁씨는 동북쪽으로 갔으며 흑소씨는 남쪽으로 모두 자신들이 왔던 방향으로 떠나갔다.

이상은 마고성이 멸망하게 되었을 때의 혼란을 『부도지』의 내용을 토대로 재구성한 것이다. 이후 마고에 관한 지명과 인물은 전설이 되어 민초들의 입을 통하여 전하여 오고 있지만 기록으로 남겨진 것으로는 신라 눌지왕 때 박제상이 작성한 『부도지』가 유일하다. 파미르 고원의 마고성은 아프리카에서 이동해온 7만 년 전의 인류 역사가 시작된 곳이며 1만 3천 년 전에 시작된 빙하기를 피해 이곳에 다시 모인 인류의 역사가 시작된 곳이다.

이 마고성에서 마고의 후손인 황궁(黃穹)씨족이 천산산맥으로 이동하여, 유인, 환인, 환웅, 단군으로 이어졌고 이들은 우리 겨레를 비롯한 아시아인들의 직계 조상들이다. 청궁(靑穹)씨족은 홍적세[46] 말기 대홍수 때 사라져 버리고 일부가 우리의 유전자 속에 숨어 있다가 가끔씩 드물게 발현하고 있다. 백소(白巢)씨족은 비옥한 초승달 지대인 메소포타미아 지방이 있는 서쪽으로 이동하여, 중, 근동 문화, 나아가 서구문명을 탄생시킨 주인공이 되었다. 흑소(黑巢)씨족은 남쪽으로 이동하여 갠지스, 인더스강 유역의 모헨조다로, 하라파의 도시 문명을 건설한 주인공들이라는 것을 『부도지』와 세계 여러 학자들의 발굴 조사한 보고서에서 확인할 수 있다.

마고성의 원시사회에 있어서 우주의 자연현상은 신의 뜻으로 일어나는 것으로 보았던 것 같다. 신의 뜻을 두려워하고, 신의 뜻에 따라 사회를 지배하고, 정치를 행하였던 것이다. 신화란 자연과 사회현상을 신격화(神格化)한 설화다. 신화에는 역사적, 종교적, 문학적, 제 요소가 미분화(未分化) 상태로 나타난다. 그러므로 신화는 인류의 상고사 연구에 매우 중요한 사료가 되고 있다.

마고성의 기록은 『부도지』가 유일하다. 그것도 신화의 형태로 남아있다. 그 외에 유라시아 전역에 전설로 남아있어 후대의 문명에서 마고성의 흔적을 찾을 수가 있다. 기원전 4대문명이 거의 동시대에 한꺼번에

---

46 플라이스토세.

발생한 것은 마고성에서 마련된 문명의 기틀을 가지고 대홍수 이후 각지로 퍼져나간 사람들이 이룩한 것이지 어느 날 갑자기 우연히 만들어진 것이 아니다. 인류 최초의 문명인 메소포타미아의 수메르 문명을 두고 그 이전에 문명을 이룬 기반이 없다고 주장하는 서양의 학자들은 수메르인이 동방에서 왔다는 그들의 점토판에 남아있는 기록을 애써 무시하며 마고의 존재를 부인해왔다. 그러나 파미르에서 시작한 마고의 흔적은 세계 문명의 역사의 기반이 되어 메소포타미아, 이집트, 인더스, 황하문명이 일어나는 기반을 마련해 주었다. 다만 문자가 없었기 때문에 전설로만 남아있는 것이다.

제4장

환인의 대제국

하늘의 산이라는 뜻의 천산은 투르크계 명칭인 텡크리 타우를 한자로 번역한 말이다. 중앙아시아의 알프스라고 하는 천산을 고산호수에서 본 풍경이다.

(출처: https://pxhere.com/en/photo/)

환인과 환국

(1) 살아남은 사람들

1만 2천 년 전 해빙기가 시작되면서 유럽과 아시아를 뒤덮고 있던 빙하가 한꺼번에 녹아 대홍수가 발생했다. 대홍수 후 인간을 비롯한 지구상의 수많은 생명체가 사라졌고 살아남은 인류의 기억 속에 전설이 되어 남아있다. 대홍수로 인해 인류가 출현해서 20만 년 동안 쌓아온 지식과 경험도 함께 사라졌다. 세계 각지에서 인류가 쌓아 올린 초고대 문명이 파괴되고 살아남은 인류도 거의 괴멸상태였다. 다시 문명을 일으킬 만한 인원과 자원이 없어 대부분이 원시시대로 돌아갔다. 파미르 지역의 거대한 분지와 산지에서 살아남은 생존자들은 구황작물이 있었고 방목할 수 있는 광활한 평야와 수자원이 있었기 때문에 더 빨리 문명재건을 이룰 수 있었다. 파미르에서 살아남은 사람들은 인류가 이루어놓은 문명을 기억하고 있었다. 그리고 살아남은 사람들은 살아가기 위해 살아남은 자신의 씨족들을 이끌고 파미르를 떠나 사방으로 흩어졌다.

(2) 환인(桓因)

마고가 다스렸던 파미르는 평화롭고 살기 좋았던 곳이었다. 종교와 정치가 체계화되고 문명의 씨앗이 싹트기 시작했다. 중앙아시아에 넓게 퍼져 살아가던 수렵채집민들이 오가다 소문을 듣게 되었고 사방에서 여러 인종들이 유입되었다. 인구가 증가하게 되어 단위면적당 생산할 수 있는 식량이 한계에 이르렀는데 종교로는 식량부족의 문제를 해결할 수가 없었다. 먹을거리의 부족은 신에게 기도하여 해결할 수 있는 부분이 아니었다. 강력한 종교의 힘으로도 굶주림에 지친 수많은 사람들을 통제할 수가 없었다. 게다가 마고시대 말기의 대홍수로 인류가 쌓아온 초고대 문명은 전부 파괴돼 버리고 수많은 사람들이 죽었다. 절망과 혼돈의 시대에 살아남은 사람들에게 이들을 이끌 지도자가 필요했다. 사람들에게는 사냥감을 찾아 함정을 설치하고 동물을 유인해서 잡아다가 부족들을 먹일 수 있는 실무형의 지도자가 필요했다. 마고는 신에게 사냥감을 많이 보내주고 열매를 많이 따게 해달라는 기도 외에 할 수 있는 것이 없었지만 환인은 직접 사냥감을 찾아 나서고 열매를 찾아나서 부족민들의 굶주림을 해결하고자 하였다. 창을 들고 함정에 빠진 동물에게 제일 먼저 달려들어 싸웠고 잡은 동물의 고기를 모두에게 고루 나누어 주었다. 사람들은 환인을 중심으로 모여 들었고 사냥하는 법을 배웠다. 파미르는 사람들이 모여 살기엔 먹을거리가 부족했다. 그래서 환인은 사냥감이 더 많은 곳을 찾아 부족민들을 이끌고 떠났다. 대홍수를 경험했기에 높은 산지를 찾아 다녔고 산맥을 따라 이동하여 천산에 오게 되었다.

(3) 환인(桓因)의 종교적 해석

환인(桓因)에 대해 불교학자들은 불교와 관련지어 종교적 해석을 내놓고 있다. 단군신화의 내용에 불교와 라마교의 내용이 담겨져 있다고 해석하고 환인을 불신(佛神)의 이름으로 이해하고 있다.

일연과 이승휴는 모두 라마교를 신봉하는 원나라가 고려에 영향력을 미치던 시절의 불교도였기 때문에 단군신화를 불교나 라마교의 입장에서 해석하고 환인을 제석천(帝釋天)으로 이해하는 것이다.

불교에서 제석천 인드라(Sakra devanam indra)는 불법에 귀의하는 자를 수호하고 아수라의 군대를 정벌한 하늘의 왕이다. 음역하여 석가제환인타라(釋迦提桓因陀羅)라 하고 줄여서 석제환인(釋提桓因)이라고도 한다. 제석천은 원래 힌두교의 신이었는데 불교에 들어온 이후에 제석천으로 불렸다. 본래 제석천은 마가다국(magadha)의 브라만이었다가 보시 등의 공덕을 닦아서 도리천(忉利天)[47]에서 다시 태어나 33개 하늘(天)의 천주(天主)가 되었다고 한다. 수메르산[48] 정상의 도리천 선경성에 거주하며 사천왕(四天王)[49]과 십대천자(十大天子)를 거느리고 불법과 불제자를 보호는 역할을 하고 있다. 인드라는 마루트(Maruts)[50]와 바유(vayu)[51]를 거느리고 바람, 비, 천둥을 다스린다.

---

47 육욕천(六慾天)의 둘째 하늘. 수미산(須彌山) 꼭대기에 있는데, 중앙에 제석천(帝釋天)이 있으며, 그 사방에 8개씩의 성이 있음. 모두 33천(天)이 있다고 함.

48 수미산. 세계의 중앙에 있다는 산. 꼭대기에 제석천(帝釋天)이, 중턱에는 사천왕(四天王)이 살며, 그 높이가 8만 유순(由旬)이라고 함.

49 왕천(四王天)의 주신(主神)으로 사방을 진호(鎭護)하며 국가를 수호하는 네 신. 수미산 중턱에 있는 동의 지국천(持國天)왕, 남의 증장천(增長天)왕, 서의 광목천(廣目天)왕, 북의 다문천(多聞天)왕을 말함. 사대 천왕. 사왕.

50 폭풍의 신.

51 바람의 신.

라마교[52]에서 인드라의 아들 쿠보롬(Khuu Borom)이 세상에 내려오는 과정은 환인의 아들 환웅이 신단수에 내려오는 것과 비슷하다. 그래서 불교도인 일연이 삼국유사를 지으면서 불교도의 입장에서 제석천을 환인으로 둔갑하여 몽골의 핍박을 받는 고려인들에게 '우리는 천손'이라는 희망을 주어 달랬다는 것이다. 그러나 이것은 불교도의 시각일 뿐이고 어떤 신화가 먼저 형성되었는가에 따라 차용의 문제가 달라질 수 있다. 힌두 신화의 제석천은 아리아인이 인도, 파키스탄의 여러 도시지역에 건국한 기원전 2400~2000년경의 인물로 추정되고 『부도지』와 단군신화의 환인은 기원전 12000~8000년경의 인물로 추정되고 있다. 상고시대부터 파미르-티벳 등 중앙아시아에 전해져 내려오는 환인신화를 힌두교와 라마교에서 차용했을 가능성이 더 크다. 또한 제석천을 음역하는 과정에서 고대로부터 전해지는 환인의 이름을 차용했을 가능성도 있다. 기독교의 하느님은 본래 동아시아 종교에서 믿고 있던 하늘의 상제나 환인을 가리키던 것을 기독교에서 차용하여 사용하고 있는 것과도 같다고 하겠다.

(4) 천산(天山)

천산 산맥은 현재 중국 서부 신장의 위구르 자치구와 카자흐스탄, 키르기스스탄, 우즈베키스탄 등의 나라에 걸쳐 위치한 산맥이다. 천산이라는 이름은 '하늘의 산'이라는 뜻으로, 주변 튀르크계 언어에서 말하

---

52 불교가 티베트에 들어와 변형된 종교.

는 '텡그리 타우'라는 명칭을 한자로 번역한 것이다. 중국에서는 '톈샨'이라는 이름 외에도 '바이산(白山, 백산)', '쉐산(雪山, 설산)' 등으로 불리기도 하며, 과거 당나라 때는 절라만산(折羅漫山)이라고 불렸다고도 한다.

천산 산맥은 서쪽은 완만하고 동쪽은 가파른 동서주향의 산지로 산맥의 남쪽에는 타클라마칸 사막과 타림 분지가 위치해 있으며 북쪽에는 준가르 분지가 위치해 있다. 남서쪽으로는 파미르 고원과도 이어지며 산맥의 만년설이 녹은 물이 흘러내려 시르다리야강, 이리강, 추강 등 하천의 발원지가 된다. 산맥의 길이는 2,000㎞에 달하며 산맥의 규모가 커서 '베이톈산(北天山: 북천산)', '중톈산(中天山: 중천산)', '난톈산(南天山: 남천산)'으로 구분한다.

키르기스스탄과 카자흐스탄 등지에서는 천산 산맥의 장대한 빙하지형과 산을 뒤덮은 만년설, 산의 산록부의 목초지들의 모습이 유럽의 알프스 산맥의 모습과 닮아있다고 해서 동양의 알프스 또는 중앙아시아의 알프스라고 칭하기도 한다. 그런데 사실 규모를 보면 천산 산맥이 알프스 산맥과는 비교도 할 수 없이 높고 크다.

(5) 환인의 이동

1만 2천 년 전 플라이스토세[53]의 빙하기가 끝나고 지구는 점차 따뜻해졌다. 대홍수에서 살아남은 사람들 중 일부는 북쪽으로 이동하였다. 천산 북쪽에는 준가르 평원이 드넓게 펼쳐져 있다. 사람들은 대초원의

---

53 홍적세.

오아시스에 머물며 수렵과 채집 활동을 하였고 먹을거리가 떨어지면 다른 오아시스를 찾아 이동하였다. 수렵과 채집을 하여 식량을 구하던 신석기에는 50명 이상이 한 지역에 함께 살면서 식량을 구할 수가 없었다. 그래서 씨족이 50명을 넘으면 새로운 씨족장을 임명해서 무리를 이끌고 새로운 오아시스지 역으로 식량을 찾으러 떠났다. 인구가 증가하여 씨족들이 사방으로 퍼져 나가고 씨족들은 씨족장이 죽으면 새로운 씨족장을 임명하거나 가까운 다른 씨족의 지휘 아래 모여 서로 통교하였다. 이들은 파미르 아래의 준가르 평원에서 몽골초원까지 퍼져나갔다. 중앙아시아 전체에 퍼진 각 씨족들을 하나로 단합시킬 수 있었던 것은 종교의 힘이다. 그 종교의 지도자가 바로 환인이다. 천신(天神)을 믿는 환인이 다스리는 지역은 중앙유라시아 평원을 따라 오아시스 전체에 퍼졌고 그들은 동서로 남북으로 이동하며 살았다.

환인이 이동했다는 기록은 박제상이 작성했다는 『부도지』에도 그 내용이 기록되어 있다.

黃穹氏 到天山洲 誓解惑復本之約 告衆勸勉修證之業. 乃命長子有因氏 使明人世之事 使次子三子 巡行諸洲. 黃穹氏乃入天山而化石 長鳴調音 以圖人世惑量之除盡無餘 期必大城恢復之誓約成就. 於是 有因氏 繼受天符三印 此卽天地本音之象而使知其眞一根本者也. 有因氏 哀憫諸人之寒冷夜暗 鑽燧發火 照明溫廛 又教火食 諸人 大悅. 有因氏千年 傳天符於子桓因氏 乃入山 專修禊祓不出. 桓因氏 繼受天符三印 大明人世證理之事 於是 日光均照 氣侯順常 血氣之類 庶得安堵 人相之怪 稍得本能 此 三世修證三千年 其功力 庶幾資於不 者也.

황궁씨(黃穹氏)가 천산주에 도착한 후, 마고성에서 있었던 모든 의혹을

풀고 근본으로 되돌아갈 것을 서약하고, 각 부족들에게 부지런히 깨달음을 얻도록 명하였다. 장자 유인씨에게는 인간세상의 일을 밝혀 내도록 명령하였고 둘째와 셋째에게는 모든 땅을 순행하도록 하였다.

황궁씨는 천산(天山)에 들어가 돌이 되어, 길게 조음을 울리고 인간세상의 혹량(惑量)[54]을 남김없이 없앨 것을 도모하여, 반드시 대성(大城)[55]을 회복하겠다는 서약을 성취하였다. 이에 유인씨가 천부삼인[56]을 이어받으니, 이것은 천지본음의 형상[57]으로, 진실로 근본이 하나임을 알게 하는 것이었다. 유인씨(有因氏)는 사람들이 추위에 떨고, 밤에는 어둠에 시달리는 것을 불쌍하게 여겨, 나무를 뚫어서 마찰을 일으켜 불을 피워서 밝게 비추고, 몸을 따뜻하게 하며, 음식물을 익혀서 먹는 법을 가르치니, 모든 사람들이 대단히 기뻐하였다. 유인씨가 천년을 지내고, 아들 환인씨에게 천부를 전한 후 산으로 들어가 계불[58]을 전수하고 나오지 않았다.

환인씨(桓因氏)가 천부삼인을 이어받아 인간세상의 이치를 증명하여 크게 밝히니, 햇빛이 고르게 비추고, 기후가 순조로와 백성들이 안도하게 되었으며, 사람들의 괴상한 모습이 점점 본래의 모습을 찾게 되었다. 이는 3세[59]가 수증[60]하기 삼천년에 그 공력이 거의 없어질 만큼 써버렸기 때문이었다.

- 박제상,『부도지』

---

54 의심, 의혹, 현혹.
55 마고대성(麻姑大城). 신전, 천신(天神)과의 만남.
56 하늘에 새겨진 부적으로 자미원(옥황상제), 태미원(정치관리), 천시원(백성), 또는 북극성(옥황상제), 북두칠성(수명주관), 은하수(상제를 만나러 가는 길)을 칭한다.
57 태초의 순수한 세계.
58 목욕을 재계하고 몸과 마음을 깨끗이 한 후 제사를 지냄.
59 황궁(黃穹), 유인(有因), 환인(桓因).
60 이치와 법칙을 연구하고 증거하여 정리함.

『부도지』에는 환인(桓因) 이전에 황궁(黃穹)과 유인(有因)이 있었다고 기록하고 있다. 이것은 정치적인 변동이 생겨서 부족 내의 다른 씨족으로 권력이 이동한 것으로 추측된다.

(6) 환국에 대한 기록

『진서(晉書)』[61]는 648년 당나라 태종 때에 방현령(房玄齡), 이연수(李延壽) 등 20여 명의 학자가 편찬한 책으로 정사(正史)이며 서진(265~316년)과 동진(317~418년)의 역사가 수록되어 있다. 『진서』에는 『환단고기』의 12환국(桓國)중 4개국의 이름이 나오고 거리가 5만 리나 된다고 기록하고 있다.

神離國在肅慎西北 馬行可二百日 領戶二萬 養雲國去神離馬行又五十日
領戶二萬 寇莫汗國去養雲國又百日行 領戶五萬餘 一群國去莫汗又百五十日
計去肅慎五萬餘里 其風俗土壤並未詳.

비리국(神離國)은 숙신(肅慎) 서북쪽에 있다. 숙신에서 말을 타고 이백일을 가야 된다. 이 나라의 가구 수는 이만이 된다. 양운국(養雲國)은 비리국에서 말 타고 또 오십일을 가야 된다. 이 나라는 가구 수가 이만이 된다. 구막한국(寇莫汗國)은 양운국에서 또 백 일을 가야 된다. 이 나라의 가구 수는 오만여나 된다. 일군국(一群國)은 구막한국에서 또 일백오십일쯤 가야 된다. 이곳은 숙신에서부터 따지면 거리가 오만여 리가 된다.

---

61 중국 진나라(晉)의 기록을 담은 역사서로 중국 정사인 이십오사 중에 하나이다. 진서 이후 사서(史書) 편찬이 국가사업으로 행해지고 새 왕조에서 전왕조(前王朝)의 역사를 쓰는 것이 나라의 임무가 되었다. 총 130권으로, 제기 10권, 열전 70권, 지 20권, 재기(載記) 30권이다.

그 지방의 풍속이나 토지의 성질 같은 것에 대해서는 모두 자세히 알 수가 없다.

- 『진서』, 「사이전」, 소국편

옛 기록에서 파나류(波奈留)산 아래에 환인(桓因)씨의 나라가 있었다. 천해(天海) 동쪽의 땅도 역시 파나류(波奈留)국이라 하였다. 그 나라의 넓이는 남북이 오만리(五萬里)이며, 동서는 이만리(二萬里)였다. 합하면 환국(桓國)이고, 나누면 비리국(卑離國), 양운국(養雲國), 구막한국(寇莫汗國), 구다천국(句茶川國), 일군국(一群國), 우루국(虞婁國) 또는 필라국(畢那國), 객현한국(客賢汗國), 구모액국(句牟額國), 매구여국(賣句餘國) 또는 직구다국(稷臼多國), 사납아국(斯納阿國), 선비이국(鮮裨爾國) 또는 시위국(豕韋國) 혹은 통고사국(通古斯國), 수밀이국(須密爾國)으로, 전부 합하여 12국이다. 천해(天海)는 지금의 북해(北海)라 한다. 7세에 전하여 역년 3,301년, 혹은 63,182년이라고 하는데 어느 것이 맞는 말인지 알 수가 없다.

- 『환단고기』, 「삼성기전」, 하편

중국의 정사인 『진서』에 『환단고기』와 일치하는 국명이 기록되어 환국의 존재를 증명하고 있다. 거리도 5만 리가 된다고 하여 『환단고기』와 일치하고 있다. 『환단고기』에 나오는 12환국은 국명이라기보다는 부족명을 국명으로 기록한 것으로 추정된다. 환국에 대한 기록은 불경에도 등장한다.

부처님께서 미륵보살에게 말씀하시기를 지나간 옛날 아승지겁[62]에 비파시여래(毗婆尸如來)[63]의 상법(像法) 중에 나라가 있었는데 이름이 파라내국(波羅奈國)[64]이라 하였다. 파라내국의 대왕[65]은 인자하여서 정법으로 나라를 다스리시고 50개의 소국(小國)을 통치하고 있었으나 왕은 아들이 없어서 손수 신령을 섬기며 12년을 한해도 빠뜨리지 아니하고 자식을 구하셨는데 제일 부인이 아이를 배고 아들을 낳으니 그 태자는 모습이 단정하고 성품이 좋아 성내는 마음이 없고 일을 할 때도 잘 참고 견디었으므로 이름을 인욕(忍辱)이라 하였다.

- 『석보상절(釋譜詳節)』

(7) 환국(桓國)

환(桓)은 밝다, 환하다는 뜻으로 환국(桓國)의 의미는 밝은 나라, 환한 나라라는 뜻이며 조선, 한, 발해 등 나라 이름의 기원이 되었다. 환국을 다스리는 왕을 환인이라 했다. 『환단고기』에는 환국이 기원전 7200년경에 시작되어 3,300년 동안 이어졌다고 하고 있다.

① 환국(桓國)의 정치조직

『삼국유사』에는 환웅이 환인으로부터 분리되어 이동할 때 풍백(風伯),

---

62 셀 수 없다는 뜻.
63 여래 십호의 하나. 진리로부터 진리를 따라서 온 사람이라는 뜻으로 '부처'를 달리 이르는 말.
64 환국.
65 환인.

운사(雲師), 우사(雨師)의 3장수(三將)[66]와 주곡(主穀) 주명(主命), 주형(主刑), 주병(主病), 주선악(主善惡)의 5사조직(五事組織)[67]이 있어 인간의 360가지 일을 맡았다고 했다. 『환단고기』에 따르면 환국에는 5가조직(五加組織)이 있어서 삼국유사의 5사조직과 같은 역할을 하였다.

다섯 가지 일이란 우가(牛加)는 곡식을 맡고, 마가(馬加)는 명령을 맡고, 구가(狗加)는 형벌을 맡고, 저가(猪加)는 병을 맡고, 양가(羊加) 일명 계가(鷄加)는 선악(善惡)을 맡는 것을 말한다.

- 『환단고기』, 「환국본기」

환국의 5가조직(五加組織)은 신시의 5가조직(五加組織)에 계승되었고 고조선(古朝鮮)과 부여(夫餘) 등에도 계승되었다. 5가조직의 형성 시기는 환국 초기에 지역의 수장(首長)[68]들이 국가조직으로 편입되면서 형성된 것으로 추측되며 통치의 가장 기본적인 형태가 되었다. 따라서 환국의 5가조직은 5개의 지역행정조직이고, 5가는 지역행정조직의 수장(首將)으로 동, 서, 남, 북, 중앙의 지역행정조직을 맡았다고 본다. 그러므로 환국의 5가조직은 지역행정조직이면서 중앙행정조직을 겸하여 국가조직의 한 분야씩을 맡았다고 추측된다.

5가조직은 대중으로부터 선출되었기 때문에 입법조직과 행정조직이 결합된 내각중심제 조직으로 동, 서, 남, 북, 중앙의 지역행정조직을 맡았다. 이러한 5가조직은 신라의 화백제도(和白制度), 몽골의 쿠릴타이, 켈

---

66 천관(天官), 하늘에 관한 일을 맡은 관리.
67 지관(地官), 인간에 관한 일을 맡은 관리.
68 집단이나 단체를 통솔하는 우두머리.

트족의 원탁회의와 같은 회의체 조직이다.

환국에 군사조직이 없는 것은 유목민의 특성을 보여주고 있다. 하지만 후대의 사례로서 필요시에 5가가 직접 군대를 통솔하는 기능을 하였을 것으로 보인다.

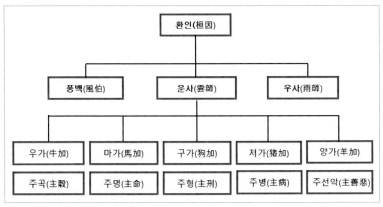

환국(桓國)의 조직도

② 환국(桓國)의 경제

환국이 초기 수렵채집경제에서 후기 유목과 농경으로 변화했다는 것은 환국의 정치조직에 등장하는 관직명을 보면 알 수 있다.

풍백(風伯), 운사(雲師), 우사(雨師)는 바람과 비, 구름을 뜻하는 것으로 기후가 그들의 삶에 중요한 요소로 작용했다는 것을 보여준다. 농경은 약 1만 년 전에 메소포타미아 지역에서 시작되었다고 하며 학자들에 따라서는 1만 2천 년 전부터 시작되었다고 보기도 한다. 환국에서도 이 시기에 농경이 이루어졌으며 주곡(主穀)이라는 관직명(官職名)은 농경이 이루어졌음을 시사하고 있다. 당시의 농경은 밭을 만들어 씨앗을 심고 물을 흘려보내 물이 증발하는 방식으로 이루어졌기 때문에 많은 양의 물을 필요로 했다. 그래서 농경은 장기간에 걸쳐 초지의 건조화를 가져왔다. 환국의 유물로 보이는 흑피옥[69]이 내몽골지역에서 발견되었다. 유물에는 쟁기 같은 도구를 들고 있는 사람의 모습도 있다. 이는 농경이 이루어졌다는 것을 보여주는 유물이다.

③ 환국(桓國)의 종교(宗教)

환국의 종교는 환인이 천신을 모시고 하늘에 제사를 지내며 하늘의 명을 받들고 사람의 목숨을 관장했다고 알려져 있는데, 이것은 주명(主命)이라는 관직을 통해서도 알 수 있다. 이들은 천신을 믿고 세상 모든 만물에는 영혼이 있다는 애니미즘을 믿었다. 환인은 천신의 명을 세상에 전하며 하늘과 땅을 이어주는 샤먼[70]으로 천신과 동일시했으며 그 명을 실천하는 관직이 주명이었다. 하늘의 중심은 북극성으로 상제를 상징하고 사람의 목숨을 관장하는 북두칠성은 북극성의 가장 가까이에서 북극성을 돌며 보좌하는 것으로 알았다. 환국의 종교는 상제가 모든 것을 지켜보므로 사람들은 개개인의 양심을 따른 행동으로 세상을 안정시키도록 가르쳤고 오늘날까지 유라시아의 텡그리 신앙으로 남아있다.

종교는 율법을 정해 지키도록 하는 것이 아니라 참선과 깨달음으로 양심에 따른 행동을 하도록 권장하였다. 당시에는 일일이 사람들을 규제하거나 병력을 이용해 법을 집행하기도 어려웠다. 넓은 유라시아 초원에서는 군장의 지배를 받고 싶지 않으면 자유롭게 떠났기 때문에 독재를 할 수도 없었고 잡을 수도 없었다. 동아시아의 몽골초원에서 동유럽의 킵차크 초원까지 평지로 이어져 있기 때문에 멀리 떠나면 찾을 수가 없다. 지도자는 백성을 가르치고 교화하여 굶주리지 않고 잘살 수 있도

---

69 옥으로 만든 뒤 검은 칠을 한 인형.
70 무당(巫堂). 남자무당은 박수라고도 하며 박수는 박사(博士)의 어원이다.

록 하는 것이 최고의 덕목이었고 이를 실천해왔다. 지도자는 절대권력을 가지고 있었지만 땅이 넓고 인구도 넓게 분산되어 있었기 때문에 권력을 남용할 수도 행사할 수도 없었다.

④ 환국(桓國)의 도덕

환국에는 인간의 행동을 규제하고 좋은 행동은 권장하며 나쁜 행동은 제재하는 주선악(主善惡)이 있었다. 인간의 행동은 법과 도덕으로 규제를 하지만 절대적 초월자인 천신이 내려다보므로 양심에 따라 행동하라는 가르침을 시행했다. 효는 가장 좋은 행동으로 권장되어 왔고 동양에서는 과거제가 시행되기 전까지 효가 사람을 평가하는 기준이 되어왔다.

⑤ 환국(桓國)의 사회제도

환국은 종교지도자인 사제가 정치를 맡아 통치하는 정교일치사회로 군장을 환인이라고 했다. 환국은 계급이 분화되어 있어 신분에 따라 차별되었고 신분은 세습되었다. 왕족(王族)과 귀족(貴族)계급은 종교와 정치를 담당하였고 중간계급인 공인(工人)은 옥기와 도구를 가공하였으며, 평민(平民)은 농경과 목축의 생산을 담당하여 3~5개의 계급이 분화되어 있었다. 귀족과 공인계급은 직접생산에 종사하지 않는 유산계급[71]이었다.

종교와 정치를 담당하는 지배자는 머리에 관(官)을 쓰고 있어 높은 계급을 과시하며 피지배층과 차별화되어 있었다. 관을 쓰는 것은 천신과 더 가깝다는 것을 의미했다. 환국에서는 문자가 없었기에 옥을 가공하여 사회상을 기록하고 도구를 제작하는 중간계층의 공인(工人)은 비생산

---

71 재산이 많은 사회계급.

적인 일에 종사하였다.

농경과 목축은 직접 식량을 생산하는 평민계층이 담당하였다. 이때는 아직 노예계급은 없었다.

환국에서는 남녀 간에 차별이 없고 평민들은 남녀가 같은 일에 종사한 것으로 보인다. 발견된 흑피옥을 보면 남녀가 모두 농사일을 하는 도구를 들고 있는 것이 보인다.

⑥ 환국(桓國)의 법

환국에는 인간의 일을 통제하는 규율이 있었다. 천신의 명을 받들고 전하는 환인의 명(命)을 지켰으며, 환인은 사람들 사이에 발생하는 갈등을 조절하여 이를 어길 시 형벌을 집행했다. 이때 형벌을 집행한 직책이 주형(主刑)이다. 환국은 계급이 분화되어 있었기 때문에 귀족에게는 예(禮)를 지키고 백성은 형(刑)으로 다스렸다. 공자도 귀족과 백성을 예와 형으로 다스려야 한다고 했다. 환국에 성문법이 존재했는지는 알 수가 없다. 다만 종교적 신념에 따라 예의(禮儀)와 범절(凡節)로 다스리고 귀족이나 지도자들이 모여 회의를 하여 채택된 안건을 전체합의제로 시행하였을 것이다.

⑦ 환국(桓國)의 의술

환국에는 사람이 병이 나면 기도와 주술로 낫게 하기도 하고 약초를 달여서 마시거나 외상(外傷)의 경우에는 약초를 찧거나 해서 상처를 낫게 했다. 이를 관장하는 직책이 주병(主病)이고 그는 의술을 행했던 것을 알 수 있다. 샤먼은 주술만 행한 것이 아니라 당시의 모든 일을 해결할 지식을 갖고 있어야 했다. 약초에 관한 지식도 샤먼이 알아야 했고 질병이 나가거나 외상이 발생할 경우에는 치료에 대한 지식도 있어야 했다. 물을 끓여서 소독을 하고 질병을 예방하는 일도 주병이 관장했을 것이다.

⑧ 혼인제도의 정리

환인이 다스리게 되면서 혼인제도를 정리하여 다부다처제 사회에서 일부다처제로 변화가 일어났다. 여성들은 능력 있는 남성과 함께 있으면 굶는 일이 줄어들게 되므로 자연스레 한 명의 남성에게 의지하게 되었다. 여성들은 그들이 가질 수 있는 최고의 유전자를 얻고 출산 이후의 생활을 보장받기 위해 그들을 보호해줄 남자가 필요했다. 여성의 경우 충분한 자원을 가져오지 못하는 남성의 첫째 부인이 되는 것보다 성공한 남성의 둘째나 셋째 부인이 되는 것이 유리했다. 남성의 경우도 일부다처제를 통해서 많은 자식들을 얻을 수 있기 때문에 유전적인 측면에서 일부다처제가 유리했다.

그러나 일부다처제는 단점을 가지고 있었다. 여성을 차지하기 위한 남성들의 다툼이 많아져 조직이 불안정하게 되었고, 여러 여성을 차지한 남성에게도 자식들의 부양에 대한 부담이 커졌다. 더불어 여성들도 자신을 보호해줄 남성이 필요하게 되었으므로 일부일처제로 가게 되었다.

환국에서는 혼인 전에 자유로운 연애가 가능했다. 젊은 남녀들은 자유로운 성생활을 하였고 혼인 후에는 일부일처에 충실했다.

⑨ 불의 사용

불의 사용은 아프리카에서도 했었고 화식은 시베리아에서도 했었다. 특히 시베리아에서는 불이 있었기에 추위를 이겨내고 살아남을 수가 있었다. 그러나 구석기시대 인류가 불을 자유롭게 사용하였을지는 의문이

든다. 자연에서 발생한 불을 가지고와 보존하기 위해 갖은 노력을 다하고 씨족들끼리 서로 통교하면서 불씨를 나누고 보존했을 것이다.

환인시대에는 부싯돌을 이용해 불을 자유자재로 사용해 화식을 하고 추위에 떨지 않아도 되었다. 불의 자유로운 사용은 집을 따뜻하게 하여 여유로운 삶을 주었을 뿐 아니라 토기를 굽고, 금속기를 녹여 사용할 수 있는 계기를 마련하였다.

12환국

『환단고기』에 나오는 12환국(桓國)의 명칭은 스키타이족 계열의 부족명과 비슷하다. 스키타이족은 인도유럽어를 사용하는 종족으로 알려져 있으며 색족, 새족, 사카족, 스키텐족 등으로도 불렸다. 그런데 스키타이족을 살펴보면 단일한 종족이 아니라 다양한 인종으로 구성된 종족이며 인도유럽어와 우랄알타이어를 사용하는 종족이 함께 나타난다는 것을 알 수 있다. 고대에는 언어와 피부빛이 달라도 비슷한 문화를 공유하면 같은 종족으로 분류되었다. 종족간의 통일과 분열도 반복되어 한 명의 지도자가 전체를 지배하기도 하고 수 명의 지도자가 출현하여 서로 다투기도 했다.

아래 표를 보면 『환단고기』에 나오는 12환국 국가들의 명칭이 스키타이부족의 이름과 발음에서 유사성을 보이는 것을 알 수 있다. 『환단고기』에도 환국인(桓國人) 스스로를 색족(色族)으로 불렀다.

알타이-투르크 신화를 보면 최초의 텡그리가 탄생한 후, 자신의 몸을 분리해서 남자 텡그리와 여자 텡그리[72]를 창조했다. 이 여자 텡그리가 거주한 산이 수메르산이었다. 그리고 수메르 문명의 사람들이 믿었던 신

---

72 우마이텡그리.

이 '딘그루'였다. 편두의 풍습과 알타이어게 언어의 사용, 그리고 자신들을 검은머리 종족이라고 부른 것, 자신들에게 문명을 전파해준 신을 딘그리라고 부른 것, 이들이 중앙시아에 있던 색족과 동일한 문화를 가진 것 등을 보면 수메르와 색족이 연관되어 있다는 것을 알 수 있다.

번호	환국	스키타이
1	비리국(卑離國)	푸루, 부여
2	양운국(養雲國)	유연국, 아바르
3	구막한국(寇莫汗國)	키막, 구막, 쿠만
4	구다천국(句茶川國)	고차, 킵착, 킵차크
5	일군국(一群國)	
6	우루국(虞婁國)필라국(畢那國)	오구즈, 오그트, 옹구트
7	객현한국(客賢汗國)	게쿤, 키르키즈
8	구모액국(句牟額國)	키메르
9	매구여국(賣句餘國), 직구다국(稷臼多國)	마사게트, 마르기아나
10	사납아국(斯納阿國)	사르마트, 살라르
11	선비국(鮮裨爾國), 시위국(豕韋國), 통고사국(通古斯國)	선비
12	수밀이국(須密爾國)	수메르

출처: 김정민, 『단군의 나라 카자흐스탄』, 글로벌콘텐츠, 2016

(1) 비리국(卑離國)-부리야트, 푸루, 부여

부리야트족은 몽골계로 남시베리아의 바이칼 호수 분지, 앙가라 강 계곡 및 동 사얀 산맥의 툰켄 계곡에서 살고 있다.

남시베리아의 바이칼 호수 분지와 그 서쪽 땅은 역사적으로 부리야트 몽골족을 비롯한 모든 몽골인종의 요람이었다. 이곳에서는 중국에서 아직 청동기가 사용되기도 전에 청동기를 만드는 기술이 발달되어 있었다, 그 시대에 금속을 다루는 대장장이들은 모두 샤먼이었다. 청동제 샤먼 거울은 위대한 영적 능력이 있는 것으로 여겨져서 오늘날까지도 샤먼의 가문에 전해져 내려오고 있다.

부리야트는 고구려의 역사에도 등장한다. 광개토대왕의 비문에는 서역에 있는 비려국(碑麗國)[73]을 토벌했다고 기록되어있다.

부리야는 '부리야 사람'을 뜻하며 복수형을 의미하는 '트'가 붙은 '부리야트'는 '부리야 사람들' 또는 '부리야족'이 된다. '트'는 우리말의 '들'에 해당하는 조사로, '우리들, 사람들, 그들'에서처럼 복수형으로 쓰인다. 몽골어에서는 '트'가 붙어서 복수형의 민족명을 뜻하는 경우가 많은데, '케레이'는 케레이트, '메르키'는 메르키트, '부리야'는 '부리야트' 등으로 복수형에 '트'가 붙는다.

부리야트는 자신들을 '늑대종족'이라고 한다. 부리야트의 신화에서 부리야트의 조상은 '부르테 치노'가 '고아 마랄'과 결혼한 데서 유래했다고 한다. '부르테 치노'는 '푸른 늑대'라는 뜻이고 '고아 마랄'은 '고운 붉은 사슴'이라는 뜻이다. 그들의 혼인에서 몽골족, 특히 징기스칸의 부족이 유래했다.

---

[73] 비리국.

부리야트에는 시조신화(始祖神話)가 전해 내려온다. 하늘에서 하얀 백조가 바이칼 호수에 내려와서 하얀 옷을 입은 여인으로 변했다. 이 여인이 호수에서 목욕을 하고 있을 때 옆에서 이를 지켜보고 있던 나무꾼이 옷을 감추었다. 결국 둘이 살면서 자식들 12명을 낳았고, 이 자식들이 후에 부리야트가 되었다고 한다. 나중에 여인은 백조로 변해서 하늘로 다시 올라갔다고 한다. 그래서 부리야트는 흰색과 흰옷을 특별히 숭상한다.

부리야트인은 알타이어족(語族) 몽골어군(語群)의 부리야트어를 사용한다. 방언은 15개 정도이고 지역별, 부족별로 크게 에히리트-불라가트, 알라르-툰카, 코리, 총골-사르툴 등으로 나누어진다. 부리야트인은 처음에 위구르 문자를 차용해서 사용했고, 이후 라틴어 문자와 러시아어 알파벳을 차용하였다. 현대 부리야트 표준어는 코리 방언을 기반으로 제정되었다.

부여의 얼굴. 북만주 둥퇀(東團), 마오얼산(帽兒山)에서 출토된
금동 얼굴모양 장식. 상투를 틀고 있다.
(출처: 국립중앙박물관)

대흥안령(大興安嶺) 산맥의 남단에서 발원하는 할흐강(江)은 부이르 호수로 흘러들어간다. 이곳에 '할힌골솜'이라는 곳이 있고 여기에는 석상(石像)이 하나 있다. 이 석상이 '코리[74]족의 조상으로 알려져 있다. 이 석상을 중심으로 서쪽은 몽올실위[75]족이 살고 있고 동쪽은 코리족이 살았다고 한다. 이들은 서로 통혼(通婚)하였고 같은 풍습과 민족설화를 가지고 있다. 코리족을 구리족, 구려족이라 불렀고 고구려와 관계있는 것으로 보인다.

(2) 양운국(養雲國)-유연, 아바르

유연(柔然, Róurán)은 서기 4세기와 6세기 초까지 지금의 몽골 초원을 중심으로 활동했던 유목민족으로 동호계열이다.

북위가 건국될 즈음 선비족 탁발부에 복속되어 있다가 독립하여 몽골고원을 지배한 몽골계 유목민에 의해 세워진 국가의 중국식 통칭이다. 연연(蠕蠕), 여여(茹茹), 예예(芮芮) 등으로도 표기된다.

유연(柔然)은 서기 5~6세기에 중국 북방에 존재했던 유목국가로 유연의 시조는 목골려(木骨閭)라 하고 그 왕족은 욱구려씨(郁久閭氏)이며 왕은 '가한'이라고 불렀다. 3세기경 선비에게 종속되었지만, 선비가 중국으로 이주한 후에는 몽골 고원에서 세력을 확대해, 5세기 초 사륜(社崙)가한의 시대에 고차(高車)를 복속시켜 타림분지 일대를 지배하면서, 선비족 탁발

---

74 고리, 구리, 고구려.
75 몽골.

부가 세운 북위와 대립하기도 했다. 또 사륜가한은 최초로 '가한(可汗)'[76]
의 칭호를 사용했다.

6세기 아바르 영토. 5~9세기에 중앙아시아 및 중앙 유럽, 동유럽에서 활약했던 유목민족이
다. 중앙아시아에서 이주하여 중부 및 동유럽에 이르는 넓은 제국을 건설하고, 주변 국가를
위협했으나 비잔티움 제국과의 전쟁에서 패해 쇠약해졌다. 후에 카롤루스 대제의 프랑크 왕
국에게 멸망했다.

(출처: 위키미디어 커먼스)

552년 돌궐에게 멸망당할 때, 살아남은 유연족의 잔당들은 멀리 서쪽
인 동유럽으로 달아나 아바르라는 이름으로 8세기까지 맹위를 떨쳤다.
동로마 제국을 위협하고 슬라브족을 지배하는 동유럽의 강국이 된 것이
다. 아바르는 중부유럽 대부분을 장악하고 9세기 초까지 세력을 유지하

---

[76] 북방에서 사용한 왕의 칭호, 이후 원나라에서는 '칸'이라 했다.

며 북쪽의 게르만족을 압박하여 발틱해까지 진출했다. 아바르족은 롬바르드족을 북부 이탈리아로 몰아냈는데 이때가 게르만족의 마지막 대이동 시기였다. 아바르족은 626년 콘스탄티노플을 포위했다가 실패했고 9세기 초부터 안팎의 압력에 시달렸다. 그러다 결국 805년 프랑크족의 샤를마뉴에 의해 멸망했다. 아바르족은 이후 중부 유럽의 토착 부족에게 동화됐으며 대부분은 헝가리에 흡수됐다.

(3) 구막한국(寇莫汗國)-키막, 구막, 쿠만, 킵차크

구막(寇莫)은 고대 투르크계인 것으로 알려진 유목민족으로 기원전 1000년에 중앙아시아의 역사 기록에 처음 언급되어 구막, 쿠만, 킵차크로도 불렀다.

킵차크족은 11세기경 동유럽에 처음 출현하는데 이들은 시베리아에 있는 투르크계 집단인 키멕과도 연관되어 있다. 주변 국가나 다른 민족들은 특이하게도 이들을 서로 다른 명칭으로 불렀다. 아랍에서는 '쿠마니', 비잔틴제국은 '코마노이', 루마니아나 터키에서는 '쿠만', 헝가리는 '쿤', 러시아는 '폴로베츠' 혹은 '폴로브츠'라고 불렀다.

킵차크족은 중국의 국경 근처에서 기원해 서쪽으로 시베리아를 지나 볼가강 유역으로 이동하였으며 유르트(Yurt)라는 이동식 천막에서 생활했다.

11세기 후반에서 12세기 초에 걸쳐 킵차크족은 비잔티움 제국, 키예프 루시, 마자르족 그리고 페체네그인과 다양한 갈등을 일으켰다. 1241년에 몽골족에게 패배하고 지금의 러시아 서부, 우크라이나 그리고 카자흐스탄 지역에 킵차크 칸국이라는 나라를 세워 몽골 제국의 가장 서쪽 한국(汗國)의 일부분이 되었다.

서부 킵차크족은 헝가리로 도망쳐서 로마 가톨릭 십자군과 비잔티움 제국의 용병이 되었다. 이집트 맘루크의 첫 번째 왕조인 바흐리 왕조의 구성원이 바로 킵차크인이었다.

킵차크족의 언어는 투르크계로 현존하는 기록물은 13세기 후반에 킵차크어와 라틴어로 된 단어사전인 쿠마니쿠스 사본(Codex Cumanicus)이다.

13세기 쿠만-킵차크연맹의 영역과 주요세력들이 분포도
(출처: 위키미디어 커먼즈)

(4) 구다천국(句荼川國)-고차, 큽착, 킵차크

구다천(句荼川)은 정령(丁零) 또는 고차(高車), 철륵(鐵勒)으로 불렸던 투르크 계통의 유목민족이다. 5세기 초 정령은 유연의 지배하에 있다가 5세기 말 유연이 쇠퇴하자 서쪽으로 이동하여 고차국을 세웠다.

정령 민족은 중앙아시아에 살았던 민족으로 주(周)나라 시대에는 귀방 (鬼方)으로 불렸다. 그들은 원래 바이칼호의 서쪽 지역 레나강 유역에 살았고 3세기경 서쪽으로 팽창하였다. 흉노제국 시대에도 레나강 유역에 있었으며, 돌궐(突厥), 사타(沙陀)와 연합하기도 하였다.

3세기경 정령 민족은 전연에 귀속되었다가 392년 이후 유연에게 귀속된다. 485년경 여러 부족을 통합하여 유연의 지배로부터 독립한 뒤 알타이산의 서쪽으로 옮겨 돌궐, 사타에 귀속되었다가 자립하였다. 5세기 말 타림 분지의 고창을 정복하고, 유연에 대항하여 북위(北魏)와 통교했는데, 6세기 초 준가리아에 세력을 뻗친 에프탈의 공격을 받아 와해되었다.

(5) 우루국(虞婁國)-위구르, 오구즈, 오그트, 옹구트

우루(虞婁)는 중국의 요(遼), 금(金), 원(元)나라 때 인산산맥(陰山山脈)의 북방지역을 본거지로 삼은 투르크계 부족이다. 옹고(雍古), 왕고(汪古) 등으로도 쓴다. 현재 중국 신장 위구르 자치구에 살고 있는 사람들은 위구르 제국(744~840년)이 멸망했을 때, 남하하여 당나라 북쪽에 정착한 위구르인의 후예라고 한다. 요(遼), 금(金) 두 왕조에 복속(服屬)하여 그 북쪽 변방의 방위를 맡았으며, 북방의 흑달단(黑韃靼)[77]에 대하여 백달단(白韃靼)[78]이라 불렸다. 칭기즈칸에게 협력하여 몽골제국 건국에 공적을 세웠

---

77 미개한 타타르족.
78 개화한 타타르족.

으므로 역대의 부족장은 원나라의 황녀(皇女)와 결혼하고 왕(王)의 칭호가 주어졌다.

처음 그리스도교의 네스토리우스파(派)를 신봉하였으나 몬테 코르비노의 전도에 의하여 가톨릭교로 개종한 결과, 옹구트부의 왕성 자리인 올론 숨(Olon Sum)에는 동아시아 최초의 가톨릭교회가 세워졌다.

오구르족과 오구즈족은 같은 태생으로 투르크 부족연맹의 주류 중 하나였다. 서구에서는 천산 산맥 북부를 통해 서쪽으로 이주한 부족을 '오구르족'으로 불렀다. 이들은 흑해 북부에 자리 잡고 오구즈족과 마찬가지로 각각의 부족이 연합을 구성했다. 오구르족 연합은 드니에퍼지역의 스텝에 자리 잡은 도구즈-오구르족, 북부 코카시아의 온-오구르족. 돈강과 볼가강 사이의 오투즈-오구르족 등으로 구성돼 있었다. 서쪽으로 이주한 오구르족은 576년 괵투르크[79] 제국에 복속했다, 그러다 괵투르크가 630년 붕괴되자 온-오구르족은 쿠르트를 족장으로 내세워 북구 코카시아 지역에 대 불가리아를 건설했다.

쿠르트는 훈 제국 출신으로 비잔티움과 동맹을 맺었으나 665년 카자르족의 봉국으로 전락했고 이후 오구르족은 쿠르트의 아들인 아스파루의 인솔아래 다뉴브 강 북부의 발칸반도로 이주했다. 발칸반도에서 이들은 679년 오늘날 도브르드자(도브루카) 남부에서 투나 불가리아국을 세웠다.

투나 불가리아국은 비잔티움과 협력관계를 유지하며 717년에 이슬람 우마이야 왕조가 콘스탄티노플을 포위하자 이를 방어해 주기도 했다. 비잔티움이 8세기 중반 왕위 다툼으로 내전을 벌이던 투나 불가리아를

---

[79] 돌궐족(突厥族).

공격하면서 협력도 깨지고 814년 크룸칸의 재위 시절엔 비잔티움의 콘스탄티노플을 공격했다. 오무르타 칸 재위시절에 투나 불가리아는 최전성기를 누렸으나 슬라브족이 대규모로 유입되면서 투르크족의 정체성을 잃고 기독교정교회를 받아들인 이후 투르크족의 관습을 버리고 슬라브화되었다.

대 불가리아가 붕괴된 이후 세워진 또 다른 국가는 볼가 불가리아였다. 볼가 불가리아는 이틸강과 카마강 인근에 있었고 수도는 불가르로 이곳은 9세기부터 12세기까지 동유럽의 중심지였다. 볼가 불가리아는 922년 이슬람으로 개종한 최초의 투르크족 국가가 되었다. 볼가 불가리아는 1237년 몽골의 침략으로 멸망해 15세기 중반까지 황금군단[80]에 속하게 된다.

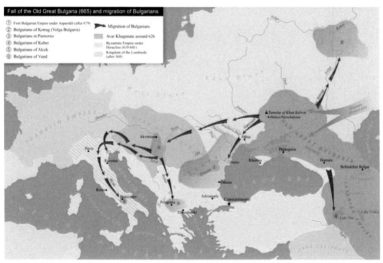

6~7세기 불가르 정착지
(출처: 위키미디어 커먼스)

---

80 킵차크한국.

(6) 객현한국(客賢汗國) - 게쿤, 키르키즈

키르키즈족은 유목민족에 관한 중국 최초의 기록에서부터 등장하고, 그 이후의 역사 기록 속에서 끊임없이 등장하지만, 단 한 번도 유목제국을 건설해보지 못했다. 그럼에도 불구하고 나타났다 사라진 수많은 중앙유라시아의 민족들과 달리 끝까지 살아남아서 현대에 그 이름으로 국가를 세운 민족이다.

키르기스족은 기원전부터 시베리아 예니세이강 상류, 삼림지대의 수렵민 집단으로 생활해 왔다. 본래는 이란계 유목민, 정확히는 사카계[81] 유목민이었을 것으로 추측된다. 한자 기록에서는 주로 '견곤(堅昆)' 혹은 '격곤(鬲昆)'이라는 이름으로 표기된다. 가장 이른 기록은 『사기』「흉노열전」의 기록인데, 기원전 209년에 흉노의 묵특 선우가 아버지 두만 선우를 죽이고 권력을 장악한 뒤 주변 유목집단들을 병합해 나가는 과정에서 북쪽 바이칼호 방면으로 혼유(渾庾), 굴사(屈射), 정령(丁零), 신리(新犁), 격곤(鬲昆) 등을 복속했다는 내용에서 등장한다. 기원전 60년 흉노의 허려권거 선우가 사망한 이후 흉노는 동서로 분열하는데, 동흉노의 호한야 선우는 내몽골로 내려가고 외몽골에 남았던 서흉노의 질지골도후 선우는 북방 여러 민족들을 정복하고 다녔다. 이때 오걸(烏揭)의 군대를 동원해서 격곤(鬲昆)을 격파했다는 기록에서 다시 한 번 등장한다.

이후 오호십육국(五胡十六國)시대에 선비(鮮卑)가 강성해지자 선비에 복속하였고, 남북조(南北朝)시대에는 유연(柔然)에 복속하였다. 돌궐(突厥)이 등장한 이후에는 돌궐에 복속되었는데, 돌궐의 3대 무한카간 때 "서쪽으

---

81 스키타이계.

로 엽달(嚈噠)[82]을 격파하고 동쪽으로는 거란(契丹)[83]을 패주시켰으며 북쪽으로는 격곤(鬲昆)을 병합하여 새외의 모든 나라를 복속시켰다"는 『주서(周書)』의 기록에서 이를 알 수 있다. 이를 전후하여 6세기 무렵부터 일찍이 투르크화되었다. 돌궐이 당나라에 의해 멸망한 이후에는, 646년 당(唐)에게 '격곤도독부(鬲昆都督府)'라는 이름으로 복속되어 기미지배(羈縻支配)[84]를 받았다. 이후 돌궐 제 2제국 시기에는 일테리쉬 카간에 의해 격파당하고 복속되었다. 위구르가 돌궐 제 2제국을 멸망시키고 중앙아시아의 패자로 등장하자, 다시 위구르에 복속되었다.

위구르 제국의 알프 빌게 카간이 사망한 뒤 위구르 제국 내부의 권력 다툼 와중에, 840년 카사르 테긴 카간과 대립하던 한 수령이 키르기즈인들을 불러들였고, 키르기즈 군대는 아무런 저항도 받지 않고 들어와 카간을 살해하고 위구르 제국의 수도를 점령한 뒤 약탈을 자행함으로써 위구르 제국을 멸망시켰다. 키르기즈인들은 위구르를 대신하는 새로운 제국을 건설하지 못하고 다시 자신들의 땅인 예니세이강 상류로 돌아갔다. 이는 때마침 몽골 고원에 닥친 혹한 및 폭설과 같은 자연재해와도 관련이 있다. 혹한과 폭설로 인해 가축들이 집단으로 폐사한 것을 몽골어로는 '조드(3УД)'[85]라고 하는데, '전사는 화살 한 방에 죽고, 부자는 조드 한 번에 망한다'는 속담이 몽골에 있을 정도로 그 위력은 엄청나다.

키르기즈의 약탈로 다수의 위구르인들은 몽골 고원을 이탈하여 남쪽

---

82 에프탈(Ephthalites 또는 Hephthalites)은 5세기 중엽부터 약 1세기 동안 투하리스탄을 중심으로 투르키스탄과 서북 인도에 세력을 떨친 이란계(系) 유목민족.

83 키탄(Khitan). 4세기 중엽부터 내몽골의 시라무렌 강 유역에 나타나 거주하던 몽골계와 퉁구스계의 혼혈족이다.

84 기(羈)는 말의 굴레, 미(縻)는 소의 고삐로, 상대를 견제만 할 뿐 직접 지배하지 않는 것.

85 자연재해, 설해(雪害).

과 서쪽으로 이주하였고, 이중 남쪽으로 간 위구르인들은 항복하지 않고 물자를 요구하다가 당군에 의해 학살당해 사라졌다. 방태긴의 지휘하에 서쪽으로 간 무리 중 일부는 하서회랑에 들어가 하서 위구르를 세웠고 다른 일부는 더 서진하여 천산 위구르를 세웠다. 이러한 위구르인의 이주는 중앙유라시아의 투르크화에 결정적인 계기가 되었다. 위구르 멸망 이후, 위구르인들은 몽골고원 밖으로 뿔뿔이 흩어지고 키르기즈인들마저 예니세이강 상류로 돌아가 버리자, 몽골 초원에는 힘의 공백이 생겼다. 이에 따라 위구르 제국의 동북부 변경지역에 살던 타타르족과 몽올실위 등 몽골계 집단이 몽골 초원 중심부로 이주해 들어오게 되었다.

키르기즈에 의해 초래된 힘의 공백으로 인해 몽골계 부족들은 비옥한 몽골 초원에 진입할 수 있었고, 이것이 칭기즈칸과 그 후손들의 정복활동을 가능하게 했다. 후일 몽골 제국을 세우는 칭기즈칸의 보르지긴 씨족이 본래 키르기즈에서 나왔다는 설도 있다. 1207년 칭기즈칸의 통일 몽골에 의해 복속되었고 1260년 몽케칸의 사망 이후 쿠빌라이칸과 아리크부카의 칸위 계승 전쟁에서 아리크부카가 키르기즈로 피난하기도 하였다.

15세기 전반에는 오이라트의 지배를 받았던 것으로 보이며, 현재의 키르기즈스탄의 위치인 천산 북방으로 언제 이주했는지는 분명치 않다. 러시아 역사학자 바르틀드는 오이라트가 모굴 칸국과 전쟁을 할 때 키르기즈도 동참하여 모굴리스탄으로 왔다가 1470년대에 전쟁이 끝난 뒤 그대로 남은 것으로 추정하고 있다. 그러나 키르기즈인들의 유명한 서사시 『마나스』에는 이들이 칼미크족 '에센칸'의 공격과 학살에 직면하여, 고향을 떠나 천산 지방으로 이주했다는 내용이 보인다. 즉, 키르기즈인 본인들의 기록에 따르면 1440~1450년대 에센칸 치하 오이라트의 압력을 피해 지금의 위치로 남하가 이루어졌다는 것이다.

(7) 구모액국(句牟額國)-키메르, 켈트

역사상 최초의 유목민족은 스키타이족이라고 알려져 있으나, 사실은 그보다 이전에 키메르[86]라고 불리는 집단이 지금의 카프카스 산맥 부근에서 활약했다. 키메르족은 스키타이족의 압력 때문에 지금의 터키지방인 소아시아 반도와 유럽으로 도주하는데, 일부 학자들은 키메르족이 훗날 서유럽의 주민인 켈트족이 된다고 추측한다.

켈트족(Celts)은 인도유럽어족의 한 일파인 켈트어파를 쓰는 아리아족[87]을 가리킨다. 켈트는 갈리아의 라틴어 '켈타이(Celtae)'에서 유래한 명칭이다. 또한 켈트 미술과 같은 문화적 특성이 고고학적 증거로서 발견되는 지역의 언어를 사용하는 민족도 포함하는 개념이다. 켈트족은 붉거나 금발에 땋은 머리를 하며, 유럽 최초로 활동하기에 좋은 바지를 입는 지혜를 가지고 있었으며, 날개 달린 투구를 썼다. 또한 로마에서 포도주를 먹을 때 이들은 맥주를 마시고 있었다.

기원전 7세기경까지에 흑해의 도나우강 부근에서 이동해온 켈트족이 현재의 프랑스에 해당하는 갈리아 지방에 씨족사회(氏族社會)를 형성하였다. 켈트족은 스키타이인이 실롱스크, 모라바와 체히를 침입하여 원주민들이 상당히 약화되자 기회를 틈타 동쪽으로 이동하여 체히, 모라바,

---

86 유라시아 초원 카프카스 산맥 부근에 있던 유목민.
87 아리아족은 카프카스를 중심으로 한 카스피해 연안과 남러시아 늪지대에서 살던 유목민으로 점차 유럽과 소아시아, 중앙아시아, 인도 등 여러 방향으로 이동하였다.

그리고 실롱스크 일부와 상류 지역의 비스와강 유역을 점령하였다. 이로써 켈트족의 '위대한 팽창'이 시작되는데, 이 사건은 이탈리아에서 격렬한 봉기를 야기했다. 기원전 390년에 켈트족은 로마와 유럽의 전 국가를 공략하려고 위협하였다. 또 소아시아를 공략하고, 일부 켈트 부족들은 그곳에서 영구 거주지를 만들었는데, 이들이 후일 파울로스가 서간을 써 보냈던 갈라티아인이 되기도 하였다. 켈트족은 프랑스, 알프스 주변에서 씨족이 형성되기 시작하였고, 인접 오스트리아, 스위스, 독일 등으로 이주했다가 후에 프랑크족으로 통합되었다.

켈트 십자가. 십자의 교차부위 주위로 둘러진 원이 상징물이다.
(출처: 위키미디어 커먼스)

로마 제국의 확장으로 대륙의 켈트족들이 로마 문화를 받아들였다. 175년경 영국에 기독교가 상륙하면서 형성된 아일랜드와 그레이트브리튼 섬의 켈틱 교회의 발전은 400년에서 1200년 사이에 켈트 미술의 초기, 중세의 문예부흥을 이끌었고, 자연과 일상생활에서 하느님을 경험하는 켈틱 영성이라는 기독교 전통을 만들어냈다.

고대 그리스의 지리학자이며 역사가인 스트라본은 게르만족의 기원이 바스테르나 지역의 켈트 혼혈이라고 했다. 그곳에서 켈트족, 보이족, 스코르디스키족, 타우리스키족들의 4개의 종족들이 섞여 트라키아인들이 되었다고 한다. 게다가 북쪽으로 향한 이들은 '켈트계 스키타이인'이라는 뜻의 켈토스키타이(Keltoskythai)라고 한다고 한다.

(8) 매구여국(賣句餘國)-마사게타이

마사게타이(Massagetae)족은 카스피해 북쪽에 살았던 민족이었다. 페르시아의 키루스 대왕은 카스피해 근처에 있는 마사게타이 원정을 나섰다. 마사게타이는 용감하고 지혜로운 토미리스라는 여왕의 통치를 받는 인구도 많고 아주 사납고 용감한 민족이었다.

그리스의 역사학자 헤로도토스의 사서에 등장하는 부족 게타이는 마사게타이일 것이라 추정되며 마사게타이족은 사르마티아와 관련이 있고, 게타이는 다키아의 그리스식 발음이라고 한다. 헤로도토스는 사서에서, 사이루스는 바빌로니아를 정복하고 마사게타이를 정복하려고 했다고 한다. 마사게타이는 동방의 해 뜨는 지역에서 왔으며, 아락스에스 강 저편에 있는 강대하고 용감한 종족이라고 했다. 마사게타이는 스키텐(Skythen)족, 일명 사카(Saka)족의 한 종족이라 하며, 바지를 입고, 머리 위에는 뾰족하고 높고 단단한 모자를 쓰고, 스스로 만든 활과 짧은 칼을 차고, 사가리스라는 도끼를 가졌다고 했다.

(9) 사납아국(斯納阿國)-사르마트

사르마티아족(Sarmatae)은 기원전 7~8세기에 동유럽의 우랄 산맥 남쪽 지역과 돈 강의 동부 지역의 초원 지대에서 생겨났다. 사르마티아족은 스키타이족의 한 분파로, 기원전 5세기에서 기원후 4세기까지 번성하였다. 이들은 여러 세기 동안 공생했던 서쪽 지역의 스키타이인들과는 대조적으로 평화롭게 살았다. 그러다 기원전 3세기에 흑해의 북부 지역을 두고 스키타이인들과 폰투스 왕국은 카스피해의 스텝지역에서 격돌했다. 이후 사르마티아인들은 그 지역을 5백 년 동안 지배했다. 고대 로마 『박물지』의 저자인 대 플리니우스는 그들의 영역을 폴란드에 있는 비스와강부터 도나우강까지라고 저술하였다.

그리스, 로마의 민속지 학자들이 사르마티아라고 알고 있던 영역은 대 스키타이[88]의 서부 지역과 일치한다. 그들의 전성기 시절은 기원전 100여 년 쯤으로 조사됐으며, 이 종족들은 비스와강에서 다뉴브강 하구, 볼가강의 동쪽까지 이르렀고, 흑해, 카스피해 해안가와 카프카스 남쪽과 경계를 이루었다.

사르마티아족은 훈족과 게르민족의 대이동 시기에 급습을 받아 기원후 4세기에 쇠퇴했다. 사르마티아족의 후예는 초기 중세시대에 알라니족이라는 이름으로 알려졌으며, 현대에는 러시아 연방의 오세트인들이다.

사르마타이(Sarmatae)는 사르마티아의 일부 부족 명칭에서 유래했을 것으로 보지만, 그리스, 로마 민속지 학자들은 이를 부족 전체에게 타칭 지명으로 사용했다. 1세기에 고대 그리스의 역사가이며 지리학자인 스트라본은 사르마티아의 주요 부족들로 야지게스, 록솔라니, 알라니, 시라케스들을 꼽았다.

그리스어 명칭인 사르마타이(Sarmatai)는 때때로 사우로마타이(Sauromatai)로도 나타난다. 반면에 역사가들은 이들을 두 개의 다른 종족으로 분리하기도 하며 고고학자들은 초기 사르마티아 문화를 구분하기 위해 습관적으로 사우로마티아라는 용어를 사용한다. 사르마티아인

---

88 대부분은 오늘날의 우크라이나, 남부 러시아이며, 또한 몰도바 인근에 발칸 반도 북동부 소규모의 영역까지 포함한다.

들이 사용하는 파충류 피부 모양의 미늘 갑옷과 용 깃발이 연관되어, 그리스어로 도마뱀(sauros)이라는 단어에서 유래했을 것이라는 의견도 있다.

4세기의 그리스 저자들(크니도스의 에우독소스, 프세우도스킬락스)은 시르마타이(Syrmatae)를 돈강 일대에 거주하는 민족들로서 언급했으며, 아마도 여기에 사르마티아 문화의 최종 단계의 발음이 민족이름에 반영되었을 것이다. 아베스타에서는 서쪽 지역을 사이리마(Sairima)라고 언급했다. 피르다우시의 샤나메에서는 유럽인들의 조상으로 나오는 살름으로 등장한다.

사르마티아인들은 스키타이어로 소통했다. 스키타이족처럼, 사르마티아족은 코카서스 인종의 모습을 하였다. 사르마티아 부족의 한 그룹인 알라니족에 대해 로마의 역사가 암미아누스 마르켈리누스는 "알라니족의 대부분은 큰 키와 아름다움을 지닌 사람들이고, 그들의 머리카락은 약간 노란색을 띠었으며, 그들의 눈은 깜짝 놀랄 정도로 매섭다"라고 하였다.

기원전 5세기에 헤로도토스는 아조프해의 모퉁이가 시작되는 곳인 타나이스의 동쪽에서 북쪽으로 쭉 걸어 15일 거리를 가면, 숲으로 뒤덮인 부디니족의 땅에 인접한 사르마티아인들의 땅이라고 하였다.

사르마티아 여자들은, 처녀 시절에 말을 타고, 활을 쏘고, 말에 탄 상태로 투창을 던지며, 그들의 적들과 싸웠다. 그들은 적 세 명을 죽이기 전까지는 그들의 처녀성을 제쳐놓았으며, 전통적인 제식을 하기 전에는 결혼을 하지 않았다. 유목을 위해서 강요받지 않는 한, 남편이 있는 여성들은 더 이상 말을 타지 않는다. 여성들은 오른쪽 가슴이 없는데, 이는 아기 때 어머니들이 중요한 목적을 가지고 빨갛게 달군 구리 도구를 만들어 오른쪽 가슴을 지지기 때문이다. 이렇게 되면 가슴 성장이 억제되어, 그쪽 가슴이 튼튼하고 단단해지므로 오른쪽 팔과 어깨에 유용하였다.

스트라본의 저작물에서, 사르마티아인들은 드네프르강의 북쪽으로 카프카스 쪽에서부터 다뉴브 강 위쪽에 볼가강 동쪽까지 퍼져있다고 하였다.

하드리아누스(117-138년) 시기의 로마제국 지도이며,
러시아 남부 스텝 지역에서 사르마티아인들의 위치를 보여주고 있다.
(출처: 위키미디어 커먼스)

또한 스트라본은 유목민들을 마차 거주자라는 뜻의 하마크소이코이(Hamaksoikoi)와 짐승의 젖을 먹는 자라는 뜻의 갈락토파고이(Galaktophagoi)라고 나타냈으며, 갈락토파고이는 의심할 필요없이 옛날부터 쿠미스⁸⁹를 먹었음을 시사한다. 마차는 아시아 유목민들 세계에서 유르트로 사용되는 펠트로 만들어진 텐트를 운송하기 위해 사용되었다.

(10) 선비이국(鮮裨爾國)-선비

고대에는 진(秦)나라, 근세에는 거란(契丹)이 서양에서 중국을 대표했다면, 중세에는 선비(鮮卑)가 서양에서 중국을 대표했다.

선비족(鮮卑族) 탁발부(拓跋府)에서 유래된 '타브가치(tabgachi)'는 중세에 중국을 말하는 또 다른 단어로, 그 어원은 선비에서 온 것이다. 돌궐(突厥)에서는 당(唐)나라를 '타브가치'라 불렀다. 선비족은 내몽골과 만주에 존재하던 동호계 유목민족으로 흉노에게 멸망한 동호의 후예이다.

동호(東胡)가 흉노(匈奴)에게 멸망당한 뒤에 살아남은 동호의 일파 중 선비산(鮮卑山)으로 들어간 무리를 선비족이라 하고 오환산(烏桓山)으로 들어간 무리를 오환족이라 했다고 한다. 현재 알려진 선비산의 위치는 대흥안령(大興安嶺) 북부의 알선동이라고 한다.

선비는 몽골과 중국 화북 지방에서 살았던 유목민족으로, 몽골족과 투르크족의 조상 중 하나이다. 하지만 몽골족의 직계 조상은 선비족이 아닌 실위이다. 선비족은 흉노족이 힘을 잃은 후 내몽골 지방에서 세력을 일으켰고, 위진남북조시대에는 남하하여 중국에 북위 등의 나라를 세웠다.

---

89 말젖으로 빚은 술.

선비족 무덤벽화 무사도. 내몽골 조양
(출처: 위키미디어 커먼스)

선비족은 하북성(河北省), 산서성(山西省), 요하지역(遼河地域)에 살던 민족
들과 관계가 깊다. 선비족은 흉노(匈奴), 돌궐(突厥), 말갈(靺鞨)과는 태생의
기반이 다르고 같은 선비족이라 하더라도 부족에 따라 차이가 있기 때
문에, 여러 민족의 민족연합체(民族聯合體)라고 추정되고 있다.

전한 시대 동안 한무제(漢武帝)가 기원전 127년에 위청을 보내 허타오
지역을 흉노로부터 빼앗았다. 점령 후에는 흉노의 공격을 막기 위해 허
타오 지역에 계속해서 정착촌을 건설하는 정책을 추진하고 삭방(朔方)과
오원(五原) 군을 설치했다. 이 시기에 내몽고 동부지역은 선비족이 점령
했다. 흉노를 복속했다가 흉노가 강해지자 예속되었던 선비족은 흉노가
한과의 전쟁을 치른 후 약해진 틈에 독립하여 이 지역에서 활발하게 활
동하였다. 그들은 동호(東胡)족의 북쪽 일파이며 동호족의 남쪽 일파는
오환(烏桓 또는 烏丸)이다. 언어학적으로는 몽골어 계통이라는 설이 강하

지만 투르크계, 몽골계, 퉁구스계와의 혼혈이라는 설도 있다. 선비족의 흥성은 1세기 흉노족의 몰락과 때를 같이 한다. 선비족은 87년과 93년에 흉노족의 두 선우를 처단했다.

선비족은 기원전 시기에는 대흥안령 산맥 기슭에서 목축과 수렵을 생업으로 하며, 흉노의 묵특(冒頓) 선우 때에 복속했었다. 그 후 흉노가 북과 남으로 분열하자 전한에도 결합되는 부족이 나와 반독립 상태가 되었다. 1세기가 되자 북흉노가 후한과의 항쟁을 계속하는 사이에 힘을 모아 북흉노를 몽골고원으로부터 서쪽으로 내쫓았다. 2세기 중반 단석괴(壇石槐)가 등장하여 부족을 통합하고 강대해졌으나 단석괴의 사후 다시 분열되었다.

후한 시대, 한나라는 남흉노와 연합하여 북흉노를 서아시아로 밀어냈다. 이 시점에서 사실상 흉노는 와해되고, 남흉노는 한나라와 공조 관계를 갖게 되었다. 한나라가 멸망하고 삼국시대(三國時代)가 시작되자, 유목민족이 남하하여 한족과 통합되는 과정이 있었다. 선비족은 삼국시대 이후로 중국과 만주의 중간 지역인 하북성에서 한족과의 민족통합이 이루어졌다. 한족은 유목민족으로 개량되었고, 유목민족은 한족으로 개량 되었다. 이러한 과정은 삼국시대, 5호 16국, 북위(北魏), 동위(東魏), 서위(西魏), 북제(北齊), 북주(北周), 수(隋), 당(唐)나라까지 계속되었다.

후한이 망하고 서진(西晉)의 황족 중에 8왕의 난(八王之亂)[90]이 일어나자 선비족은 용병으로 서서히 중국 내부에 이주하였다. 오호십육국시대(五胡十六國時代)에 흉노의 유연(劉淵)이 서진으로부터 독립하여 전조(前趙)를

---

90 중국 서진(西晉)의 제위 계승 문제를 둘러싼 황족들의 대결이 내란으로 번진 것. 이 내란의 영향으로 서진은 멸망하고, 이후의 중국은 수나라가 전국을 통일할 때까지 무려 약 250년간 전란의 시대를 보내게 된다.

세우자 선비족도 나라를 세웠다. 이즈음의 선비는 여섯 부족이 강성해졌고 각 부족이 각각의 나라를 세우게 되었다.

6개의 부족 중 선비족의 정체성이 강한 부족은 탁발부, 모용부이고, 단부, 우문부는 오환족에 가깝다. 흘독부, 독발부는 본래 선비족에서 나왔다고 하며 북위에 귀속되었다. 이 외에 모용부로부터 나와 티벳 지역으로 서천한 토욕혼(吐谷渾)도 선비계이며 현지의 강인(羌人)도 융합했다.

탁발부의 북위(北魏)가 439년에 화북을 통일하여 이 이후는 남북조시대(南北朝時代)가 되었다. 그 후 수(隋)나라의 양견(楊堅)에 의하여 중국이 통일되지만 양견은 우문부가 세운 북주(北周)의 외척으로 선비족 출신이었다. 수양제 양광의 이종사촌형인 다얀씨(大野氏, 대야씨)로 북주(北周)의 귀족이었던 당(唐)나라의 이연(李淵)도 선비족 출신이었다.

북위의 한족화(漢族化) 정책으로 선비족은 한족에 동화(同化)되었다. 당시 한족의 칭호를 보면 알 수 있듯이 한족이 얻을 수 있는 높은 직책은 한정되어 있었다. 하지만 북주의 우문태는 오히려 선비화(鮮卑化) 정책을 시행하여 한족에게 선비족의 성을 쓰도록 강요했다.

선비족 가운데 요서 지역의 민족은 당나라 후기에 거란(契丹)이 되어, 요(遼)나라를 세웠다. 이때 그 휘하에 있던 말갈족(靺鞨族), 갈족(羯族)들이 일부 동만주로 이동했다. 말갈족(靺鞨族), 선비족(鮮卑族), 타타르(韃靼 또는 韃靼)의 혼합 민족인 여진족(女眞族)은 요를 정벌하고 거란인이 반란을 일으키지 못하도록 그 주위에 여진인을 배치하여 거란, 여진의 민족 통합이 이루어졌다. 요서 선비족은 거란족을 거쳐 여진족으로 전환되었고, 금(金)나라 멸망 이후 해서여진(海西女眞), 야인여진(野人女眞), 건주여진(建洲女眞)으로 나뉘어진다.

모용부(慕容府)에서 갈라져 나온 유목민족 토욕혼(吐谷渾)의 후예 투족

(土族)[91]은 중국의 소수민족으로 현존하는 몽골계 민족이다. 여기서 선비족이 몽골계란 것을 알 수 있다. 다만 투족은 티베트 계열의 강족(羌族)[92]과 혼혈이 일어났다.

(11) 수밀이국(須密爾國)-수메르

수메르 문명은 유적과 기록이 존재하는 문명 중 세계에서 가장 오래된 문명이다. 수메르인들이 어디서 왔는지는 정확히 모르지만 천산을 넘어서 왔다는 기록으로 중앙아시아의 고원지대 어딘가가 아니었을까 추정된다. 수메르인은 대략 기원전 7000년부터 수메르 지방에서 살기 시작했다. 수메르 문명이 가장 융성했던 때는 기원전 제3천년기로, 역사학자들은 통상적으로 이 1000년의 기간을 크게 초기 왕조 시대(기원전 2900~2350년), 아카드 왕조 시대(기원전 2350~2150년), 우르 제3왕조 시대(기원전 2150~2000년)의 세 시대로 구분한다.

그 후 기원전 2000년쯤에 유프라테스강 서쪽의 아라비아에서 온 셈족 계통의 아모리인이 수메르 지방을 점령하고 고대 바빌로니아를 세우면서 수메르 문명은 국가 형태로서는 완전히 사멸되었다. 그러나 수메르의 종교와 문화의 흔적은 바빌로니아인, 아시리아인을 비롯한 다른 민족들과 문화집단들의 신화와 종교 그리고 문화 속에 남아 있다.

수메르인이란 말은 그들의 뒤를 이은 아카드인이 메소포타미아 남부

---

91 몽구오르인.

92 티베트, 진족, 한족, 몽골족, 돌궐족의 혼합 민족. 삼국지연의(三國志演義)에 이민족으로 등상.

지방에 사는 사람을 부르던 말이었다. 수메르인들은 자신들을 웅상기가(ûĝ saĝ gíg-ga)[93]라고 불렀고, 그들의 땅은 키엔기르(Ki-en-gir)[94]라고 불렀다. 아카드어 수메르는 아마도 이것의 방언이었을 것으로 추측된다.

성경의 시날(Shinar), 이집트의 신그르(Sngr), 히타이트의 산하르(Sanhar)는 모두 수메르의 서방 방언으로 볼 수 있다.

수메르인이 정착한 곳은 두 강 사이, 메소포타미아의 유프라테스강과 티그리스강이다. 티그리스강은 딘그리[95]강이라고도 하고 수메르의 천신을 딘그리 신이라고 했다.

고고학적 기록은 초기 우바이드기[96]에 수메르인들이 남부 메소포타미아에 정착한 이후 문화적 단절 없이 연속적으로 이어졌으며 기존의 원주민들과도 평화적인 상호교류 끝에 서서히 융합되어 갔음을 보여준다. 이 지방에 정착한 수메르인들은 티그리스강과 유프라테스강 사이의 풍부한 충적토로 비옥해진 땅을 경작하였다.

기원전 40세기 후반까지, 수메르는 10여 개의 독립된 도시국가로 나뉘어져 있었다. 도시국가들은 대체로 수로와 경계석으로 둘러싸여 있고, 중앙에는 도시의 수호신이나 수호여신을 모시는 사원이 위치하였다. 도시는 성직자 엔시(ensi)와 왕인 루갈(lugal)이 통치하였다.

수메르어는 계통론으로 볼 때 고립어에 해당한다. 수메르어와 친족 관계에 있는 언어는 아직까지 밝혀지지 않았다.

수메르는 엘람인의 침략과 이비-신 지배하에서의 약탈 이후, 기원전

---

93 검은 머리 사람들.
94 수메르말을 쓰는 사람들의 땅.
95 텡그리.
96 기원전 5200~4500년 또는 6090~5429년.

18세기 아모리족의 지배하에 들어간다. 이 시기는 토양의 염분 증가로 인한, 남부 이라크 지방으로부터 북부 지방으로의 인구이동 시기와 일치한다. 경작된 토지에 배수가 잘 되지 않은 상황에서, 건조한 기후로 인한 수분의 증발은 토양 속에 소금 결정을 축적시켰고, 결국은 수확량이 결정적으로 줄어들게 만들었다. 아카드 왕조와 우르 제3왕조 동안, 밀보다 염분에 더 강한 보리를 많이 경작하기 시작했으나, 그것으로는 부족하여, 기원전 2100~1700년 사이 인구는 거의 3/5으로 줄어들었다.

수메르문명 도시국가와 메소포타미아 지역 문명들
(출처: 위키미디어 커먼스)

제5장
환웅의 신시배달국

사기본기에 치우는 동이족으로 구리의 임금이며 천자라고 기록하고 있고 예기에 묘족은 구리의 후예라고 기록하고 있다. 치우는 배달국 14대 환웅이다.

(출처: 위키미디어 커먼스)

환웅의 신시건국

(1) 건국신화(建國神化)

환인은 신석기시대의 씨족연합국(氏族聯合國)인 환국(桓國)을 다스린 군장(君長)이었다. 건국신화에 등장하는 환인은 하늘의 주신(主神)으로, 만물을 창조하고, 세상이 있기 전부터 모든 신들의 왕이었다고 했다. 환인에 대한 가장 오래된 기록은 『삼국유사』 「고조선조(古朝鮮組)」에 인용된 「고기(古記)」와 후대에 이 두 사서의 영향을 받아 고조선의 역사를 기술한 『동국여지승람(東國輿地勝覽)』, 『응제시주(應制詩注)』를 비롯한 기타 사서에 보인다.

『삼국유사』의 고조선조에 기록되어 있는 건국신화는 환인(桓因)의 아들 환웅(桓雄)이 하늘에서 내려와 인간세상을 다스렸다는 내용으로 단군의 조선건국(朝鮮建國)보다 환웅의 신시건국(神市建國)이 더 자세하게 나와 있다. 다음은 『삼국유사』 「기이(紀異)」 고조선조에 수록되어 있는 내용이다.

古記云 昔有桓因(謂帝釋也) 庶子桓雄 數意天下 貪求人世 父知子意 下視
三危太伯 可以弘益人間 乃授天符印三箇 遣往理之 雄率徒三千 降於太伯山
頂(卽太伯今妙香山) 神壇樹下 謂之神市 是謂桓雄天王也 將風伯雨師雲師

而主穀主命主病主刑主善惡 凡主人間三百六十餘事 在世理化 時有一熊一
虎 同穴而居 常祈于神雄 願化爲人 時神遺靈艾一炷 蒜二十枚曰 爾輩食之
不見日光百日 便得人形 熊虎得而食之 忌三七日 熊得女身 虎不能忌 而不得
人身 熊女者無與爲婚 故每於壇樹下 呪願有孕 雄乃假化而婚之 孕生子 號
曰壇君王儉 以唐高卽位五十年庚寅(唐高卽位元年戊辰 則五十年丁巳 非庚寅也
疑其未實) 都平壤城(今西京) 始稱朝鮮 又移都於白岳山阿斯達 又名弓(一作
方)忽山 又今彌達 御國一千五百年 周虎王卽位己卯 封箕子於朝鮮 壇君乃移
藏唐京 後還隱於阿斯達 爲山神 壽一千九百八歲.

옛날 환인(桓因)의 서자(庶子)[97] 환웅(桓雄)이 인간세상에 내려가 세상을
구하고자 하였다. 환인은 아들의 뜻을 알고 천부인(天符印) 3개를 주며 인
간세상으로 내려가 사람들을 다스리라고 하였다. 환웅이 무리 3,000명을
거느리고 태백산(太伯山) 꼭대기의 신단수(神壇樹) 아래로 내려와 신시(神
市)를 세우니 그가 바로 환웅천왕이다. 환웅은 풍백(風伯), 우사(雨師), 운
사(雲師)를 거느리고 주곡(主穀), 주명(主命), 주병(主病), 주형(主刑), 주선악
(主善惡) 등과 인간의 360여 가지 일을 맡아서 세상을 다스렸다.

이때 곰 한 마리와 범 한 마리가 같은 굴 속에 살면서 환웅에게 사람이
되게 해 달라고 빌었다. 환웅은 신령스러운 쑥 한 줌과 마늘 20쪽을 주면
서 이것을 먹고 100일 동안 햇빛을 보지 않으면 사람이 된다고 일러 주었
다. 곰과 범이 마늘과 쑥을 받아서 먹고 근신하였더니 3·7일[98] 만에 곰은
여자의 몸이 되었고 범은 참지 못해서 사람이 되지 못하였다.

---

97 고대에는 '첩의 자식'이 아닌 '장남 외의 차남 이하의 아들'을 말한다.
98 3·7일은 21일.

웅녀(熊女)는 혼인해서 같이 살 사람이 없으므로 신단수 아래에서 아이를 갖게 해 달라고 기원하였다. 이에 환웅이 잠시 변해 혼인하여 아이를 낳으니 그가 곧 단군왕검(壇君王儉)이다.

단군왕검은 당고(唐高)[99] 즉위 후 50년인 경인(庚寅: 당고의 즉위년은 무진戊辰년이므로 당고 50년은 정사丁巳년이지 경인년이 아니다. 이것이 사실인지는 의심스럽다)년에 평양성(平壤城)에 도읍을 정하고 조선이라 불렀다. 후에 도읍을 백악산(白岳山)의 아사달(阿斯達)로 옮겼는데 그곳은 궁홀산(弓忽山) 또는 금미달(今彌達)이라고도 한다. 단군이 1,500년 동안 나라를 다스리고 있었는데, 주(周)나라 호왕(虎王)[100]이 즉위한 기묘년에 기자(箕子)를 조선에 봉했다. 단군은 장당경(藏唐京)으로 옮겼다가 뒤에 아사달에 돌아와 숨어서 산신이 되니 나이가 1,908세였다.

- 『삼국유사』, 「기이편」

(2) 게세르 신화

부리야트의 서사시 '아바이 게세르' 신화는 환웅이 하늘에서 내려와 나라를 세우는 이야기와 비슷한 내용이 전해지고 있다.

먼옛날, 천상 세계에서 서방의 신 한 히르마스와 동방의 신 아타이 울란이 전쟁을 벌였다. 전쟁에서 패한 아타이 울란의 갈기갈기 찢겨진 몸이 지상세계로 떨어져 온갖 질병과 재앙을 일으키자 모든 신들의 어머니 만

---

99 요임금.

100 주나라의 무왕(武王).

잔 구르메가 한 히르마스에게 지상 세계를 구할 것을 명령했고 한 히르마스는 그의 둘째 아들 벨리그테를 지상으로 보냈다.

벨리그테는 지상 세계를 다스리는 센겔렌과 나란 고혼 사이에서 인간으로 태어나자마자 말을 하고 요람에서 찾아오는 적들을 물리쳤다. 신비한 능력과 용맹을 타고 난 아이는 센겔렌의 형 사르갈의 양자로 들어가 뉴르가이라는 이름으로 자라났다. 뉴르가이는 하늘나라의 아버지 한 히르마스의 도움으로 벨리겐이라는 천마를 받고서 본래 모습인 아바이 게세르로 변하였다. 아바이 게세르는 많은 고통과 어려움을 겪으면서 인간 세계에서 초인적인 능력으로 시련을 이겨내고 영웅이 되었다.

- 부리야트 아바이게세르 신화

'아바이'는 부리야트 언어에서 흔히 사용하는 단어로 함경도 방언의 아바이처럼 선조나 아버지, 혹은 아저씨라는 뜻을 가진 높임말이다. 바이칼호에서 알타이 산맥에 이르는 지역에 분포하는 알타이어계 사람들에게 오늘날에도 남성 연장자의 이름 앞에 일반적으로 붙이는 존칭으로 쓰인다.

'뉴르가이'는 부리야트어로 코흘리개라는 뜻이다. 부리야트에서는 자식이 어렸을 때 코흘리개, 개똥이 등과 같이 천한 이름으로 부르다가 자식이 열세 살 이상으로 성장하면 이름을 새로 지어준다. 이것은 지상을 떠도는 나쁜 영들이 어린아이를 해치지 못하도록 하기 위한 전통이라고 한다.

몽골학자 담딩수렝[101]은 게세르와 관련된 서사시가 관찰되는 지역을

---

101 몽골과학기술대 총장. 몽골 현대문학의 기초자.

갠지스강에서 바이칼호수까지 그리고 중앙아시아에서 만주까지라고 했다. 유럽의 민속학자 스테인은 히말라야에서 바이칼호수까지 그리고 파미르 고원에서 코코노르[102]까지 게세르 모티브가 분포한다고 했다.

몽골 공화국의 '게사르'와 부리야트 공화국의 '게세르'는 같은 뿌리에서 구전된 영웅 서사시이며 부리야트 게세르신화에 나오는 천신의 서자 게세르와 환인의 서자 환웅의 신화는 이야기가 매우 흡사하다.

(3) 배달겨레

환국에서 새로운 나라를 열겠다는 큰 뜻을 품고 무리를 이끌고 이주한 초대 환웅은 거발한 환웅이다. '거발한'의 거는 커, 크다는 뜻이고, 발한은 밝은, 밝다는 뜻으로 거발한은 크게 밝은, 곧 세상을 크게 밝힌 환웅이라는 뜻이다.[103]

환웅이 세운 신시배달국에서 '배달'은 몽골어 '바토르'에서 음차한 단어로 영웅을 뜻하며 환웅이 세상을 크게 밝힌 영웅이라는 뜻이 담겨있다. 환웅(桓雄) 웅(雄)자가 수컷, 영웅을 뜻하는 단어를 한자로 옮긴 것과 일맥상통한다 하겠다. 학자들 중에는 '배달'이란 단어가 조선후기에 등장했다는 주장이 있는데, 환웅의 건국에 대한 사서가『삼국유사』를 제외하면 남아있는 기록이 거의 없으므로 배달이란 단어를 찾을 수 없기 때문일 것이다. 조선 세종과 세조, 성종 때『고조선비사』,『삼성밀기』등 1백

---

102 중국 칭하이성.

103 신채호,『조선상고사』, 역사의 아침, 2014.

여 종의 책을 금서로 지정하고 수거하여 없애버렸다. 이유는 조선(朝鮮)이 명(明)나라보다 앞서거나 큰 역사를 가져서는 안 된다며 왕들 스스로가 역사를 없앴기 때문이다. 그리고 일제강점기에 조선사편수회에서 조선의 역사와 관련된 사서 20만 권을 압수하여 태워버렸다. 그렇게 건국의 역사를 잃어버리고 배달이란 단어가 조선후기에 발견된 『환단고기』와 『규원사화』 등에는 기록되어 전해지고 있으나 정사로서 인정받지 못하는 실정이다.

우리 민족을 뜻하는 말 '겨레'는 몽골어 '케레이'에서 온 단어다. 몽골어 '케레이'는 까마귀를 뜻하는 단어로 '케레이' 부족은 까마귀를 토템으로 하고 있다. 고대 동아시아 지역에 등장하는 태양 속 삼족오는 케레이와 관련되어 있어 '배달겨레'는 환국에서 이동해올 때 가지고 온 단어라고 추측된다.

(4) 삼위태백

『삼국유사』에는 환웅이 환국에서 무리를 이끌고 도착한 곳이 삼위태백(三危太白)이라고 했다. 삼위산(三危山)은 감숙성 주천시 돈황에 있는 산이고 태백산(太白山)은 섬서성 보계시 미현에 있는 산이다.

> 古天山東盡境(山海經)三危山西三百五十里曰天山
> 삼위산은 천산이며 서쪽으로 삼백오십리이고
> ─『산해경(山海經)』

一統志天山一名白山自哈密東北境綿亘而西

대명일통지[104]에 천산은 일명 백산으로 서쪽으로 뻗쳐 동북경계에 이른다.

- 『흠정서역동문지(欽定西域同文志)』[105]

중국의 지리서인 『흠정서역동문지(欽定西域同文志)』 4권 「천산남북로산명(天山南北路山名)」에는 삼위산(三危山)에 대한 설명이 나오고 있다. 이 책에서는 삼위산(三危山)의 위치를 설명하고 삼위산이 예전에 천산(天山)이라고 불렸으며 다른 이름으로 백산(白山)이라고도 한다는 사실을 『산해경(山海經)』과 『대명일통지(大明一統志)』 등의 고서를 인용해 기록하고 있다.

竄三苗於三危.

삼묘족을 삼위산으로 쫓아냈다.

- 『상서(尙書)』, 「순전(舜傳)」[106]

삼위(三危)는 『상서(尙書)』 「순전(舜傳)」에 처음으로 나타나는 산으로, 현재 중국의 감숙성 돈황현의 남쪽에 있는 산의 이름이라고 하며 순임금이 삼묘족을 삼위산으로 쫓아내 삼묘족의 근거지가 되었다고 한다.

태백(太白)산은 중국 섬서성(陝西省) 보계시 미현 탕산욕에 위치하고 있

---

104 명(明)나라의 이현 등이 왕의 뜻을 받들어 1461년(천순 5년)에 만든 지리책이다.

105 청(淸)나라 건륭28년(1763년)에 편찬된 지서. 한자와 만주어, 몽골어, 아라비아어, 타밀어, 티베트 문자 등으로 된 희귀본이며 '삼위'에 대한 기록을 남긴 고서이다.

106 서경(書經)으로 잘 알려져 있으며 중국 유교의 5경(五經) 가운데 하나로 중국에서 가장 오래된 역사서이다. 중국의 고대 국가들의 정사(政事)에 관한 문서를 공자가 편찬하였다고 전한다. 특히, 주나라의 정치철학을 상세하면서도 구체적으로 말한 제일의 자료이다.

는 해발 3,767m의 산으로 진령산맥(秦嶺山脈)의 최고봉이다. 대부분 물이 귀한 중국의 다른 산들과 달리 20㎞의 긴 계곡이 발달하였고 이를 따라 산세와 지세가 수려하다. 과거에는 태백산을 명산이라고 해서 이태백, 두보, 유중원, 한유, 소식 등 많은 유명한 시인들이 태백산을 찾아 명시를 남기기도 했다. 산의 정상에는 일 년 내내 눈이 쌓여있어 흰 빛을 내뿜는다고 해서 태백산이라고 한다.

환웅은 몽골고원에서 남쪽으로 이동하여 중국 서북부 지역에서 동북부 지역까지 초원을 따라 지배했다. 환웅이 몽골고원에서 무리를 이끌고 내려온 이유가 될 만한 2가지 가능성이 있다.

첫 번째 경우는 왕위계승경쟁에서 밀려나 이동했을 가능성이다. 군장의 리더십을 갖추고 국가를 운영할 충분한 인덕과 능력을 갖추고 있지만 왕위계승 서열에서 밀려 군장이 될 가능성이 희박할 경우에 자신을 따르는 무리를 이끌고 새로운 땅을 찾아 이동해 나라를 건국하는 경우다. 부여를 세운 동명과 고구려를 세운 주몽, 백제를 세운 온조와 비류 등의 경우도 이와 같다. 환웅이 서자인 것도 그 가능성은 충분하다.

두 번째 경우는 기후변화이다. 몽골지방의 기후가 건조해져 더 이상 농사를 짓기가 어렵게 되자 환웅이 농경을 주업으로 하는 무리를 이끌고 농사를 지을 수 있는 땅을 찾아 남쪽으로 내려왔을 가능성이다. 실제로 아시아의 기후변화를 조사해보면 기원전 8000~6000년에 몽골지역의 습기가 줄어들고 건조해져 초목이 울창했던 몽골지역이 초원으로 변했다. 환웅의 부하장수 주곡의 직책은 곡식을 주관하는 업무로 농사와 관계가 있다는 것을 알 수 있다. 풍백, 운사, 우사의 직책도 농사에 필요한 천문기후와 관계된 직책으로 날씨에 관계된 사항을 직책으로 삼고 있다.

인간의 첫 농사에 대한 유적으로, 터키와 메소포타미아 지방에 약 1

만 2천 년에서 1만 년 전부터 야생밀의 씨를 받아 농사를 지었던 흔적이
있다. 마고시대 파미르에서는 집앞에서 포도를 길러먹었다는 기록이 『부
도지』에 나오고 있어서 시기적으로도 환국에서 농사를 지었을 가능성
은 충분하다. 내몽골지방에서 출토되는 흑피옥도 농사도구를 들고 있는
인형이 발견되고 있다.

환웅은 중앙아시아의 유목민들이 전달한 선진 문화와 기술을 가지고
몽골고원에서 무리를 이끌고 내려와 선진 문화를 접해보지 못한 부족들
을 교화시켰다. 이들에게는 역사적 사실을 기록할 문자가 없었기 때문에
기록을 남기지 못하고 외워서 기억으로 전수해 신화로 남게 된 것이다.

환웅이 농경문화를 가지고 이동해 왔을 때 아직 수렵과 채집을 하던
선주민 예족과 맥족을 만나 농경기술을 전수하려고 했다. 맥족은 환족
의 농경기술을 받아들여 동화되었고 예족은 농경을 거부한 채 수렵과
채집을 고집했다. 이러한 사실이 곰은 쑥과 마늘을 먹고 사람이 되어 환
웅과 결혼했으나 호랑이는 참지 못해 사람이 되지 못했다는 신화로 각
색된 것이다.

(5) 신시(神市)

① 천자(天子)의 국가

천신교(天神敎)의 정교일치사상(政敎一致思想)은 환웅이 천제(天帝)의 아
들로서 등극해 천왕(天王)이 되었고, 천신교의 교주(敎主)로서 천신이 이
땅에 직접 강림해 왕이 되어 신민(臣民)을 다스리는 것이다.

환웅은 천신교의 사상으로 신민들을 교화하고, 천제의 아들로서 천왕

에 등극했다. 환웅은 정치와 사제직을 겸한 직분이었다.

『삼국유사』에는 환웅이 환인으로부터 독립하여 신시에 정착할 때 천관직(天官職)인 풍백(風伯), 우사(雨師), 운사(雲師)의 3장제도(三將制度)와 지관직(地官職)인 주곡(主穀), 주명(主命), 주병(主病), 주형(主刑), 주선악(主善惡)의 5가제도(五加制度)가 있어서 인간의 360여 가지 일을 돌보았다고 했다. 『환단고기』에 우가(牛加)는 곡식을 맡고, 마가(馬加)는 명령을 맡고, 구가(狗加)는 형벌을 맡고, 저가(猪加)는 병을 맡고, 양가(羊加) 일명 계가(鷄加)는 선악(善惡)을 맡았다고 했다.

그동안『삼국유사』를 번역하면서 주곡(主穀)은 곡식을 주관하고, 주명(主命)은 목숨을 주관하고, 주병(主病)은 병을 주관하고, 주형(主刑)은 형벌을 주관하고, 주선악(主善惡)은 선악을 주관했다고 번역했으나 별주부(鼈主簿)와 같이 주(主)자가 들어가는 직책이 존재했을 가능성이 있다고 본다. 『환단고기』「태백일사」에는 각각 우가(牛加), 마가(馬加), 구가(狗加), 저가(猪加), 양가(羊加)의 직급이 주곡(主穀), 주명(主命), 주병(主病), 주형(主刑), 주선악(主善惡) 직책을 맡았다고 한다. 여기에서 주군(主軍), 즉 군대를 주관하고 병사를 훈련하는 직책이 없는 이유는 석기시대에는 군대를 양성하여 전쟁을 할 만한 여건이 되지 않았기 때문이다. 군대를 양성하여 대량학살이 이루어지는 것은 금속기를 사용하면서부터였다.

신시배달국의 정치조직은 중국의 정사(正史)에도 그 명칭이 등장하며 특히 중국 화하족(華夏族)의 시조 황제헌원(黃帝軒轅)이 운사(雲師)의 직관에 있었다고 기록하고 있다.

黃帝 官名 皆以 雲命 爲 雲師

황제는 관명을 운이라 하고 운사라 했다.

- 사마천, 『사기』

黃帝氏 以雲紀 故爲雲師 而雲名

황제씨는 운을 규율함으로서 운사가 되어 운을 관명으로 하였다.

- 『춘추좌씨전(春秋左氏傳)』

蚩尤請 風伯 雨師 縱 大風雨

치우는 풍백 우사에게 청하여 대풍우를 따랐다.

- 『산해경(山海經)』

昔者 黃帝 合鬼神於泰山之上 駕象車而六蛟龍 畢方竝鎋, 蚩尤 居前 風伯
進掃, 雨師 灑道

옛날 황제가 귀신을 태산위에 집합시켰을 때 상아로 단장한 수레에 타
고 여섯 필의 교룡이 끌게 하고 나무의 신인 필방은 수레바퀴를 지키게
하며 치우는 앞을 다스리게 하며 풍백에게 먼지를 털게 하며 우사는 길
에 물을 뿌리게 하였다.

- 『한비자(韓非子)』

이를 종합하면 천왕(天王)과 풍백(風伯), 우사(雨師), 운사(雲師) 직책은 고
대동아시아 국가에서 널리 사용하는 직책으로 황제헌원(黃帝軒轅)은 치
우천왕(蚩尤天王)이 지휘하는 풍백(風伯), 우사(雨師), 운사(雲師) 중 운사직
(雲師職)에 종사하고 있었다는 것을 알 수 있다.

치우와 헌원과의 전쟁은 국가 간의 전쟁이 아니라 환웅과 운사의 전
쟁으로 신시배달국 내의 내전이며 반란의 진압이었다.

헌원은 신시배달국 내에 있는 신농국(神農國)의 제후로서 반역을 도모
하다 치우가 보낸 81명의 장수와 76번의 전쟁을 하고 탁록(涿鹿)에서 치

우에게 패한 후 군신(君臣)의 맹세(盟誓)를 한 뒤 장안 유역으로 유배(流配)
됐다. 장안으로 간 헌원은 원주민 화하족(華夏族)을 교화(敎化)시키고 장
안 북쪽 광릉에서 죽었다. 황제헌원은 본래 동이족(東夷族)의 유웅씨(有熊
氏) 출신으로 동이족에서 분가해 나간 시기는 기원전 27세기이다.

② 도시국가(都市國家)

환웅이 하늘에서 내려와 지상에 신시(神市)를 세웠다는 기록은 신석
기 시대 후기에 정주화(定住化),[107] 즉 도시화(都市化)가 진행되었다는 것으
로 인간문명(人間文明)의 진화(進化)와 시기상으로 일치하고 있다. 기원전
3900년경 환웅은 무리 3천 명을 데리고 태백산(太白山) 신단수(神壇樹) 아
래에 정착하여 신시(神市)라는 도시를 세웠다. 도시화는 원생지(原生地)[108]
나 농경지(農耕地) 또는 취락(聚落)[109]이 도시로 변하는 현상이다. 도시화
의 진행은 주거지를 정하고 사유재산을 보호하는 동시에 잉여생산물을
교역하고 분쟁을 조정하며 신에게 감사할 일들이 생겨난 것을 의미한다.

도시화에 따라 분업이 생겨났고, 나아가서 생업에 매달리지 않아도 되
는 군장, 사제. 군인, 학자 등의 유한계급[110]이 생겨났다.

신시(神市)는 신(神)의 도시(都市)를 의미하며 신단수라는 제단이 있고
천신에게 제사를 지내는 신교(神敎)의 도시였다. 신교는 천신교(天神敎)를
믿는 천신교도의 도시로서 신교도의 도시는 사제계급의 출현을 의미한
다. 신시는 하늘에서 강림한 천신의 아들(天子)이 다스리는 국가로 신성

---

107 일정한 곳에 자리를 잡고 살게 됨.
108 분포되기 이전에 본래 난 곳.
109 인간의 생활 근거지인 가옥의 집합체. 넓은 의미로는 가옥을 중심으로 한 인간의 거주 형태
   전반을 이르기도 한다.
110 생산 활동에 종사하지 아니하면서 소유한 재산으로 소비만 하는 계층.

(神聖)한 국가인 것이다. 하늘에서 강림한 천제가 다스리는 신국은 고조선, 부여, 고구려, 신라로 계승하였다. 특히 신라는 『화랑세기(花郎世記)』에서 스스로를 '신국(神國)'이라 하였다는 기록이 있다.

인류문화사적 의미에서 약 6,000년 전(前) 환웅이 세운 도시국가 신시(神市)는 약 5,500년 전 메소포타미아 지방에 나타나는 도시국가의 생성 시기와 비교적 일치한다. 서아시아 메소포타미아지역의 고대국가인 슈메르는 5,300년 전에 이미 운하와 시장이 있었다는 기록이 있고 신시에는 5,800년 전에 시장이 있었다는 기록이 있다. 인류의 역사에서 보면 동아시아에서는 약 6,000년 전부터 사람들이 모여 사는 도시화가 진행되었고 신시는 배달국(倍達國)의 수도로 수많은 도시국가 중에서 가장 큰 맹주국가(盟主國家)였다. 도시국가로서의 신시는 약 6,000년 전부터 도시라고 할 수 있는 정주지(定住地)가 생겨나는 인류역사가 시작했다는 것을 알 수 있다.

③ 정치조직

가) 3장조직(三將組織)

風伯之 立約 雨師之 施政 雲師之 行刑
풍백은 법률을 정하고 우사는 정치를 시행하고 운사는 형벌을 집행한다.
- 『환단고기』, 태백일사

천관조직(天官組織) 기능은 입약(立約), 시정(施政), 행형(行刑)으로 현대 정치조직의 입법(立法), 행정(行政), 사법(司法)의 구조와 기능이 비슷하다. 3장조직(三將組織)은 고려의 중서성, 문하성, 상서성의 3성 조직이나 조선의 영의정, 좌의정, 우의정 3정승, 또는 중국의 태사, 태부, 태보의 3공으로 전승되었다. 현대 경영조직의 계획, 시행, 통제 3대 관리기능과 비슷하다.

나) 5가조직(五加組織)

五加曰 牛加主穀 馬加主命 狗加主刑 猪加主病 鷄加主善惡也

오가에서 우가(牛加)는 곡식을 맡고, 마가(馬加)는 명령을 맡고, 구가(狗加)는 형벌을 맡고, 저가(猪加)는 병을 맡고, 계가(鷄加)는 선악(善惡)을 맡은 것을 말한다

-『환단고기』, 태백일사

此時, 神市氏之降世, 已數千載, 而民物益衆, 地域愈博. 於是復置主刑 主病 主善惡及監董人民之職, 以獸畜名官, 有虎加 牛加 馬加 鷹加 鷺加之稱. 盖牛 馬 狗 豚之屬, 皆當時民衆養生之料, 而賴以爲業者也; 虎與鷹 鷺者, 境內棲息之鳥獸, 而以表官職之性也. 後世夫餘國, 猶傳此俗, 亦以獸畜名官, 此不可 述焉.

이때 신시씨가 세상에 내려온 지 수천 년이 지나서 백성들과 동물들은 더욱 많아지고 땅의 경계는 더욱 넓어졌다. 그래서 형벌과 질병, 선악을 주관하고 백성들을 보살피고 이끌 수 있는 직책을 설치하여 짐승과 가축 이름으로 벼슬을 정하고 호가(虎加)·우가(牛加)·마가(馬加)·응가(鷹加)·노가(鷺加)라고 하였다. 소와 말 그리고 개와 돼지 등의 무리는 모두 당시에 백성들이 기르는 것으로 이에 의지하여 생업을 삼았던 것이다. 범과 매, 해오라기 등은 나라 안에 서식하는 새와 짐승들로, 이로서 관직의 성격을 나타낸 것이다. 후세 부여국(夫餘國)에도 여전히 이러한 풍속이 전해져

금수와 가축의 이름으로 벼슬을 정하였다[111] 하는데, 이를 모두 빠짐없이 적을 수는 없다.

- 북애자(北崖子),『규원사화(揆園史話)』[112]

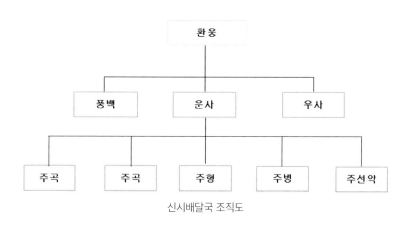

신시배달국 조직도

신시배달국도 환국과 같이 5가조직(五加組織)을 형성하였다. 5가는 지관조직(地官組織)으로 기능은 곡식(穀食), 명령(命令), 형벌(刑罰), 질병(疾病), 선악(善惡)이다. 현대의 재정(財政), 종교(宗敎), 치안(治安), 의료(醫療), 윤리(倫理)기능과 비슷하다.『환단고기』에서는 신시의 5가조직(五加組織)과 5사조직(五事組織)이 결합되어 5가(五加)가 5가지 일을 수행하고 있다고 하였으나『규원사화』에서는 5가와 5사가 서로 분리되어 있는데 이는 시대에 따라 조직이 발전, 변경되어 달리 나타나는 것으로 볼 수 있다. 5가조직의 이름도 다르게 나타나는데 이 역시 시대에 따라 조직발전단계를 반영하는 것으로 보인다. 부여의 4가조직은 마가, 우가, 저가, 구가로 나타나는데 조직발전단계에서 변경하거나 줄인 것으로 보이며 고구려의 5부

---

111 마가(馬加), 우가(牛加), 저가(猪加), 구가(狗加)의 관직이 있었다.
112 1675년에 북애자(北崖子)가 저술하였다는 역사서 형식의 사화(史話)로, 상고시대와 단군조선의 임금에 대해 상세하게 기술되어 있다.

조직[113]과도 비교하여 볼 수 있다.

다) 화백제도

桓雄天王 與衆議一歸 爲和伯

치우천왕은 무리와 함께 의논하여 의견이 하나로 일치하도록 화백회의
를 하였다.

神市 和白 爲公

신시는 화백으로 함께하였다.

是以 發政莫先 於 和白

이로서 정사를 펼 때는 화백을 우선으로 하였다.

-『환단고기』, 태백일사

화백(和白)은 화합하여 희게 한다는 뜻으로 만장일치를 강조한다. 통치
자가 독단으로 결정하지 않고 관리자들의 의견을 들어 화백으로 공정하
고 깨끗한 정치를 하여 환국(桓國)과 신시(神市)의 국가정신을 구현하고
있다. 화백은 신라의 화백제도,[114] 몽골의 쿠릴타이,[115] 켈트족의 원탁회
의[116]와도 비교할 수 있다. 신라에서는 대등이라고 하는 20명의 진골출
신 귀족들이 참석하여 만장일치제인 화백제도를 운영하였다. 몽골에서

---

113 고구려를 형성한 여러 부족 중에서 가장 유력하여 연맹 세력의 핵심이 된 세력. 삼국지 위지동
이전에 소노부(消奴部)·절노부(絶奴部)·순노부(順奴部)·관노부(灌奴部)·계루부(桂婁部)의 5족을
말한다.
114 신라 때, 나라의 중대사를 의논하던 회의 제도. 처음에는 육촌(六村) 부족이 모인 회의였으나,
뒤에는 진골 이상 귀족들의 회의로 변하였다.
115 몽골에서 근세까지 개최되었던 몽골의 정책결정 최고기관.
116 서열에 집착하지 않고, 대등한 관계에서 자유롭게 발언할 수 있는 회의로, 원탁을 이용한다.
아서왕 전설에서 아서왕과 원탁의 기사들을 위한 탁자에서 유래한 것이라고 전해진다.

는 쿠릴타이라고 하여 칸의 명으로 널리 소집되는 왕공 및 유력 부족의 수장, 중신 등으로 구성된 최고정치회의를 근세까지도 운영하였다.

6천 년 전 신시에서는 이미 지도자가 독단적 결정을 내리는 것이 아닌 구성원의 대표가 참가하여 의견을 개진하는 투명한 정치제도를 구현하고 있었다.

요하문명

(1) 신락문화(新樂文化)(기원전 8000~7000년)

신락문화(新樂文化)는 요령성(遼寧省) 심양시(審陽市) 황구구(皇姑區) 신락(新樂)에서 처음 발굴되었다. 유적의 남쪽에는 신개하(新開河)가 흐른다. 전체 면적이 17만 8천㎡에 달하고 촌락 면적만 2만 5천㎡에 달한다.

신락유적지에는 작은 집터 10여 곳이 발견되었는데 약 35m 간격으로 한 곳씩 주거지가 밀집되어 있다. 집터는 땅을 절반 정도 파내려간 반지혈식(半地穴式)으로 지었다.

유물로는 골기(骨器)와 도기(陶器), 석기(石器) 등의 기물(器物)이 쏟아져 나왔다. 특히 하층문화에서는 맷돌로 쓰인 정밀한 마제 갈판과 절구, 돌도끼, 돌끌 등과 탄화곡물이 발굴되었고, 돼지와 양(羊)의 뼈, 돌촉과 그물추 등도 출토되었다. 이러한 유물은 신석기인들이 농업과 가축사육, 어업과 사냥으로 먹고 살았다는 것을 보여준다.

새 모양의 탄화(炭化)된 목조예술품은 7,200여 년 전의 것으로 씨족이 숭배한 원시신앙을 엿볼 수 있는 신물로 보인다. 이 새는 세계에서 가장 오래된 목조공예품이다.

(2) 소하서문화(小河西文化)(기원전 7000~6500년)

소하서문화(小河西文化)는 내몽고(內蒙古) 적봉시(赤峰市) 오한기(敖漢旗) 목두영자향(木頭營子鄉) 소하서촌(小河西村) 등 10여 곳에서 발견되었다. 내몽고 적봉시는 거의 남한만 한 땅이다.

요하지역에서 비교적 이른 시기의 신석기문화 유적으로 소하서(小河西) 문화가 홍륭와(興隆窪), 사해(査海), 부하(富河), 조보구(趙宝溝), 홍산(紅山) 문화 등으로 전파되었다.

소하서에서는 정사각형의 피라미드형 제단(祭壇) 정상 부분에서 7개의 무덤이 발견되었다. 제단(祭壇) 위의 상층부에 무덤이 만들어졌고 토기(土器), 뼈제품, 인물상(人物像) 등도 발견되었다.

소하서의 반지혈식(半地穴式)[117] 주거지는 홍륭와의 거대한 집단 주거지와 관계가 있으며 도소인명상(陶塑男神像)[118]은 홍산문화 우하량(牛河樑)유적 여신상(女神像)에 영향을 주었다.

(3) 홍륭와문화(興隆窪文化)(기원전 6200년~5200년)

홍륭와문화(興隆窪文化)는 내몽고(內蒙古) 적봉시(赤峰市) 오한기(敖漢旗) 보국토향(寶國吐鄉) 홍륭와촌(興隆窪村)에서 처음으로 발견되었다.

발굴된 옥(玉), 빗살무늬토기 등은 이 시기에 요하지역(遼河地域)과 연해

---

117 땅 밑으로 반을 파고 들어간 반지하식 주거방식. 지온은 여름과 겨울에도 항상 15℃ 내외이므로 고대인들이 냉난방을 겸한 가장 이상적 온도를 유지하기 위해 취한 방식이라고 볼 수 있다.
118 흙으로 빚어서 불에 구운 사람 얼굴.

주(沿海州), 한반도(韓半島)가 단일문화권(單一文化圈)을 형성하고 있음을 입증하고 있다. 최초의 집단 주거지(住居地)는 중앙에 대형 가옥이 있고, 주변에 작은 가옥이 있는 구조로 전체 마을을 구성하고 있고 정착생활(定着生活)에 돌입했다는 것을 보여준다. 주거지는 원형주거지와 사각형주거 형태의 넓은 공간으로 구성되어 있다. 원형은 공간이 협소하여 생활이 다소 불편하였을 것으로 추정된다.

유물로는 세계 최고(最古)의 옥 귀걸이 100여 점이 발견되었다. 이 옥 귀걸이는 요동 남부에서 생산되는 수암옥(岫岩玉)[119]으로 제작되었다. 내몽고 적봉시와 압록강변 단둥시의 서쪽에 위치한 수암현은 직선으로 450km 떨어진 거리로 서울에서 부산까지 400km가 되지 않은 것과 비교해 보면 기원전 6200년 전에 이미 동일 문화권으로 문물의 교류가 활발히 이루어졌다는 것을 알 수 있다.[120]

요서(遼西) 일대의 신석기를 주도한 세력이 요동(遼東)지역의 신석기인들과 연결되었고 이들은 후에 예맥(濊貊)족과도 연결된 사람들이었다.

한반도(韓半島)에서는 강원도 고성군 죽왕면 문암리의 선사유적지가

---

119 중국 요녕성遼寧省) 안산시(鞍山市) 수암현(岫岩縣)에서 생산. 수암옥은 마그네슘 성질의 탄산암(碳酸岩)이 변질한 대리석 중에서 생성되어 청녹, 황녹, 담백색을 띄고 반투명하다. 연마 후에는 파라핀 표면과 흡사한 광택을 낸다. 신석기 시대 홍산문화(紅山文化)의 옥 재료는 수암현 내의 세옥구(細玉溝)에서 채집했다.

120 옥의 전파경로로 홍콩중문대 등촌 교수는 흥륭와(B.C. 6200) → 양자강(B.C. 5000~4000) → 광동성 광주(B.C. 2500) → 월남 북부(B.C. 2000) → 중국 운남성, 월남 남부(B.C. 1000)로 보았다. 항공대 우실하 교수는 이에 더하여 흥륭와(B.C. 6200) → 고성 문암리(B.C. 6200) → 여수 안도리(B.C. 4000~3000)를 추가했다. 제1회 홍산문화 국제학술 토론회(2004년 7월 24일~28일)에서 유국상은 옥 관련 논문정리를 아래와 같이 하였다.

1. 흥륭와문화에서 발견된 옥 귀걸이가 세계에서 가장 오래된 옥
2. 8,000여 년 전 흥륭와 시대에는 남녀 모두 귀걸이를 착용
3. 직경 2.5~6cm 정도의 유사 옥 귀걸이가 여러 벌 출토
4. 재료분석 결과 요령성 수암현에서 나온 수암옥
5. 흥륭와문화가 중국 옥 문화의 기원

한반도에서 가장 오래된 신석기 유적지로 기원전 6000년 이전에 제작된 옥 귀걸이가 발견되었다. 문암리 유적지는 기원전 6000년경에 제작된 양양 오산리 유적보다 더 오래된 것으로 밝혀졌다. 문암리는 1998년부터 2002년까지 3차에 걸쳐 발굴한 결과 최하층에서 오산리보다 앞선 주거지와 무늬 없는 토기 등이 출토 되어 문암리의 최하층 유적은 흥륭와유적과 거의 같은 시기이거나 더 앞선 시기라고 볼 수 있다. 특히 옥 귀걸이 한 쌍과 접시형 토기 등은 중국 동북지방과 러시아 아무르 지방 출토물이 거의 유사하다.

전남 안도리 패총에서는 기원전 4000~3000년 시기의 흥륭와, 문암리형의 귀걸이가 발견되었다. 이것은 만주지역(滿洲地域)과 연해주(沿海州) 일대 그리고 한반도(韓半島) 동해안과 서남해안 지역이 하나의 문화권(文化圈)을 이루어 교류했음을 의미하는 것으로 기원전 6000년경에 요하지역, 연해주, 한반도가 동일문화권(同一文化圈)에 있었다는 사실(事實)이 입증(立證)되었다.

흥륭와문화의 옥결(玉玦): 좌측부터 흥륭와, 문암리, 안도리 옥결
(출처: 위키미디어 커먼즈, 변경)

흥륭와문화에 속하는 흥륭와유지(遺址)[121]의 집단취락지(集團聚落地)[122]

---

121 예전에 건물 따위가 있었거나 사건이 일어나 역사적 자취가 남아 있는 자리.

는 중화원고제일촌(中華遠古第一村) 또는 화하제일촌(華夏第一村)으로 부른다. 이 지역은 오한기 지역에서도 유일하게 요하의 수계(水界)가 아닌 대능하(大凌河) 수계의 지류인 망우하의 상류지역이다. 이 흥륭와유지에서는 동북아시아 최초의 반지혈식 방 유적의 집단주거지 150호(戶)가 발굴되었다. 흥륭와유적에서는 마을 전체를 감싸는 698m의 환호인 최초의 해자원형(垓字原形)[123]도 발견되었다. 기원전 6000년경에 집단주거지를 만들어 정착생활을 시작했음을 알려주는 유적인 것이다.

흥륭와 유적에서는 야생멧돼지의 두개골과 함께 S자 형태로 된 최초의 용(龍)형상물이 발견되었다. 이 용형상 돌구덩이를 저수룡(猪首龍)과 석소룡(石塑龍)이라고 한다.

흥륭와 유적에서는 최초의 빗살무늬토기도 발견되었다. 빗살무늬 토기의 이동 경로는 시베리아남단에서 만주와 한반도를 거쳐 일본으로 이어지는 북방계통의 토기이다. 이곳에서 발견된 빗살무늬 토기의 특징은 평저통형(平底筒形)의 지자문형(之字文形) 토기이다.

요하문명의 특징에 대해 대련대학 유병호 교수[124]는 요서지역의 고대 문명이 황하문명과 전혀 다른 특징을 보인다고 한다. 그 특징은 첫째, 세석기문화(細石器文化)의 존재, 둘째, 용(龍)과 옥(玉), 조상(祖上)을 숭배하는 예의(禮儀)와 풍속(風俗), 셋째 평저형(平底形) 토기와 지자문(之字文) 토기 등이다.

---

122 사람들이 집단으로 모여 사는 곳. 상호(相互) 부조를 목적(目的)으로 하는 인간(人間)들의 집단적(集團的)인 거주(居住) 장소(場所)로 생산(生産) 활동(活動)의 본거지이며 사회생활(社會生活)과 가족생활(家族生活)을 하는 장소가 된다. 인구(人口) 집단(集團)의 대소(大小)라든가 거주양식(居住樣式)의 차이(差異) 또는 그 기능상 특성에 따라 여러 가지로 분류할 수 있으나, '촌락(村落)'과 '도시(都市)'로 크게 나눌 수 있다.

123 성이나 마을 주위에 둘러 판 못.

124 대련대학 한국학연구원(大連大學 韓國學硏究院) 원장.

대련대학 설지강 교수는 "홍륭와문화의 특징은 평저통형 토기와 지자형 무늬이다. 평저통형 관은 그 분포지역이 아주 넓어 동북삼성(東北三省)과 내몽고 동남부 외에도 러시아 경내의 흑룡강 하류지역 및 한반도의 동북부와 서북부 일부에서 모두 발견되었다. 또 멀리 예니세이강 중류와 시베리아 지역에서도 평저통형 토기 혹은 지자무늬가 있는 토기기 발굴되었는데, 홍륭와 문화와 놀라울 만큼 비슷하여 이들이 모두 동방의 전통문화에서 기원하였음을 알 수 있다"고 하였다.

빗살무늬토기와 세석기는 요하 일대의 신석기문화에서는 보편적(普遍的)이지만, 황하 일대에는 없는 북방문화계통(北方文化系統)으로 기원전 6000년 전부터 이미 한반도와 요하지역 일대를 잇는 발해만 연안은 중원과 다른 독자적(獨自的) 문화권을 형성하였다.

홍륭와유적의 가장 놀라운 유물은 홍륭와에서 발견된 치아 수술 흔적이다. 중국과 일본의 학자들이 이것을 발굴하고 4년을 고민했다고 한다. 진짜 수술 흔적 같기는 한데, 기원전 6천 년인 홍륭와문화의 시대에 치아 수술을 했다는 것이 도저히 믿을 수가 없었기 때문이다. 일본 학자들이 이 유골을 가져가서 4년간 집중연구를 한 끝에 2008년 2월 정식으로 기자회견을 했다. 틀림없이 인공적인 치아수술 흔적이라는 것이다. 두개골이 그대로 나왔고, 치아에 뚫린 구멍의 직경이 모두 같으며 도구를 이용한 연마흔적도 발견되었다. 현미경 사진을 찍어봤더니 나선형 연마흔적이 발견되었다. 이것은 인공적인 도구를 사용하여 구멍을 뚫은 것임을 입증하는 것이다. 충치 때문에 구멍이 생긴 것이 아니라 인공적으로 뚫었던 것이다. 그래서 이것은 정확한 수술 흔적이라고 했다. 두개골 수술은 유럽에서 기원전 5천 년으로 추정되는 유물이 발굴되었고, 중국에서도 기원전 2500년 두개골 수술 흔적이 발견되었지만 이렇게 이른 시기에 치아 수술 흔적이 발견된 것은 흥륭와 유적지가 유일하다.

(4) 사해문화(査海文化)(기원전 6000~5200년)

사해문화(査海文化)는 요령성(遼寧省) 부신(阜新) 몽고족자치현(蒙古族自治縣) 사랍향(沙拉鄉) 사해촌(査海村)에서 발견되었다.

유물은 20여 점의 옥결과 빗살무늬토기가 발견되었고, 유적으로 요하 제일촌(遼河第一村)인 정착주거지와, 최대 19.7m×1~2m의 석소룡과 2점의 용무늬도편이 발견되었다.

용형상물 발견 지역과 시기를 보면 요령성 부신 사해유적의 석소룡이 기원전 5200년경, 하남성 복양 서수파 방소룡이 기원전 4400년경, 호북성 황매현 석소룡이 기원전 4000년경, 내몽고 적봉시 오한기 소산유적의 도준용문도 기원전 4000년 이전, 요령성 능원현과 건평현 사이 우하량유적의 옥저룡이 기원전 3500년 경, 내몽고 적봉시 옹우특기 삼성타라촌 옥조룡이 기원전 3000년경, 요령성 건평현 옥저룡이 기원전 3000년경, 안휘성 함산 능가탄유적 배형옥룡이 기원전 3000년경이다.

(5) 부하문화(富河文化)(기원전 5200~5000년)

부하문화(富河文化)는 내몽고(內蒙古) 적봉시(赤峰市) 파림좌기(巴林左旗) 호얼토향(浩尔土鄉) 부하구문(富河溝門) 지역에서 발견되었다.

부하문화에서는 최초의 '점치던 뼈'인 복골(卜骨)[125]이 발견되었다. 복골은 후에 중원의 상(商)나라에 갑골(甲骨)점으로 전승되었다. 요서지역의 복골전통은 백두대간 동쪽을 타고 한반도 동남해안 일대에서 발굴되며 특히 부여와 변한, 가야 등의 지역에서 발굴되었다.

한반도에서 발견된 복골은 창원 웅천패총에서 기원전 1~3세기의 사슴뿔 복골, 부산 조도패총 1점, 김해 부원동 유적의 멧돼지와 사슴뿔 4점, 해남 군곡리 패총의 사슴 견갑골 2점, 돼지견갑골 2점 등이 있다.

중국의 상나라에서는 주로 거북의 등껍질인 갑골로 점을 보았고 소나 돼지의 견갑골로도 점을 보았다. 점치는 방법은 뼈나 거북의 껍질에 구멍을 뚫고 불로 지져서 갈라지는 방향과 모양을 보는 것이었고 갑골에 새긴 문자로 점을 해독하였다. 한반도에서는 주로 동물의 견갑골 등의 뼈로 점을 쳤으며 상나라와는 달리 문자가 없어 뼈가 갈라지는 방향과 모양으로 점을 해독하였다.

『삼국유사』「가락국기」를 보면 김해지역을 다스리던 구간(九干)[126]이 백성들과 함께 구지가(龜旨歌)를 부르며 춤을 추었다. 그러자 하늘에서 구지봉(龜旨峰)으로 보라색 줄에 매달린 황금상자가 1개 내려왔다. 황금상자에서 나온 6개의 황금알을 깨고 태어난 6명의 아이가 6가야를 세운 왕이 되었다고 한다. 구지봉은 거북구(龜)와 뜻지(旨) 자로 구간이 거북으로 점을 쳤음을 암시하고 있다.

有軍事亦祭天 殺牛觀祭 以占吉凶 蹄解者爲凶 合者爲吉

---

125 돼지, 소, 사슴 등의 뼈를 이용하여 길흉화복(吉凶禍福)을 예측하는 점복(占卜)을 치는 것으로 상(商)나라, 만주, 한반도, 일본으로 이어졌다.
126 9명의 씨족장.

전쟁이 있으면 하늘에 제사를 지내고 소를 잡아 발굽을 관찰하여 길흉(吉凶)을 점친다. 발굽이 갈라지면 흉하고 합하면 길하다.

－『삼국지(三國志)』, 「위서(魏書)」, 동이전(東夷傳), 부여조(夫餘條)

其俗擧事行來 有所雲為 輒灼骨而蔔 以占吉凶 先告所蔔 其辭如令龜法 視火坼占兆

중요한 일을 하기 전에는 뼈와 무를 불에 태워 길흉을 점치는 풍속이 있었다. 먼저 무가 자란 곳에 점치려는 내용을 고하는데, 그 말이 거북점을 칠 때와 같았고, 불에 타 갈라진 모양으로 점을 쳤다.

－『삼국지(三國志)』, 「위서(魏書)」, 동이전(東夷傳), 왜인조(倭人條)

삼국지 위서 동이전 부여조와 왜인조에 복골(卜骨)에 대한 기록이 나온다. 중국은 상(商)나라에서 유행하던 갑골점(甲骨占)이나 복골점(卜骨占)이 주(周)나라 이후에 사라졌지만 요하지역과 만주지역, 한반도, 일본에서는 점치는 방식이 계속 이어져 왔다. 전쟁이나 나라의 중요한 일이 있을 때는 먼저 점을 쳐서 길흉(吉凶)을 예언하기 위한 의식이 행해졌고 이를 통해 공동체의 유지와 결속력을 다졌던 것이다. 이처럼 뼈로 점을 치는 행위는 새로운 일의 시작이나 행위를 하기 전에 사람들에게 심리적 안정감을 주는 수단이었다.

요하지방과 한반도 동해안, 남해안의 문화교류를 종합하면 기원전 6200년 전후에 흥륭와문화(興隆窪文化)의 옥 귀걸이가 동해안 문암리 등과 교류하고 기원전 6200년 전후에 흥륭와문화의 평저형빗살무늬 토기가 동해안 문암리, 오산리 등과 교류·전파되었다. 기원전 5200년 이후의 부하문화(富河文化)의 복골문화가 후대에 상나라에 전파됐을 뿐 아니라 부여,

변한, 가야 및 전남지방에까지 강한 영향을 지속적으로 미치고 있다.

이를 통해 신석기 이래로 요하지역과 만주와 한반도가 지속적으로 동일한 문화권을 유지했다고 볼 수 있다.

(6) 조보구문화(趙宝溝文化)(기원전 5000~4400년)

조보구문화(趙宝溝文化)는 내몽고(內蒙古) 적봉시(赤峰市) 오한기(敖漢旗) 고가와붕향(高家窩棚鄉) 조보구촌(趙宝溝村)에서 발견된 문화유적이다.

최초의 봉황형상물(鳳凰形像物)이 발견되어 중화제일봉(中華第一鳳)이라 칭한다. 최초의 채도인 존형기(尊形器)에 신령도안이 그려져 있고, 빗살무늬 토기(之字文土器)와 세석기(細石器)가 발견되었다.

채도(彩陶)[127]의 경우 기원전 5000년에 제작된 토기가 출토되었고 문양도 기원전 4500년의 황하유역(黃河流域) 앙소문화(仰韶文化)[128] 채도보다 빠르다.

조보구문화(趙宝溝文化)가 앙소문화(仰韶文化)와 교류를 가지면서 채도문화(彩陶文化)의 영향을 미쳤을 것으로 보인다.

황하유역(黃河流域)의 앙소문화보다 요하지역(遼河地域)의 조보구문화가 시기적으로 이른 것을 볼 때 요서의 채도는 앙소문화와 상관없이 중동(中東)과 서아시아[129]에서 몽골초원을 통해 직접 전파되었다.

오한기(敖漢旗) 오길향(敖吉鄉) 남대지유지(南臺地遺址)에서 발견된 녹문

---

127 중국(中國)의 채문 토기(土器).
128 기원전 4512~2460년 중국 황허 중류의 채도를 동반한 신석기 문화.
129 중동(中東)과 서아시아에서 채도가 가장 이른 시기는 기원전 7000년경이다.

존형기(鹿紋尊形器)**130** 신령도안의 경우 사슴과 멧돼지, 새의 모습이 정교하게 표현되어 있다. 이를 발굴했던 학자들은 사슴머리 형상을 녹수룡(鹿首龍), 돼지머리 형상을 저수룡(猪首龍), 새머리 형상을 조수룡(鳥首龍)이라 명명(命名)하고 가장 오래된 용(龍)과 봉(鳳)의 상징도안(象徵圖案)으로 판단했다.

(7) 홍산문화(紅山文化)(기원전 4500~3000년)

홍산문화(紅山文化)는 내몽고(內蒙古) 적봉시(赤峰市)와 요령성(遼寧省) 조양시(朝陽市) 일대를 기반으로 하고 있다. 동산취(東山嘴) 유적(遺跡)과 우하량(牛河梁) 유적(遺跡)이 대표적으로 것으로 꼽힌다. 홍산문화는 기원전 5600년 전 환웅이 세운 신시배달국의 초기건국단계로 보이며 총묘단(塚墓壇),**131** 적석총(積石冢),**132** 여신묘(女神廟)**133**가 발견되어 천제문화(天祭文化), 옥기를 통한 분업, 계급사회를 이룬 것으로 보인다. 홍산문화는 문명의 3요소(要所) 중 문자(文字)를 제외한 도시와 청동기기를 모두 갖추고 있다.

총묘단(塚墓壇)은 홍산문화가 이미 국가단계로 들어섰으며 고대국가(古代國家)의 신권(神權)과 왕권(王權)이 함께 주어진 강력한 권력자가 지배

---

130 둥근 발우모양 그릇의 위가 수직으로 연장된 형태이다. 이런 형태의 그릇은 후대 청동기에서 보이는데 이것을 존(尊)이라고 부른다. '존형기'는 '청동기 가운데 하나인 존(尊) 모양의 토기'라는 의미이다.

131 대형제단(大型祭壇).

132 돌무지무덤. 시신 위나 시신을 넣은 석곽(石槨) 위에 흙을 덮지 않고 돌을 쌓아 올린 무덤.

133 여신(女神)을 모신 사당(廟). 여신을 위해 위패(位牌), 신주(神主)를 모셔놓은 곳. 묘당(廟堂: 종묘와 명당을 아울러 이르는 말).

한 사회라는 것을 보여준다. 제정일치와 대형무덤, 조상숭배는 제사(祭祀)를 통해 끊임없이 조상을 생각하는 사제에게 권력이 집중되어 청동기 이전에 국가단계(國家段階)에 진입했음을 보여준다. 우하량유적은 종교와 정치가 합일된 제정일치사회(祭政一致社會)였다는 증거다.

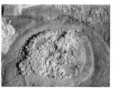

홍산문화 적석총(무덤), 여신묘(사당), 대형원형제단(제단).
왼쪽부터 총(塚), 묘(廟), 단(壇), 종교중심의 제정일치사회를 보여준다.
(출처: 우하량 유지 박물관)

홍산문화는 전기를 기원전 4500~3500년의 신석기시대로, 후기를 기원전 3500~3000년의 동석병용시대로 나눈다. 후기 우하량에서는 순동의 주조흔적이 발견되었다.

우하량의 여신묘(女神廟)[134]는 여신에게 제사를 올리는 사당(祠堂) 또는 신전(神殿)이다. 여신묘에서는 실제 사람 크기의 여신상과 사람 3배 크기의 여신상이 출토되었다. 여신상은 여성의 지위가 높거나 남성과 동등하다는 것을 상징하며, 이를 통해 풍요와 다산을 지모신(地母神)에게 기원했음을 추측할 수 있다.

주실(主室)에 모셔진 여신상(女神像)은 수행하는 자태로 5,500년을 지켜왔다. 가부좌(跏趺坐)하는 자세로 하단전에 양손을 모아 영적으로 수련을 하고 있는 모습이다. 눈은 옥으로 되어 있어, 내면을 통찰하며 높은 계급임을 나타낸다.

---

134 여신묘(女神廟)는 여신을 모시는 사당(祠堂)이다.

우하량 여신묘에서 발굴된 여신상, 왼쪽은 두상이고 오른쪽은 복원한 반가부좌상이다.
(출처: 우하량 유지 박물관)

우하량에서는 여신상(女神像)과 함께 실물 크기의 곰 형상 조각과, 곰의 아래턱뼈도 발견되었다. 우하량 유적은 단군을 낳은 웅녀(熊女)의 실체로 추정된다. 우리 민족을 형성한 맥족(貊族)은 곰을 토템으로 했다고 한다. 모계사회(母系社會)를 상징하는 여신상이 출토된 것으로 보아 마고의 후손일 가능성이 있다. 맥족과의 연결성은 좀 더 연구해봐야 할 과제다.

『단군세기(檀君世記)』에는 단군왕검이 반드시 천제(天祭)를 주관했다고 기록하고 있다. 조선은 제정일치사회로서 정치적 권력을 행사하고 정신적으로 성숙한 성인의 단계에 오른 단군이 천제를 주관하였다는 의미이다. 제사 후에는 음주가무(飮酒歌舞)의 놀이문화가 행해졌고, 석경(石磬),[135] 돌피리 등의 예악문화가 발달해 신과 인간이 함께하는 대동의 문화를 이루었다. 홍산문화와 단군조선이 정치적, 종교적, 문화적으로 영

---

135 돌로 만든 경쇠. 아악기의 하나이다.

향을 주고 계승한 것이다.

여신전 제단과 거대 적석총은 홍산문화의 만기유적(滿期遺蹟)으로 이미 초기국가단계에 진입했음을 보여주는 유적이다. 수많은 적석총은 밑변이 100m 이상의 원형으로 되어 있는 금자탑식 거형건축이다. 3원구조의 원형제단은 만주족이 북경에 세운 천단(天壇)의 원형으로 보이며, 북방 샤머니즘의 3수분화(三數分化) 세계관[136]이 엿보인다.

오한기(熬漢旗) 흥륭구(興隆溝)에서 발굴된
도소남신상(陶塑男神像)
(출처: 오한기 박물관)

홍산문화는 다량의 옥기와 적석총의 크기를 통해 이미 신분(身分)이 분화(分化)된 사회임을 입증하고 있다. 무덤에 옥 장식을 묻어, 종교적,

---

136 하나에서 셋으로 분화되는 일련의 사유체계.

정신적인 관념을 보이는 고급문화의 원형이다. 장식품으로는 관념적인 모양을 상투, 귀걸이, 가슴 등에 장식하였다. 옥이 적게 묻힌 무덤은 2~3개, 많이 묻힌 무덤은 20여 개를 묻어 신분의 차이를 보여준다. 학자들은 신분이 최소한 6~7단계 계급으로 분화되었다고 주장하고 있다.

후한의 원강(袁康)이 지었다고 알려진『월절서(越絶書)』[137]를 보면 시대를 석기, 옥기, 청동기로 구분하고 있다. 내용을 살펴보면 '헌원신농혁서시대(軒轅神農赫胥時代)에는 돌로 병기를 삼아 절단된 나무로 집을 엮고 사람이 죽으면 흙을 쌓아 안장했으며 황제(黃帝)시대는 옥으로 병기를 삼아 나무를 베어 집을 지었고 사람이 죽으면 땅을 파 안장했으며 우임금(禹王)시대는 구리로 도구를 만들어 이궐(伊闕)을 파고 용문(龍門)[138]을 뚫어 장강을 트고 황하와 동류하게 했다'고 한다.

옥(玉)은 주로 제사 때의 제기로 사용한다. 하늘에 제사를 지낼 때는 둥근 옥으로 옥벽(屋壁)을 쌓고, 땅에 제사를 지낼 때는 사각형 옥으로 옥종(玉種)을 쌓는다. 옥황상제가 사는 궐(闕)을 옥경대(玉鏡臺)라고 부른다. 옥은 신분과 지위를 상징하고 신과 소통할 수 있는 도구로 수천 년이 지나도 빛을 잃지 않기 때문에 영생불멸을 상징한다.

당시 시대와 동일한 조건에서 실제 발굴된 것과 비슷한 1.5㎝ 정도의 옥을 모래와 옥가루를 뿌려가면서 나무막대기로 돌려 구멍 뚫는 실험을 했더니 순수 작업시간만 31시간 걸렸다. 신석기시대에 옥기를 가공하는 전문 직업군이 있었다는 것을 의미한다.

동북아문명의 뿌리인 문명의 주인공 무덤형태와 매장풍습은 돌무지

---

137 대오와 월의 흥망을 기록한 역사서로 무기로 시대를 구분하고 있다.
138 이궐용문(伊闕龍門)은 황하를 흐르는 이수(伊水)가 굽이쳐 흐르는 곳.

무덤,[139] 돌널무덤,[140] 돌덧널무덤[141] 등이다. 이는 몽골, 흉노, 한반도, 만주, 일본에서 진행된 매장풍습이다. 화하족(華夏族)은 토광묘(土壙墓)[142]를 사용해 땅을 파서 묻었다.

우하량유적의 총(塚), 묘(廟), 단(壇)은 16개 중 13개가 적석총이고, 사각형으로 된 적석총의 주변에 돌널무덤(석관묘)을 쓰고 있다. 홍산문화의 적석총은 3단으로 된 피라미드식 무덤이다. 피라미드는 이집트와 마야, 우하량 등지에서 발견되며, 우하량의 피라미드는 원형으로 길이 140m의 3층 구조로 되어 있다. 후에 고구려시대에 영향을 주어 제작된 장군총은 길이 30m의 7층 구조로 된 적석총이다. 적석총은 만주 집안현에 1만여 기가 있고 백제 초기고분에도 형태가 남아 있다.

우하량의 원형제단은 3수원형제단에 원통형 토기로 둘러싸고 있다. 무저형[143]의 토기는 하늘과 땅과 소통하는 것으로 일본 하니와 토기[144]와 유사하다.

적석총의 형태는 민족특유의 3수7수(三數七數) 문화로 적석총은 하늘과 땅에 제사를 올리는 제단이다. 원형(圓形)적석총 3단은 무덤이 아니라 하늘의 정신을 상징하며 방형(方形)적석총은 땅을 상징하며 소도(蘇塗)[145]의 원형이다.

---

139 적석총(積石塚).

140 석관묘(石棺墓). 깬돌이나 판돌을 잇대어 널을 만들어서 쓴 무덤. 주로 청동기 시대에 썼다.

141 석곽묘(石槨墓). 지면을 깊게 파고 자갈 따위의 석재(石材)로 덧널을 만든 무덤.

142 널무덤. 땅에 구덩이를 파고 시체를 직접 넣거나 목관이나 목곽에 시체를 넣고 그 위에 흙을 쌓아 올린 무덤.

143 아래가 뚫려있는 통모양의 형태.

144 하니와(埴輪)는 흙으로 빚어 만든 토기의 일종으로 갖가지 인물이나 동물·기물(器物) 등을 만들어 거대한 봉토분 주변에 둘러놓은 것으로, 일본의 고분(古墳)시대에 많이 제작되었다.

145 삼한 시대에, 천신(天神)을 제사 지내던 성역(聖域). 각 고을에 있는 이 지역에 신단(神壇)을 설치하고, 그 앞에 큰 나무를 세워 제사를 올렸다.

적석총은 천원지방(天圓地方)구조로 천신(天神)사상을 공유한다. 제단은 하늘과 가까운 곳에 쌓았다. 단군이 쌓은 강화도의 마니산제단은 둥근 원형제단이고 술을 올리는 곳은 방형으로 되어있다. 마니산제단은 고려 시대 몽골침입 때 제단터만 남은 곳에 다시 쌓아올렸고 조선시대에 현재와 같이 증축하였다. 강원도 태백산의 천단(天壇)도 원형으로 쌓아 천원지방을 나타내고 있다.

중국 북경의 천단공원에는 청나라 때 지은 천심석(天心石)[146]이 있다. 천심석은 총 9개의 환(環)[147]이 형성되어 있고 각각의 환을 이루는 부채꼴 모양의 돌판 개수는 9의 배수로 되어 있다. 1환은 9개 조각, 2환은 18개 조각, 3환은 27개 조각 그리고 마지막 9환은 81개 조각으로 이루어져 있다. 고대에는 1, 3, 5, 7, 9의 홀수를 양수(陽數) 또는 천수(天數)라고 불렀으며 그중 9를 양수의 최고로 여겼다.

대한제국시대에는 환구단(圜丘壇)을 지어 천제(天祭)를 지내고 황제국(皇帝國)임을 선포했었다. 원구단(圜丘壇)[148]은 방형으로 짓고 황궁우(皇穹宇)[149]는 원형으로 지어 천원지방(天圓地方)사상을 계승하였다.

천지제(天地祭)는 천제(天祭)와 지제(地祭)로서 원구(圜丘),[150] 방택(方澤)[151] 이라 하여 원형단(圓形壇)과 방형단(方形壇)의 형태로 각각 수도의 남쪽 교외와 북쪽 교외에 나누어 세우는 것이 원칙이나, 후일에는 합제(合祭)하

---

146 태극석(太极石), 억조경종석(亿兆景丛石)이라고도 부른다. 천단(天壇) 원구단(圜丘壇) 중심의 원형 돌판을 천심석(天心石)이라 부른다.
147 고리모양.
148 환구단. 하늘과 땅에 제사를 드리던 곳.
149 환구단 안에 하늘과 땅의 모든 신령의 위패(位牌)를 모신 곳.
150 천자(天子)가 동지(冬至)에 천제(天祭)를 지내던 곳.
151 국사(國祀), 상사(上祀)라고 하며 국가에서 지내는 제사. 통일 신라·고려·조선 시대에 나라에서 지내던 제사 가운데 가장 격이 높은 제사. 통일 신라는 나력(奈歷)·골화(骨火)·혈례(穴禮), 고려는 환구단·방택·사직단에서, 조선은 종묘·영녕전·사직단에서 지냈다.

는 것을 통례로 하였다. 그 배향(配享)은 원구의 맨 위층에 천황 상제위(上帝位)를 두고, 지황 지위(祇位), 대명위(大明位), 야명위(夜明位), 북두칠성 5성(五星), 28수(宿)의 성신위(星辰位)와 운사(雲師), 우사(雨師), 풍백(風伯), 뇌사(雷師),**152** 5악5진(五岳五鎭), 4해4독(四海四瀆), 명산대천(名山大川), 성황사토위(城隍司土位) 등을 둔다. 왕이 백관을 거느리고 음력 9월 17일에 제사를 할 때 친히 제주(祭主)가 되는 것은 하늘의 아들인 천자(天子)이기 때문이며, 그는 국가의 안녕을 축원했다.

조선시대가 되면 천자문화가 약화되어 서울의 사직단에서 방형의 제단을 쌓고 곡식의 신과 토지의 신을 향하여 땅에 제사를 지냈다. 천자국만 하늘에 제사를 지낼 수 있어서 명나라는 원형으로 제단을 쌓아 제사를 지냈다.

(8) 소하연문화(小河沿文化)(기원전 3000~2000년)

소하연문화(小河沿文化)는 내몽고(內蒙古) 적봉시(赤峰市) 오한기(敖漢旗) 소하연향(小河沿鄉) 남태지(南台地)에서 발견되었다.

소하연문화의 거주지(居住地)는 단실(單室)과 쌍실(雙室) 두 가지로 나눌 수 있다. 단실은 긴 둥근형의 움집 형태로 바닥이 넓고, 집안에 아궁이와 기둥 자리가 있다. 쌍실은 긴 둥근형로 집안 중간에 벽을 쌓아 두 칸으로 나눈 것이다. 이 두 칸은 작은 칸과 큰 칸으로 나뉘는데, 큰 칸에는 사람이 거주하고 작은 칸은 창고로 활용한 것으로 보인다.

---

152 뇌공(雷公). 천둥을 맡고 있다는 신.

무덤을 높은 산에 만들었다는 특징이 있다. 주로 산꼭대기에 매장을 하기 때문에 암반층이 많아 무덤은 깊지가 않다. 석붕산 유적의 경우는 무덤 지역이 약 1만 평방미터 규모다.

질그릇들은 모래질의 갈색 그릇과 진흙질의 홍도, 진흙질의 흑도이다. 이외에도 운모와 조개껍질가루를 섞어 만든 그릇도 있다. 그릇의 종류는 대형 단지, 통형독, 채도, 그릇받침, 두, 보시기, 대접, 긴목주전자 등이 대표적이다. 그릇들 중에는 짐승 모양을 본뜬 것도 있고, 아가리가 두 개인 것, 귀가 여러 개 달린 것들도 있다. 그림을 그린 그릇들은 대부분이 모래가 섞인 것들이다.

공구로는 간석기(磨製石器: 마제석기)[153]들이 많다. 이 석기들은 돌삽, 송곳, 돌도끼, 끌, 망치 등이 있다. 특징적인 것은 뼈에 홈을 내어 돌날을 박아 칼을 만들었다는 점이다. 이 칼날은 여러 개의 돌날을 넣어 만들었는데 홈에 붙일 때 접착제를 넣어 붙였다. 골기도 많이 발견되었는데 검, 송곳, 끌, 바늘 등이 발견되었다. 바늘귀는 0.5㎜도 되지 않았다.

그릇에서는 부호들이 발견되었다. 석붕산 무덤에서 네 건의 부호가 새겨진 그릇들이 발견되었다. 산과 해를 표현하는 형태의 부호는 소하연 문화뿐만 아니라 산동성(山東省) 대문구 문화에서 출토되는 것에서도 유사한 것을 볼 수가 있다. 소하연문화 대남구묘지에서 출토된 도부문자(陶符文字)[154] 7개는 갑골문의 전신으로 추정된다.

---

153 돌의 전면 또는 필요한 부분을 갈아 만든 석기로 신석기시대와 청동기시대에 사용되었다. 마제석기라고도 한다.
154 토기에 새겨진 부호문자.

(9) 하가점하층문화(夏家店下層文化)(기원전2000~1500년)

하가점하층문화(夏家店下層文化)는 내몽고(內蒙古) 적봉시(赤峰市) 하가점(夏家店) 유적의 하층(下層)을 표식(標式)[155]으로 하는 유적이다.

하가점하층문화 사람들의 주요 생활수단은 잡곡재배이며, 그 밖에 목축(牧畜)과 수렵(狩獵)도 행해졌다. 유적에서는 돼지, 개, 양, 소 등의 뼈가 발견되었다. 정주 생활을 하면서 인구밀도가 상당히 높았다.

유물로는 석기, 골기, 토기가 발견되고 있고, 그 밖에 금, 납, 칠기, 비취, 동기, 청동기도 발견되었다. 동기, 청동기로 만든 귀고리가 많고, 뼈를 이용한 복골점도 행해졌다.

집은 둥글고, 흙과 돌로 만들어졌다. 취락은 벼랑이나 경사면에 방어 목적으로 만들어졌고, 석벽을 취락의 주위에 세울 수 있도록 하였다.

하가점 문화는 본격적인 청동기시대(靑銅器時代)로 진입한 고급문명사회로 완전한 국가단계에 진입하였다.

하가점하층문화는 바로 고조선문화로 이어진다. 중원(中原)에서는 보이지 않고 고구려 특유의 것으로 알려진 치(雉)를 갖춘 석성(石城) 등 대형건물터와 비파형 동검, 적석총, 석관묘, 3족토기 등 강력한 국가체계를 갖춘 고조선 문화의 상징들이 발견되었다. 하가점상층문화로 이어지면서 발달된 청동기시대를 이어가며 철기시대(鐵器時代)로 이어진다. 하가점하층문화는 적봉, 조양 등을 중심으로 수천여 곳에서 발견되고 있다.

---

155 하나의 형식을 정확하게 나타내는 전형적인 유적이나 유물.

(10) 요하문화의 특징

① 빗살무늬토기와 옥결(玉玦)[156]

기원전 8000년 전의 홍륭와(興隆窪)문화에서 발견된 옥 귀걸이는 요령성 수암옥으로 제작되었으며 강원도 문암리에서 발견된 옥 귀걸이와 동일한 연대의 문화이다. 전남 여수에서는 기원전 6000년 전에 제작된 옥 귀걸이가 발견되었다. 서울 암사동에서 발견된 옥제장신구와, 흑요석 석기는 유리질의 돌로 면도칼보다 날카롭다. 흑요석은 백두산과 일본 큐슈지역에서 발견된다.

우하량에서는 기원전 4500년 전에 비파형 옥검을 제사용, 의전용, 특수신분용으로 사용하였다. 단검은 35㎝ 전후로 근접전에 사용했을 것으로 보인다.

빗살무늬토기는 기원전 6000년에 사해 문화와, 한반도 요서에서 기원전 6000~5000년에 제작되었고 북유럽과 중앙아시아는 4000~5000년에 제작되었다.

② 온돌

온돌은 우리민족의 고유한 난방(暖房)방식으로 홍륭와(興隆窪)유적에서 발견되었고 고구려(高句麗)와 옥저(沃沮)의 유적에서도 발견되었다. 온돌은 중국 하북성(河北省) 당산시(唐山市)에서도 발견되었는데 당산은 상주시대(商周時代) 고죽국(孤竹國)의 수도였다.

---

156 옥 귀걸이.

③ 용봉문화(龍鳳文化)

요하지역(遼河地域)에서 용(龍)유적이 발견되기 전까지 용(龍)형상물은 중원의 하남성 복양시(河南省 濮阳市)에서 발굴된 조개껍데기 용형상이 최초라고 했다. 그러나 이보다 1,200년 앞선 요동지역 사해문화(査海文化)의 석소룡(石塑龍)이 최초의 용(龍)유물이다.

옥으로 제작된 옥룡(玉龍)의 형상은 C자형으로 되어 있다. 홍산문화(紅山文化)의 옥룡은 더 간단하고 간결하게 제작되었으며 한반도에서는 더 작게 곡옥(曲玉)으로 제작되어 신라왕관에 사용되었다.

홍산(紅山)에서는 옥잠(玉蠶)[157]이 발견되었다. 옥잠은 누에치기를 하여 상류층에서 비단으로 옷을 해 입었다는 증거이다. 『환단고기』「삼성기」에는 황후인 비서갑녀(非西岬女)가 누에치기를 관장하였다고 한다.

조보구문화(趙宝溝文化)에서는 봉황(鳳凰)문양의 토기와 빗살무늬 토기가 출토되었다. 용봉문화(龍鳳文化)는 천자(天子)의 상징으로 왕(王)만이 용포(龍袍)를 사용하였다. 서양에서는 동양문화에 대한 두려움의 상징으로 드래곤과 피닉스가 유목민족을 통해 전파되었다. 용봉문화는 만리장성(萬里長城) 밖에서 생성되어 만리장성 안에서 황제(皇帝)의 상징(象徵)이 되었다. 결국 중국인들의 상징으로 삼는 용봉의 기원(紀元)도 요하(遼河)지방에서 유래하여 중원(中原)으로 전파된 것이다.

④ 상투

상투는 한민족의 대표적 상징으로 하늘과 한마음이 된다는 뜻으로 머리칼을 위로 올리고 옥으로 만든 옥고(玉箍)로 상투를 고정한다. 상투

---

157 옥누에.

와 변발(辮髮)은 투구를 쓰고 전쟁을 할 때 땀이 흘러내려 눈을 가리는 것을 방지할 목적으로 개발된 방법이다. 홍산문화에서 발견된 남신상의 머리도 상투를 틀고 편발을 하고 있다. 중국식 상투는 왕이나 귀족만이 할 수 있었고 머리 뒤로 옥고를 둘러 고정을 했다. 상투는 홍산의 제왕문화(帝王文化)가 중국으로 들어갔다는 것을 보여준다. 상투도 변발의 하나다. 상투를 틀 때는 가운데 머리를 깎고 주변머리를 상투를 틀어올리는 식으로 하며 속알머리가 없다.

일본은 앞머리를 밀어 올리고, 거란은 옆머리만 남기고, 만주족 청나라는 가운데 머리만 남긴다.

위만이 고조선에 입국할 때에도 상투를 했다고 하는 것은 중국에서도 상투를 했기 때문에 조선식의 상투를 한 것으로 보인다.

편발개수(編髮盖首)[158]는 머리를 땋아서 위로 머리를 얹는 것이다. 기원전 5300년 적봉시 오한기에서 출토된 도소남신상(陶塑男神像)도 편발(編髮)을 하고 있다. 『조선왕조실록』에는 정조 때의 승지 서형수가 "단군은 우리 역사에 맨 먼저 나온 성인으로서 편발개수(編髮盖首)의 제도를 제정하였다"고 했다. 『환단고기』 「단군세기」에는 2세 부루(夫婁)단군이 계묘삼년, 기원전 2238년에 조칙(詔勅)[159]을 내려 백성들로 하여금 머리를 땋아 머리를 덮도록 하였다고 한다.

⑤ 암각화(巖刻畵)

울산 반구대의 암각화(巖刻畵)에는 50여 마리의 고래와 사슴, 호랑이 그림이 새겨져 있다. 요하에서 발견된 암각화와 한반도의 암각화는 비슷

---

158 단군시대부터 예절바르게 하는 한국인 고유의 헤어스타일.
159 조서(詔書). 임금의 명령을 일반에게 알릴 목적으로 적은 문서.

한 그림이 바위에 새겨져 있다.

시계방향으로 각로영자, 상기방영자, 지가영자, 반구대 암각화
(출처: 국립중앙박물관)

내몽고(內蒙古) 극십극등기(克什克騰旗) 각로영자(閣老營子) 백차하(白岔河) 유역에서 발견된 암각화는 고령 양전동의 암각화와 동심원(同心圓), 검파형(劍把形)[160] 및 방패형(旁牌形)에서 유사성을 보이며 내몽고(內蒙古) 적봉시(赤峰市)의 상기방영자(上機房營子) 하가점하층문화(夏家店下層文化), 석성(石城)유적 서쪽 외곽에서 발견된 암각화는 포항 인비리와 영천 보성리의 검파형(劍把形)과 유사성을 보이고, 내몽고(內蒙古) 적봉시(赤峰市) 지가영자(遲家營子) 암각화는 울주 천전리와 포항 칠포리의 기하학(幾何學) 무늬, 호랑이, 연속된 마름모, 사람 얼굴, 동심원, 방패 모양으로 유사성을 보

---

160 칼 손잡이 모양.

인다.

한반도형(韓半島形) 암각화(巖刻畵)는 한반도(韓半島)를 제외하면 어디에서도 볼 수 없었으나 내몽고(內蒙古) 적봉(赤峰)에서 유사한 암각화가 발견되어 서로 관련성이 있다는 것을 보여주고 있다.

⑥ 치(雉)[161]와 해자(垓子)[162]

요하문명(遼河文明)에서는 9,000년에서 4,000년 전에 고조선형(古朝鮮形)의 치(雉)가 있는 석성(石城)이 발견되었다.

치(雉)는 고구려(高句麗)의 성(城)에서 일반적으로 발견되는 양식(樣式)이다. 치(雉)는 쳐들어오는 적을 3방향에서 포위해 공격하는 삼자성(三字城)의 형태로 13개가 발견되었다. 해자(垓子)는 성 둘레에 연못을 파 적이나 짐승들이 접근하지 못하도록 하는 방어장치이다.

⑦ 수행(修行)과 복점(卜占)

남신수행상(男神修行像)은 입 모양이 주문(呪文)을 외우는 모양이며 두 손을 가지런히 하여 배꼽 아래 모아놓고 있다.『환단고기』「삼성기」에서는 초대환웅이 주문을 외워 공덕이 이루어지기를 빌었고, 태우의환웅(太虞儀桓雄)이 신령한 주문으로 정신을 개조하였다고 했다.『삼국유사』

---

161 성벽에서 적이 접근하는 것을 일찍 관측하고, 전투를 할 때 성벽으로 접근하는 적을 정면이나 측면에서 격퇴할 수 있도록 성벽의 일부를 바깥으로 돌출시켜 장방형 또는 반원형으로 덧붙여서 만든 성벽 시설물 중의 하나이다. 돌출구조로 위에 집은 없고 여담이 있는 것. 통상 각(角)을 이루고 있는 것을 치성(雉城)이라 하고 둥근 모양을 곡성(曲城)이라 한다. 치 위에 누각이 설치되면 포루(鋪樓), 적루(敵樓), 포사(鋪舍)라고 하며, 포가 설치될 경우에는 포루(砲樓), 석루(石樓)라고도 하였다.
162 동물이나 외부인, 특히 외적으로부터의 침입을 방어하기 위해 고대부터 근세에 이르기까지 성(城)의 주위를 파 경계로 삼은 구덩이를 말한다.

고조선조에서는 웅녀(熊女)가 아이 배기를 기원하였다고 했다. 수행 방법은 주문을 외우는 수행법인 주문수행법(呪文修行法)으로 하였다. 동이족(東夷族)은 영성문화(靈性文化) 또는 정신문화(精神文化)를 갈구하는 정신수행을 했다.

문자(文字)가 없었기 때문에 복골(卜骨)이나 갑골점(甲骨占)을 칠 때에도 주문을 외워서 점(占)을 쳤다.

가락국(駕洛國)의 구간(九干)이 왕(王)을 기원하며 구지봉(龜旨峯)에서 주문을 외울 때에도 "거북아 거북아, 머리를 내밀어라, 내밀지 않으면 구워 먹겠다"고 외웠는데 갑골점(甲骨占)을 치며 거북의 뜻을 구했기 때문으로 추측된다. 신라 성덕왕(聖德王) 때 순정공(純貞公)이 강릉태수(江陵太守)로 부임해 갈 때도 임해정(臨海亭)에서 점심을 먹는데 바다의 용이 나타나 수로부인(水路夫人)을 납치해 가자 한 노인이 나타나 "거북아 거북아 수로 부인을 내놓아라, 남의 부인 앗아간 죄 그 얼마나 크랴. 네가 만일 거역 하고 내놓지 않으면 그물로 잡아서 구워먹겠다"는 '해가(海歌)'를 부르게 했다. 내용상으로 모두 거북과 관계가 없는 일이나 거북에게 주문하는 것은 모두 갑골점을 치며 외운 주문이기 때문으로 추측된다.

⑧ 신석기(新石器) 4대 문화(文化)

신석기시대의 4대 문화라 하면 거석문화(巨石文化), 채도문화(彩陶文化), 빗살무늬토기문화(之字形吐器文化), 세석기분화(細石器文化)인데 요하지역(遼河地域)과 만주일대(滿洲一帶), 한반도(韓半島), 일본(日本)의 문화벨트는 이 4대 신석기문화(新石器文化)가 모두 모여 있는 세계적으로 유일무이한 문화권(文化圈)이다. 이 지역은 채도문화권(彩陶文化圈)만을 수용한 중원지역(中原地域)과는 근본적으로 이질적인 문화권(文化圈)에 속한다. 이 문화권은 만주 지역의 토착문화 위에 신석기 4대 문화가 만주와 한반도 일대에서 결합되었고 이것이 새로운 문화를 탄생시켰다는 것을 의미한다.

동북지역(東北地域) 최초의 신석기문화(新石器文化)는 요하(遼河)에서 시작되었고 그 주도세력(主導勢力)들은 황하문명(黃河文明)을 일군 사람들과는 다른 사람들이다. 요하 일대의 신석기문화의 주도세력은 예맥한(濊貊韓) 계통이다. 바로 이들이 최초로 요하문명(遼河文明)을 일으킨 세력이 되며 요하문명은 중원지역과 중앙아시아를 거쳐 유럽으로 전파되었다. 앙소 문화(仰韶文化)의 채도(彩陶)는 기원전 4천 년경에 요서지역(遼西地域)의 채도(彩陶)와 서로 교류하였다.

결국 요하문명(遼河文明)은 한국(韓國)과 중국(中國), 중앙(中央)아시아 유목민(遊牧民) 모두의 시원문명(始原文明)이 되었다. 그러나 그 주도세력(主導勢力)이 예맥한(濊貊韓)이라는 것은 명백하며 그 주맥(主脈)은 한반도(韓半島)로 이어졌다고 볼 수 있다.

기원전 6200년경에 이미 요서(遼西)와 요동(遼東) 한반도(韓半島)에서는 서로 교류가 있었다. 요서지역 흥륭와문화(興隆窪文化)의 옥 귀걸이 원재료가 요동지역 수암현의 옥이라는 것은 지금부터 8천 년 전인 상고시대에 이미 요동과 요서 간 문화교류가 이루어지고 있었다는 의미이고 더구나 유사한 옥 귀걸이가 비슷한 시기에 한반도 동해안 문암리에서 그 후대 남해안에서 발견된다는 점은 요하지역과 한반도 간에도 문화교류가 있었다는 의미이다. 문암리 옥의 경우 중국 양자강이나 일본보다 최소한 1천 년 이상 앞서고 있다. 또한 요하 일대 유물은 만주와 한반도에서만 나타난다. 중원지역에서는 보이지 않으나 요서요동일대, 만주 한반도에서만 나타나는 유물은 ① 빗살무늬토기 ② 세석기 ③ 적석총 ④ 석관묘 ⑤ 치를 갖춘 석성 ⑥ 비파형동검 ⑦ 고인돌 등이다. 치를 갖춘 석성은 하가점하층문화(夏家店下層文化)**163**로부터 요하 일대에서 대량으로 발견되는데 이 시기는 바로 고조선 초기시대와 시기적으로 겹치므로 이 문화가 고조선 문화라고 보는 견해가 많다.

⑨ 갑골문의 기원

부하문화(富河文化)에서 발견된 최고(最古)의 갑골(甲骨)은, 상(商)나라에서 크게 유행하다가 주(周)나라 이후에 사라졌으나 만주와 한반도, 일본 열도 등지에서는 삼국시대까지 유행하였고 소하연문화(小河沿問話)에서 발견된 도부문자(陶符文字)는 많은 학자들에 의해 한자의 기원인 갑골문과 연관이 있다는 견해들이 제시되고 있다.

⑩ 세석기와 거석문화

돌은 고대 문화의 상징물이다. 생활도구, 사냥, 전쟁무기, 건축, 축성, 분묘, 종교적 상징물인 신전 등 쓰이지 않는 곳이 없었다. 돌의 문화를 크게 나누면 세석기문화와 거석문화로 구분할 수 있다. 대표적인 거석문화로 이집트의 피라미드, 영국의 스톤헨지, 프랑스의 카르나크 열석, 태평양 이스터 섬의 거인상, 메시코 올메가의 거석 인두상(人頭像), 쿠스코 잉카제국 시대의 석축, 한국이 중심지인 지석묘(支石墓)**164** 등을 들 수 있다.

---

163 기원전 2000~1500년에 요동, 요서지방에 발생한 문화.
164 고인돌 무덤.

신시배달국의 영웅들

(1) 태호복희(太皞伏羲)

태호복희씨(太皞伏羲氏)[165]는 포희씨(庖犧氏)라고도 한다.

약 5,500년 전 신시배달국(神市倍達國) 제5대 태우의환웅(太虞儀桓雄)의 12번째 막내아들로 태어난 왕자이며 중국의 신화로 전해오는 삼황오제 (三皇五帝) 중 한 분으로 많은 문명의 토대를 쌓은 성인(聖人)이다.

문화적(文化的)으로는 8괘(八卦)와 주역(周易)의 창시자이며, 결혼과 성씨 제도, 농경과 목축을 정착시킨 것으로 전해지고 있고 문명적(文明的)으로 는 의학과 시간, 별자리, 건축술 등 인류문화의 근간을 이룬 동이족의 시조로서 최초로 침술을 의료기술에 적용한 침술의 시조로도 알려져 있다. 또한 삼시세끼를 먹는 문화도 태호복희씨가 시작했다고 한다.

진(晉)나라의 황보밀(皇甫謐)이 편찬한 『제왕세기(帝王世紀)』는 태호복희씨 (太皞伏羲氏)가 동이족(東夷族) 출신인 것으로 기록하고 있다. 『중국역대제 왕록(中國歷代帝王錄)』에는 "태호복희의 성(姓)은 풍(風)이며 동이족(東夷族) 으로 진국(震國) 출신이다(帝出於震)"라고 했다. 1930년대 중국의 사학자

---

165 '복희'란 희생(제사에 쓰이는 짐승)을 길러 붙여진 이름이다.

푸쓰녠(傅斯年)은 『이하동서설(夷夏東西設)』[166]에서 "태호복희가 동이족라는 것은 고대로부터 공인(公認)되어온 일이다"라고 주장했다.

태호복희씨(太皞伏羲氏)
(출처: 중국국립고궁박물관)

『회남자(淮南子)』에는 "태호가 다스리던 곳은 동방 끝의 갈석산의 해 뜨는 곳에서 부목의 땅 청포수목의 들까지 이른다. 태호 그분이 다스리던 땅이 1만 2천 리이다"라고 했다.

『사기』 「삼황본기(三皇本紀)」에 "복희의 어머니는 화서(華胥)의 신모(神母)

---

166 상나라의 화하족과 동이족이 같은 기원을 한다는 이론이다. 중국 대륙에서 이(夷)족을 대표로 하는 '견이(畎夷)', '우이(嵎夷=于夷)', '방이(方夷)', '황이(黃夷)', '백이(白夷)', '적이(赤夷)', '현이(玄夷)', '남이(監夷=風夷)', '양이(暘夷=陽夷)' 등 구이(九夷)족이 동쪽에서 문화를 흥왕시켰다는 것이 부사년의 '이하동서설(夷夏東西說)'이다.

이며 뇌택(雷澤)**167**에서 대인(大人)의 발자국을 밟고 성기(成紀)에서 복희를 낳았다"고 했다.

'태호(太皞)'는 '크게 밝다' 또는 '문명(文明)을 밝혔다'는 뜻으로 복희(伏義)가 풍산(風山)에 살아서 성씨를 풍씨(風氏)로 삼았다고 하며 최초로 사람들에게 성씨를 쓰게 해서 혈통의 의미를 알게 했다. 성씨 '풍(風)'은 바람, 새, 봉황을 뜻하고 '새'로써 관직을 삼았다. 이름은 '방아(方牙)'이며 태호는 칭호이다.

복희는 배달국의 왕자로 중원에 들어가 나라를 세우고 통치하였지만 동이족(東夷族)이라는 뿌리를 잊지 않기 위해 성씨(姓氏)를 사용하였던 것이다. 태호는 화하(華夏), 동이(東夷), 묘만(苗蠻)이 모두 뿌리로 여기고 있어 고대로 갈수록 공통적으로 공유하는 것이 많다는 것을 알게 해준다.

중국 문헌에 따르면 복희는 구이(九夷) 출신으로 기록되어 있다. 복희의 탄생을 살펴보면『밀기(密記)』에 "신시(神市)에서 출생하여 우사(雨師)직책을 대물림했다. 청구낙랑(靑邱樂浪)을 지나 진(震)땅에 이주하여 수인(燧人), 유소(有巢)씨와 함께 서쪽 땅에서 나라를 세웠다. 풍산(風山)에서 나뉘어 살면서 풍(風)으로 성씨(姓氏)를 삼았다. 후에 풍씨 성은 8개 성(姓)으로 나뉘었다"라고 했다.

『대변경(大辯經)』에는 "신룡(神龍)의 변화를 관찰하여 괘도(掛圖)**168**를 만들었다. 신시시대의 계해(癸亥)를 고쳐 갑자(甲子)**169**로 첫머리를 삼았고 여와씨(女媧氏)는 복희의 제도를 계승했다. 무덤은 산동성 어대현 부산 남쪽에 있다"고 하였다.

---

167 동방(東邦).

168 8괘(八卦).

169 60갑자(六十甲子).

복희씨(伏羲氏)의 직책은 우사(雨師)로 점을 치고 천문(天文)과 미래(未來)를 예측하며 법(法)을 집행하고 일기(日氣)와 기상(氣象)의 변화를 예측하는 일을 하는 것이다.

복희씨(伏羲氏)는 팔괘(八卦)를 그리고 역학(易學)[170]을 창시했으며 공자는 팔괘를 해석하고 주역을 완성하였다. 팔괘(八卦),[171] 하도(河圖),[172] 상수학(象數學)[173]에서 음양오행설(陰陽五行說)[174]이 나오고 음양오행설(陰陽五行說)을 태호복희씨(太皥伏羲氏)가 처음으로 시작했다고 한다. 사실 괘는 복희씨 이전에도 있었던 것으로 태호복희씨(太皥伏羲氏)는 상수학(象數學)과 괘문화(卦文化)를 체계화시켜 실제 문명에 적용한 것으로 생각된다.

복희의 치적으로 결혼제도(結婚制度)를 들 수 있다. 예물(禮物)과 폐백(幣帛)제도를 만들고 동물의 가죽 등을 예물로 보내는 결혼제도를 완성하였다. 혼인습속(婚姻習俗)을 남자가 여자 집에 장가가서 아이가 장성하면 본집으로 가던 것을 여자가 남자 집으로 시집가는 것으로 바꾸었으며 근친혼(近親婚)을 없애고 족외혼(族外婚)을 권장하여 가정문화를 부계중심(父系中心)으로 바꾸었다.

또한 그물을 만들어 물고기 사냥에 이용하였고 농사를 짓게 했으며, 제사에 쓰이는 음식을 희(犧)라 하여 소, 양, 돼지를 희생(犧牲)[175]으로 길

---

170 주역의 괘(卦)를 해석하여 음양 변화의 원리와 이치를 연구하는 학문.
171 하늘과 땅의 원리를 집대성하여 우주만물을 해석하는 원리로 역학(易學)은 동양철학의 근간이 되었다.
172 복희의 꿈에 삼신강령의 계시를 받아 신시에서 천제를 지내고 내려오다가 황하강 유역에서 신령스러운 동물인 용마(龍馬)에 나타난 형상을 보고 그렸다고 한다.
173 형상(形象)을 수(數)자로 동서남북에 배치하고 변화원리를 배치하여 우주의 변화원리를 설명하고 있다.
174 우주나 인간사회의 모든 현상 및 만물의 생성 소멸을 음양과 오행의 소장(消長), 변천으로 설명하려는 이론. 중국 전국 시대에 각각 성립된 음양설과 오행설이 한나라 때에 합쳐진 세계관으로, 특히 역법과 결합하여 중국, 한국, 일본의 일상생활에 큰 영향을 끼쳤다.
175 천지신명에 제사 지낼 때 제물로 바치는 산 짐승. 주로 소, 양, 돼지 따위를 바친다.

러 천지신명에게 바쳤다.

복희씨는 음악에도 영향을 주었으며 슬이라는 25줄의 비파를 만들어 예악문화를 정리하였다.

이처럼 태호복희씨는 모든 제왕의 첫 번째로 배달국의 문화를 융성시킨 3대 영웅이다. 복희 이후에 풍씨(風氏)는 15대 만에 후손이 끊겨 현재 남아있지 않다.

춘추전국시대의 초(楚)나라 왕은 웅씨(熊氏)성을 사용하였는데 호북성 장사 무덤에서 백서(帛書)[176]비단에 대웅포희(大熊包羲)라는 글자가 나와, 웅씨가 복희의 후손이라고 하였다.

복희(伏羲)와 함께 등장하는 여와(女媧)는 중매의 신으로 알려져 있으며 복희와 여와의 인물화를 보면 항상 손에 컴퍼스와 직각자를 들고 있다. 원(圓)과 직각(直角)은 모든 물건을 재단하는 기초도구로 컴퍼스와 직각자를 가지고 제천단(祭天壇)을 쌓고 원과 각을 사용하는 천원지방사상(天圓地方思想)[177]을 나타낸다. 하늘에 제사지내는 단을 쌓을 때는 원형으로 쌓고 땅에 제사를 지내는 단은 사각형으로 쌓아 황제는 하늘에 제사를 지내지만 황제 이하 왕은 땅에 제사를 지낸다.

복희와 여와는 함께 인두사신(人頭蛇身)으로 그려져 있다. 고대에 뱀은 지혜를 상징하며, 뱀이 허물을 벗고 새로 탄생하는 것은 1년과 순환반복을 의미한다. 여와는 창세의 여신으로도 알려져 있고 『강감금단(綱鑑金丹)』[178]에는 태호가 죽은 뒤 여동생 여와가 임금이 되었다고 나와 있다.

---

176 비단에 쓴 글. 또는 글이 쓰인 비단.
177 천원이란 하늘이 원형이고 지방이란 땅이 정사각형이라는 사상.
178 송(宋)나라 사마광(司馬光) 저.

복희여와도(伏羲女媧圖)

(출처: 중국국립중앙박물관)

(2) 염제신농(炎帝神農)

염제신농씨(炎帝神農氏)는 5200년대 제8대 안부련(安夫連)환웅 때의 농
경(農耕)과 동양의학(東洋醫學)의 창시자이다.

『사기』에서는 신농씨의 8대 530년의 통치 기간을 헌원(軒轅)과 하나로
묶어서 기록하였다. 신농(神農)은 소전(少典)의 자식이지만 『국어(國語)』「진

어(晉語)[179]에서 친형제로 기록한 이후 헌원(軒轅)의 동생으로 나올 때가 많다. 『사기』에서 헌원을 중원의 화하족(華夏族) 시조(始祖)의 정점(頂點)으로 삼으면서 헌원과 대립했던 주변의 족속을 낮추어 공격해 복속시킨 것으로 묘사했다.

배달국 문화의 3대 영웅인 염제신농씨(炎帝神農氏)는 동이족(東夷族) 출신으로 섬서성에 자리 잡으면서 화하족(華夏族)의 대표격으로 변하였고, 베트남(越南)에서는 국조(國祖)로 추앙을 받고 있다.

중국에서는 신농씨를 우두인신(牛頭人神)으로 묘사하고 있다 신농씨가 최초로 농사에 소를 이용했다고 전해지고 있기 때문이다. 신농씨는 일일이 수백 가지의 풀을 맛보아 하루에 70번이나 중독이 되었으나 그때마다 독을 풀어내는 풀을 먹고 해독했다고 한다.

화덕(火德)을 베풀어 백성들이 불을 사용하는 문화를 실생활에 적용하게 함으로써 불의 사용을 조절할 수 있게 했다. 열산으로 이주해 시장(市場)을 열어 교역을 하도록 하면서 태양이 머리 위에 떴을 때 시장이 서고 태양이 지기 전에 끝나도록 해서 시장경제(市場經濟)의 시초(始初)를 닦기도 했다.

신농씨(神農氏)는 복희씨(伏羲氏)의 가르침을 계승하였다. 복희씨는 8괘를 만들고 신농씨는 64괘를 풀었다. 농사를 짓기 편하게 소를 농경에 이용하여 농법(農法)을 개량하고 절구 등 각종 농기구를 만들었으며 쌀, 보리, 조, 콩, 기장 등 오곡의 파종법(播種法)을 개량하였다. 달력을 만들고 우물을 파서 농경에 이용하였다. 신농씨는 고시씨(高矢氏)의 방계 후손으

---

179 『국어』는 춘추시대를 주도한 '춘추5패'와 이들을 뒷받침한 군신들의 활약을 기술한 책으로 「주어(周語)」, 「노어(魯語)」, 「제어(齊語)」, 「진어(晋語)」, 「정어(鄭語)」, 「초어(楚語)」, 「오어(吳語)」, 「월어(越語)」로 구성되어 있다.

로 고시씨가 계량한 농법을 정리하고 이용한 것으로 보인다. 아직도 시골에서 어르신들이 "고시레" 하며 음식의 한 부분을 떼어 밭으로 던지는 풍습을 이어 오는 것은 식사 전 고시씨에게 감사를 드리고 고시씨에게 예를 표하는 것에서 유래한 것이다.

신농씨는 복희씨의 터를 이어 받아 신농국(神農國)을 세웠다. 신농씨는 강수에서 태어나 강씨(姜氏)성을 썼으며 강씨성은 지금까지 현존하는 최초의 성씨(姓氏)이다. 상(商)나라를 멸하고 주(周)나라를 세우는 공을 세운 강태공(姜太公)도 염제신농씨의 후손이라고 기록되어 있다.

(3) 치우천왕(蚩尤天王)

치우천왕(蚩尤天王)은 신시배달국(神市倍達國)의 14대 환웅이다. 초대 거발한환웅은 신시(神市)에 수도를 정했고 치우천왕 때에 와서 청구(靑邱)[180]로 수도를 천도하여 산동성 회대(淮岱)[181]로 옮겼다. 치우천왕을 치우씨(蚩尤氏)라고 하며 청구씨(靑邱氏)는 수도를 옮긴 뒤에 부른 별칭이다.

『규원사화(揆園史話)』[182]에 "초대천왕(初代天王)은 신시(神市)에 도읍(都邑)을 정하고 치우(蚩尤)는 청구(靑邱)로 도읍을 천도하였다. 청구는 산동성 회대(淮岱) 일대로 회수와 태산을 전부 영토로 삼았다"라고 했다.

---

180 청구(靑邱)는 우리나라의 별칭이다. 청구를 사용한 서명(書名)으로 조선전기 김종직(金宗直)이 편찬한 시집인 『청구풍아(靑丘風雅)』가 있고 영조 때 김천택(金天澤)이 조선의 민요를 수집한 『청구영언(靑丘永言)』이 있으며, 김정호가 그린 조선의 지도를 '청구도(靑丘圖)'라고 했던 것을 찾아볼 수 있다.

181 회수(淮水)와 대산(岱山) 사이. 대산(岱山)은 태산(泰山)이다.

182 1675년에 북애자(北崖子)가 저술하였다는 역사서 형식의 사화(史話)로, 상고시대와 단군조선의 임금에 대해 상세하게 기술되어 있다.

치우씨(蚩尤氏)를 묘사한 그림
(출처: 중국 한나라 고대 벽화)

산해경(山海經)에는 청구(靑邱)에 꼬리가 9개 달린 여우인 구미호(九尾狐)가 산다고 했는데, 구미호(九尾狐)는 구이족(九夷族)을 상징하는 말이다.

치우씨는 화하족(華夏族)의 시조(始祖)인 황제헌원(黃帝軒轅)과 동이족(東夷族)인 치우천왕(蚩尤天王)이 10년간 73번 싸웠기 때문에 문자를 사용한 중국의 기록에 헌원의 상대로 기록되어 있다. 헌원은 지남거(指南車)를 발명하고 돌화살과 돌팔매로 치우천왕과 전쟁을 했으며 치우천왕은 청동(靑銅)으로 만든 무기와 갑옷으로 무장하고 헌원의 부대를 학살했다. 치우와 헌원의 마지막 전투인 탁록대전(涿鹿大戰)에서는 돌절굿공이가 피에 떠내려갈 정도로 많은 수가 희생됐다고 한다.

탁록(涿鹿)은 중국의 북경 서북 방향인 산서성 운성시로 헌원의 주 근거지였으며 전통적으로 요(堯), 순(舜), 우(虞)가 기반한 곳이다.

헌원은 염제신농(炎帝神農)이 세운 신농국(神農國)의 제후로 있었고 신농국은 신농의 8대(代) 후손(後孫) 유망(楡罔)의 치세에 쇠퇴(衰退)의 길을 걸었다. 이때 치우가 서방으로 출정하여 모든 제후들을 정벌하고 유망이 다스리던 신농국(神農國)의 수도 공상(空桑)을 함락하였다. 유망의 제후(諸侯)였던 공손헌원(公孫軒轅)은 치우의 입성 소식을 들은 뒤, 천자(天子)를 죽이고 자신이 천자가 되겠다는 야망을 품고 판천(阪泉)[183]에서 유망을 시해(弑害)한 후에 치우에 대항하여 전쟁을 시작했다.

전쟁의 원인을 살펴보면 태호복희씨(太皥伏羲氏)가 청구(靑邱)와 낙랑(樂浪)을 지나 진(震)땅에 이주하여 수인씨(燧人氏), 유소씨(有巢氏)와 함께 서쪽 땅에서 나라를 세웠다. 이 땅은 5대 태우의환웅(太虞儀桓雄)의 막내왕자인 태호복희씨(太皥伏羲氏)가 중원(中原)으로 이전하여 나라를 세우고 문화의 터전을 일구어오다가 신농씨(神農氏)가 그것을 물려받아 신농국(神農國)을 열어 배달국(倍達國)에 귀속돼 있었다. 신농씨는 '배달국(倍達國)이 나라의 뿌리이고 주체(主體)이다'라는 인식을 하고 있었다.

신농국(神農國)은 8대 유망(楡罔)에 이르러 정치력이 쇠약해졌다. 신농국의 여러 읍락에서 제후들이 서로 분쟁과 다툼을 하고 전쟁이 일어나 백성들의 삶이 어려워졌지만 유망(楡罔)은 해결할 능력도 의지도 없었다. 백성들의 세상살이가 힘들어진 것을 보고 치우천왕은 신농국을 정리하고 서방을 개척하려는 마음을 먹었다. 그런데 신농국 제후 중의 한 명인 헌원이 천자가 입성했다는 소식을 듣고는 천자를 물리쳐 자신이 천자로 등극하려는 생각에 역심을 품고 반란을 일으킨 것이다. 헌원은 신농국

---

183 상곡(上谷).

의 제후로 유망의 중심적 역할을 수행해 왔는데, 신농국이 멸망하자 유망을 죽이고 치우에게 직접 도전을 하였다.

사마천(司馬遷)은 『사기』에서 신농(神農)과 헌원(軒轅)을 동시대의 인물로 작성하였지만 신농(神農)은 5,100년 전(前)의 인물이고 헌원(軒轅)은 4,700년 전(前)의 인물로 당대(當代)의 인물이 아니다. 신농의 후손 유망(楡罔)이 헌원(軒轅)과 당대의 인물이며 실정을 거듭하다 치우에게 멸망당했다.

『사기』를 보면 중국의 뿌리인 삼황(三皇)을 제외하고 「오제본기(五帝本紀)」부터 시작한다. 삼황(三皇)이 모두 동이족(東夷族)이기 때문에 화하족(華夏族)의 시조(始祖)인 헌원으로 「오제본기(五帝本紀)」부터 시작한 것이다.

『사기』 「오제본기(五帝本紀)」에는 "천자(天子)인 염제신농(炎帝神農)이 쇠약해져 제후들이 서로 침벌(侵伐)하고 백성들에게 포악하게 굴었다. 신농씨가 제후들을 공격하려고 하자 제후들이 모두 헌원에게 귀의했고, 치우는 토벌할 수가 없었다. 헌원이 곰, 이리, 범을 길들여 판천(阪泉)의 들에서 염제와 세 번 싸운 끝에 뜻을 이루었다. 치우가 헌원의 명을 듣지 않고 난을 일으키자 탁록의 들에서 치우를 죽이고 천자로 등극했다"고 기록하고 있다.

헌원을 높이려다 보니 삼황(三皇)으로 받들던 신농씨조차 실정을 하고 포악해졌다는 모순이 발생하게 된 것이다.

사마천(司馬遷)이 쓴 『사기』에서 치우를 죽였다는 '금살치우(禽殺蚩尤)' 또한 여러 맥락을 볼 때 정황상 맞지가 않는다. 『사기』에 헌원은 전쟁 후 일생 동안 편하게 지내질 못하고 잠잘 곳을 이리저리 옮겨 다녔다고 쓰고 있다. 헌원(軒轅)은 항상 잠잘 곳도 정하지 못하고 병사들에게 지키도록 했고 제후들이 반란을 일으키자 치우(蚩尤)의 얼굴을 그려서 치우가 살아있다고 제후들에게 보여주며 반란을 진압했다고 했다. 헌원(軒轅)이

전쟁에서 승리했다면 평생을 쫓겨 다니지도 않고 치우가 다시 쳐들어 올까 봐 두려워하지도 않았을 것이다.

진한시대(秦漢時代)에 10월이 되면 치우에게 제사를 지냈고 치우능(蚩尤陵)에서 하늘로 붉은 기운이 뻗쳐올랐다고 한다. 진시황제(秦始皇帝)와 한고조(漢高祖) 유방(劉邦)은 전쟁(戰爭)의 신(神) 치우(蚩尤)에게 제사(祭司)를 지낸 뒤 전쟁에 임했다.

제(齊)나라는 팔신제(八神祭)에서 천주(天主), 지주(地主), 병주(兵主) 그리고 치우(蚩尤)에게 제사(祭司)를 지냈다. 당시 사람들은 치우가 전쟁에서 승리한 것을 알고 있었기 때문에 군신(軍神)으로 섬기고 제사를 모셨다. 치우가 전쟁에 패했으면 군신이 될 수도 없었고 제사도 지내지 않았을 것이다.

> 蚩尤는 古天子之呼
> 치우는 옛 천자의 호칭이다.
>
> -『사기』정의(正義)[184]

치우(蚩尤)는 천자(天子)의 위치에 있었다. 후한(後漢) 말기 조조(曹操)의 신하 채옹(蔡邕)[185]이『독단(獨斷)』이란 책에서 "천자(天子)는 동이(東夷)와 북적(北狄)에서 쓰는 호칭"이라고 했다. 중국의 역대 왕조에서는 주(周)나라 때 왕에게 천자(天子)라고 했다. 주(周)나라도 동이, 북적과 관계가 있는 것이다. 왕들에게도 직위가 있어서 천자(天子) 아래에 왕(王)이 있고

---

184 『사기정의(史記正義)』는 사기의 주석서로 당나라의 장수절(張守節)이 저술하였다. 『사기집해』, 『사기색은』과 함께 사기3가주(史記三家注)라 불리며 30권으로 이루어져 있다. 서문에 의하면 당나라(唐) 개원(開元) 24년(736년)에 저작되었다고 한다.

185 중국 후한의 학자, 문인, 서예가.

왕 아래에 공(公), 후(侯), 백(伯), 자(子), 남(男)의 작위를 두었다. 요(堯) 임금, 순(舜) 임금, 하(夏)나라, 상(商)나라는 모두 왕(王)의 호칭을 사용하였다. 주(周)나라가 상국(上國)이었기 때문에 춘추전국시대(春秋戰國時代)에 제후국(諸侯國)들은 왕의 호칭을 사용하지 못하고 공(公)을 사용하였다. 초(楚)나라와 월(月)나라가 왕을 참칭(僭稱)[186]하다가 멸망당했다.

치우천왕이 사용했다는 동두철액(銅頭鐵額)[187]은 금속제병기(金屬製兵器)를 사용한 것을 말한다. 고고학적 유적에도 청동기의 사용을 보면 남부 시베리아와 몽골초원에서는 기원전 3500년 전에 제작된 청동기가 발견되는 반면, 중국에서는 기원전 3100에서 2700년에 이르는 마자야오 문화(馬家窯文化) 유적에서 최초의 청동기가 발견되며 그때부터 청동기시대(靑銅器時代)에 접어들었다고 할 수 있다.

　而葛盧之山發而出水 金從之, 蚩尤受而制之 以爲劍 鎧 矛 戟

　갈로산에서 물이 흘러 나올 때 쇠가 따라 나왔다. 치우가 이를 받아서 칼, 갑옷, 창, 삼지창 등을 만들었다.

　雍狐之山發而出水 金從之, 蚩尤受而制之 以爲雍狐之戟 芮戈

　옹호산에서 물이 나올 때 쇠가 나오므로 치우가 이를 제련하여 옹호극이라는 창과 예과라는 창을 만들었다.

　故天下之君頓戟一怒, 伏尸滿野,

　천하의 임금이 창을 가지런히 하여 한 번 노하니 널부러진 시체가 들판에 가득하였다.

　　　　　　　　　　　　　　　　　　　　　　- 『관자(管子)』[188]

---

186 멋대로 분수에 넘치게 스스로 임금이라 이름. 또는 그 칭호.
187 구리로 된 머리와 쇠로 된 이마. 구리로 된 투구를 쓴 것으로 추정된다.
188 춘추시대(春秋時代) 제(齊)나라의 재상 관중(管仲)이 저작한 책.

춘추시대(春秋時代) 제(齊)나라의 재상 관중(管仲)도 치우가 금속병기를 사용해 헌원과의 전쟁에서에 승리했다는 기록을 하고 있어『사기』의 기록과 배치된다.

동양에서 전쟁의 신으로 알려진 치우는 북유럽 전쟁의 신의 이름에도 등장해서 북방(北方)의 기마민족(騎馬民族)을 통해 그 이름이 전달되었을 것으로 추측되고 있다. 서양의 북유럽신화에서 노르딕의 전쟁의 신이자 불의 신을 '찌우'라고 한다. 고대 게르만족의 방언으로 전쟁의 신 '찌우'는 가장 높은 천신(天神)이며 뿔 달린 투구를 썼고 북유럽 켈트족의 전쟁의 신 이름은 '티우'라고 한다. 바이킹도 소머리 뿔이 장식된 투구를 쓰고 있어 치우의 동두철액이 전해진 것으로 추측된다. 우리말의 '우두머리'는 소뿔머리 투구를 쓴 치우천왕에서 유래한 것으로 고구려 장수들의 투구는 어김없이 뿔이 장식되어 있다.

헌원(軒轅)이 동이(東夷)의 땅 산동성 곡부 아래 수구에서 치우에게 반역하여 치우가 81명의 장수를 보내 10년간 76번 전쟁을 하였다. 치우는 탁록(涿鹿)에서 헌원에게 군신관계(君臣關係)를 맺고 운사직(雲師職)을 하사한 후 장안유역으로 유배(流配)를 보냈다.

기원전 27세기경이 헌원이 동이(東夷)에서 분가해 나가 화하족(華夏族)으로 독립한 시기다. 기원전 2205년에 하(夏)나라가 장안을 중심으로 개국(開國)하여 동이와 결별하였다.

치우와 헌원의 전쟁이 끝난 뒤 치우가 다스리는 구이(九夷)는 동쪽 평야지대(平野地帶)를 차지하고 헌원은 장안유역의 고원지대(高原地帶)로 쫓겨 갔다. 헌원이 다스리는 고원지대는 훗날 중원(中原)이 되었다. 고원지대로 쫓겨난 헌원은 아직 신석기문화를 벗어나지 못한 화하족(華夏族)을 교화하고 문명을 전하였다. 화하족(華夏族)은 5천여 년 전에 중앙아시아에서 중원으로 들어온 인도이란어계의 민족이다. 화하족의 언어는 중원 지방의 원주민과 혼혈이 되면서 토착어와 결합하여 중국어가 되었다.[189] 헌원은 화하족을 지배하기 위해 치우의 스승이었던 자부선생(紫府先生)에게 정치를 하는 법과 천하를 다스리는 법을 배워 정사를 잘 펼쳤다. 황제헌원(黃帝軒轅)이 동방신교문화(東方神敎文化)를 배웠다는 기록이 『대변경(大辯經)』과 『포박자(抱朴子)』에도 있다.

자부선인(紫府仙人)은 배달국 국사(國師)로서 치우의 스승이다. 청구씨(靑邱氏)는 신선의 도(道)로 법(法)을 세워서 사람들에서 천하를 나누어 다스리는 법을 가르쳤다. 황제헌원(黃帝軒轅)이 자부선인(紫府仙人)을 만나러 왔다.

　　　　　　　　　　　　　　　　　　　　　- 『대변경(大辯經)』[190]

昔黃帝東到青丘 過風山 見紫府先生 受三皇內文

황제헌원이 동쪽으로 청구에 도착해서 자부선생을 만나 삼황내문을 받았다.

　　　　　　　　　　　　　　　　　　　　　- 『포박자(抱朴子)』[191]

삼묘족(三苗族)은 섬서성 돈황에서 내려와 산동성 쪽으로 치우와 함께

---

189 고마츠 히사오, 『중앙유라시아의 역사』, 소나무, 2005.

190 『대변경(大辯經)』은 '환국-신시-삼한'에서 유래한 고유 3수 원리에 대한 철학적 고찰이자 고대 역사를 3수 원리로 설명하고 있는 역사 경전이다.

191 중국 동진(東晋, 317~419) 시대 학자인 갈홍(葛洪)이 동한(후한) 때의 위백양(魏伯陽)이란 사람이 220년쯤에 저술한 『주역 삼동계』에서 전개한 역(易)의 이론에 신선도(神仙道)의 이론과 방법을 확립시켜 저술한 내용으로 도교에서 춘추전국시대 이후 전해 내려오는 신선에 관한 이론을 집대성한 책이다.

이동해 왔다. 묘족이 남쪽으로 내려온 것을 이유로 들어 요(堯)임금이 동방(東邦)과 단절하고자 했으나 요(堯)의 아들 단주(丹朱)가 동이족(東夷族)과 화하족(華夏族)의 경계를 없애고 대동세계(大同世界)를 열려고 하였다. 이 때문에 요(堯)가 순(舜)에게 왕의 자리를 이양했다. 순(舜)임금은 단주를 회수 이남으로 귀양을 보냈고 묘족(苗族)이 단주를 받들어 반란을 일으켰으나 대패하고 핍박을 받았다. 하(夏)나라를 세운 우(禹)임금 때도 핍박을 받고 쫓겨 중국 남부의 산지와 동남아시아로 이동하였다.

묘족은 여자들이 입는 옷 색깔에 따라 5묘(苗)로 분리되며 흑묘(黑苗), 청묘(靑苗) 백묘(白苗), 황묘(黃苗), 적묘(赤苗)가 있다. 이중 흑묘(黑苗)가 한족에게 가장 반대하여 청(淸)나라 때까지 독립운동을 하였다. 순(舜) 임금 이후 묘(苗)족은 무참히 학살당하고 문자도 잃어버렸지만 민족의 명맥을 유지한 채 지금에 이르고 있다.

묘족(苗族)은 치우(蚩尤)를 자신들의 조상(祖上)으로 모시고 있다. 묘족은 치우천왕을 소머리로 대체해서 숭상하는데, 이는 치우천왕이 소뿔 모양의 동두철액(銅頭鐵額)을 쓰고 있기 때문이다. 묘족(苗族)은 매 7년과 13년마다 전부락(全部落)이 모여서 손을 잡는 행사를 열고 있다. 묘족은 혈통이 우리와 가까운 것으로 알려져 있으며 인구는 한(漢)족 다음으로 많고 대부분 양자강 이남에 분포하고 있다.

千古奇才橫空贤 천고의 세월 영웅 치우천왕을
可堪幷论炎黄间 염제와 황제와 더불어 이야기 하리니
五兵刑法君始点 다섯 가지 무기와 형과 법이 치우로 시작했으니
九黎生气冲云天 구리 백성 사기는 하늘을 찌르고도 남는도다
席卷中原华夏联 염제와 황제를 누르고 중원을 석권하니

血染江河五千年 5천 년 강물을 피로 물들였네.

英名不因涿鹿敗 영웅의 이름이 탁록 패전으로 말미암지 않으니

老黑石山百花鮮 흑석산 온갖 꽃들 여전히 붉네

묘족은 이와 같은 치우만가(蚩尤挽歌)를 전승해 왔으며, 해마다 음력 10월이면 치우에게 제사를 지낸다.

치우천왕은 씨름의 원조이다. 씨름의 유래를 살펴보면 씨름은 한국 고유의 운동으로 두 사람이 샅바나 바지허리춤을 잡고 힘과 슬기를 겨루어 상대방을 넘어뜨리는 경기이다.

씨름과 비슷한 경기는 몽골, 일본, 중국, 베트남을 비롯해 중앙아시아, 북유럽 등 세계 각지에 분포해 있으며 외부로부터 자신을 보호하고자 사용했던 기술이 체계화되면서 고대시대부터 이어져 온 것으로 본다. 한자로는 상박(相撲), 각저희(角觝戲), 치우희(蚩尤戲)라 하며 중국에서는 고려기(高麗伎) 또는 요교(僚狡)라고도 한다.

『후한서(後漢書)』에서는 "한(漢)나라 황제가 부여왕(夫餘王)이 알현을 오자 축하하는 의미에서 피리를 불고 씨름과 유사한 각저희(角觝戲)를 행하였다"고 전한다. 4세기 무렵에 지어진 것으로 추정하는 만주의 고구려 고분(古墳) 각저총(角觝塚)과 5세기 무렵에 지어진 것으로 보는 장천 1호 무덤에는 씨름하는 모습을 묘사한 그림이 있다. 따라서 고구려 때의 씨름은 이미 삼국시대 이전부터 있었던 것으로 보인다. 4,500년 전의 수메르 씨름상은 샅바를 잡고 있어 상고시대 중앙아시아에도 씨름과 비슷한 경기기 널리 퍼져 있었음을 알 수 있다.

하북성 탁록(涿鹿)에 가면 중화삼조당(中華三祖堂)이라는 건물이 있다. 중국인들은 한결같이 자신들을 유일조상 황제의 자손(黃帝之孫)으로 주

장해왔었는데 이제는 염제신농, 황제헌원, 치우천왕을 합쳐 염제, 황제, 치우 삼조의 자손(炎黃蚩之孫)이라고 하고 있다.

중국에서 3황(三皇)으로 알려진 태호복희씨(太皞伏羲氏), 염제신농(炎帝神農氏), 황제헌원(黃帝軒轅)[192]은 모두 동이족(東夷族)이다. 5제(五帝)로는 소호금천(少昊金天), 전욱고양(顓頊高陽), 제곡고신(帝嚳高辛), 제요도당(帝堯陶唐),[193] 제순유우(帝舜有虞)[194]를 들며 혈통적(血統的)으로 5제도 모두 동이족(東夷族)이다. 중국의 사서들도 삼황오제(三皇五帝)가 천자국 배달에서 온 것을 인정하고 있다.

태호복희씨(太皞伏羲氏)는 동이족이며 몸은 사람, 다리는 뱀의 형상인 것으로 묘사하고 있다. 뱀은 동서양에서 지혜와 부활의 신으로 시간의 질서를 관장한다. 염제신농씨(炎帝神農氏)는 동이족인 유웅국 출신이며 머리는 소, 몸은 사람의 형상을 한 농업의 신으로 숭상받고 있다. 치우씨(蚩尤氏)는 서방을 개척하고 환단고기 신시본기에서 배달국 주변 구이국을 1년 만에 정벌하고 신농국의 수도 공상에 들어가 12제후국을 함락한 뒤 중원의 중심국으로 만들었다. 신농국이 어지러워지게 되어 유망(楡罔)을 쳐부수고 소호금천씨(少昊金天氏)를 패배시켰다. 치우의 얼굴은 전쟁에 쓰는 무기와, 나쁜 기운과 귀신을 물리칠 때도 사용되며, 수호신을 상징한다. 헌원이 호랑이를 잡아먹는 백태라는 동물을 만나 1만 2천 종의 귀신을 부리는 능력을 배워 귀신부대를 이용했으나 치우는 귀신을 물리쳤기 때문이다.

사마천의 『사기』도 삼황(三皇)은 뿌리가 배달국이기 때문에 동이의 실

---

192 유웅국(有雄國) 출신.
193 요임금.
194 순임금.

체가 드러나서 화하족과 함께 어울리던 오제(五帝)본기(本紀)부터 시작하
고 있다.

[별지] 황제헌원(黃帝軒轅)

헌원(軒轅)은 동이족(東夷族) 출신으로 화하족(華夏族)의 땅으로 유배를 가서 화하족을 교화(敎化)시켰다. 헌원이 동이족과의 뿌리를 끊고 화하족의 시조(始祖)가 된 것이다. 사마천(司馬遷)이 쓴 『사기』에 헌원에 대한 기록이 있는 덕분에 신시(神市倍達國)의 14대 환웅 치우천왕(蚩尤天王)이 역사에 등장하고 신시배달국의 존재가 입증되었다. 그래서 사마천이 쓴 『사기』에 나오는 황제헌원에 대한 기록을 별지로 작성해 보았다.

黃帝者 少典之子 姓公孫 名曰軒轅。生而神靈 弱而能言 幼而徇齊 長而敦敏 成而聰明。軒轅之時 神農氏世衰。諸侯相侵伐 暴虐百姓 而神農氏弗能征 於是軒轅乃習用干戈 以征不享 諸侯咸來賓從。而蚩尤最爲暴 莫能伐

炎帝欲侵陵諸侯 諸侯咸歸軒轅。軒轅乃修德振兵 治五氣 藝五種 撫萬民 度四方 敎熊敎熊羆貔貅貙虎 以與炎帝戰于阪泉之野 三戰 然后得其志

蚩尤作亂 不用帝命 於是黃帝乃征師諸侯 與蚩尤戰於涿鹿之野 遂禽殺蚩尤。而諸侯咸尊軒轅爲天子 代神農氏 是爲黃帝. 天下有不順者 黃帝從而征之 平者去之 披山通道 未嘗寧居

東至于海 登丸山 及岱宗. 西至于空桐 登雞頭. 南至于江, 登熊湘. 北逐葷粥 合符釜山 而邑于涿鹿之阿. 遷徙往來無常處 以師兵爲營衛. 官名皆以雲命 爲雲師. 置左右大監 監于萬國. 萬國和 而鬼神山川封禪與爲多焉. 獲寶鼎 迎日推筴. 擧風后力牧常先大鴻以治民. 順天地之紀 幽明之占 死生之說 存亡之難. 時播百穀草木 淳化鳥獸蟲蛾 旁羅日月星辰水波土石金玉 勞勤心

力耳目 節用水火材物. 有土德之瑞 故號黃帝

黃帝二十五子 其得姓者十四人. 黃帝居軒轅之丘 而娶於西陵之女 是爲嫘
祖 嫘祖爲黃帝正妃 生二子 其後皆有天下:其一曰玄囂 是爲靑陽 靑陽降居江
水;其二曰昌意 降居若水. 昌意娶蜀山氏女 曰昌僕 生高陽 高陽有聖德焉.
黃帝崩 葬橋山. 其孫昌意之子高陽立 是爲帝顓頊也

황제(黃帝)는 소전(少典)의 자손으로 성을 공손(公孫), 이름은 헌원(軒轅)
이라 불렀다. 태어나면서부터 신령스러웠다. 태어난 지 얼마 되지 않아서
말을 했다. 어려서는 영리하였고, 성장하면서는 성실하고 민첩했으며, 장
성해서는 총명했다.

헌원 때는 신농씨(神農氏)가 쇠약해져 제후들이 서로 침략 정벌하고 백성
들에게 포학하게 굴었으나 신농씨는 정벌할 수 없었다. 이에 헌원은 창과
방패의 사용법을 익혀서 조공하지 않는 제후들을 정벌하니 모두 신하로
복종했다. 그러나 포악한 치우(蚩尤)는 토벌할 수가 없었다. 염제(炎帝)가 제
후들을 치려고 하자 제후들이 모두 헌원에게 귀의했다. 헌원은 덕을 닦고
군대를 정비하였다. 오행(五行)의 기운을 다스리고 다섯 가지 곡식을 심어
만민(萬民)을 어루만지고 사방(四方)을 헤아렸다. 곰, 큰 곰, 비휴, 이리, 범을
길들여 판천(阪泉) 들에서 염제와 세 번 싸운 끝에 뜻을 이루었다.

치우가 황제의 명을 따르지 않고 난을 일으키자 황제는 제후들의 군사
를 징발해 탁록(涿鹿)의 들에서 치우와 싸워 마침내 치우를 잡아 죽였다.
제후들이 모두 헌원을 천자로 받들어 신농씨를 대신하게 하니 이가 황제
이다. 천하에 불순(不順)하는 자가 있으면 황제가 좇아가 이를 정벌하고,
평정하고는 떠났다. 산을 열어 길을 내느라 편하게 지내지 못했다.

동쪽으로 가서 바닷가에 이르러 환산(丸山)과 대종(岱宗)에 올랐다. 서
쪽으로 가서 공동(空桐)에 이르러 계두산(鷄頭山)에 올랐다. 남쪽으로 가

서 장강(長江)에 이르러 웅산(熊山)과 상산(湘山)에 올랐다. 북쪽으로 가서 훈육(葷粥)을 내쫓았다. 부산(釜山)에서는 제후들을 소집시켜 부절(符節)을 확인했다. 그리고 탁록의 언덕에 도읍을 정했지만 옮기고 오가는 데 정해진 곳이 없었고, 병영을 짓기 위해 군대를 부리고 지켰다. 관직 이름에는 모두 구름 '운(雲)' 자를 넣어 지었고 군대도 '운사(雲師)'라 했다. 좌우 대감(大監)을 두어 만국을 감독했다. 만국이 화평해졌으나 귀신과 산천, 하늘과 땅에 제사 드리는 일이 많아졌다. 보정(寶鼎)과 시간을 계산하는 신책(神策)을 얻었다. 풍후(風后), 역목(力牧), 상선(常先), 대홍(大鴻)을 추천하여 인민을 다스렸다. 하늘과 땅의 법칙을 따르고 음양을 예측했다. 삶과 죽음, 존망의 이치를 살폈다. 때에 맞게 갖은 곡식과 풀과 나무를 심고, 금수와 곤충을 길들였다. 해와 달, 별과 물, 흙과 돌, 금속과 옥을 두루 살폈다. 몸과 마음을 다하고, 잘 듣고 보았으며, 물과 불 그리고 재물을 아꼈다. 토덕(土德)의 상서로운 징조가 있었기 때문에 황제라 불렀다.

황제에게는 25명의 자식이 있었고, 그중 성을 얻은 자는 14명이었다.

황제는 헌원 언덕에 살면서 서릉족(西陵族)의 딸을 아내로 맞이하니 이가 누조(嫘祖)이다. 누조는 황제의 정비로서 아들 둘을 낳았는데, 그 후손 모두가 천하를 얻었다. 하나가 현효(玄囂), 즉 청양(靑陽)이다. 청양은 강수(江水)에 내려가 살았다. 둘째는 창의(昌意)로서 약수(若水)에 내려가 살았다. 창의는 창복(昌僕)이라는 촉산씨(蜀山氏)의 딸을 아내로 얻어 고양(高陽)을 낳았다. 고양에게는 성스러운 덕이 있었다. 황제가 세상을 뜨자 교산(橋山)에 장사를 지냈다. 그 손자, 즉 창의의 아들 고양을 세우니 이가 제전욱(帝顓頊)이다.

－『사기』, 「오제본기」 황제

화하족(華夏族)의 시조(始祖)인 황제헌원(黃帝軒轅)은 소전(少典)의 후대 자손으로 산동성 곡부 아래 수구에서 태어나고 자라 신농국의 제후가 되었다. 염제신농(炎帝神農)의 신농국은 8대 유망(楡罔)의 대에 이르러 혼란이 거듭되고 제후와 백성들의 다툼이 계속되었다. 치우천왕(蚩尤天王)은 신농국의 혼란을 타개하고자 군대를 이끌고 수도 공상(空桑)을 함락하였다. 유망의 제후였던 헌원은 치우를 없앤 뒤 천자가 되겠다는 역심을 품고 판천(阪泉)으로 도망 온 유망을 시해(弒害)한 후 치우와 10년간 73번의 전쟁을 치렀다. 탁록(涿鹿)벌판의 마지막 전투에서 치우에게 사로잡힌 헌원은 군신(君臣)의 예(禮)를 약속하고 장안지역으로 유배되었다. 헌원은 치우가 다시 쳐들어올까 두려워서 매일 잠자리를 옮겨 다니고 병사들로 지키게 하였다. 치우가 다시 쳐들어온다며 치우의 얼굴을 그린 초상화로 장안지역의 제후들과 백성들을 협박하고 달래어 반란을 진압했다.

　장안지역 일대에는 미개한 화하족(華夏族)이 살고 있어서 그들을 교화하여 동이(東夷)의 문화(文化)를 전하였다. 요(堯), 순(舜), 우(禹)를 거치며 화하족이 강성해져 하(夏)나라를 세우고 동이족을 지배하게 되자 화하족은 황제헌원(黃帝軒轅)을 시조로 모시고 헌원의 업적을 기리고자 헌원의 상대였던 염제신농(炎帝神農)과 치우천왕(蚩尤天王)을 배척하는 역사를 기술하였다. 그 책이 사마천(司馬遷)이 기술한『사기』이다.

제6장

단군의 삼조선

채용신이 그린 단군상

채용신은 조선후기의 초상화가로 고종의 어진을 비롯한 인물화를 많이 그렸다.

(출처: 위키미디어 커먼스)

조선의 개국

(1) 신화 속의 역사

신화(神話) 속에는 역사(歷史)의 진실(眞實)이 숨겨져 있다. 신화는 상징적인 복합체(複合體)로 문자가 없던 시대에 고대 영웅(英雄)들의 이야기와 건국(建國)의 이야기를 담고 있다. 신화적인 표현을 이용하여 그들의 이야기를 후세에 전달하려는 조상들의 지혜(智慧)가 담겨있는 것이다. 신화의 배경 속에는 역사가 숨겨져 있기 때문에 신화적 요소에서 그 속에 숨겨진 역사적 사실을 찾을 수 있다. 환웅과 단군, 곰과 호랑이의 신화적 배경 속에는 역사적 사실이 숨겨져 있다. 고대의 이야기는 신화로 전승(傳承)되어왔고 우리에게 무한한 영감을 주며 상상력을 불러일으킨다. 신화를 통해 상상력 발휘하고 인물과 문화와 역사를 밝혀내는 것이 역사학자의 임무(任務)이고 사명(使命)이다.

(2) 종교지도자 단군(檀君)과 통치자 왕검(王儉)

단군왕검(檀君王儉)은 한민족(韓民族)의 시조(始祖)이며 고조선의 국조(國

祖)[195]이다. '단군(檀君)'은 몽골어로 '하늘'을 뜻하는 '텡그리'에서 음차한 것이고 '왕검(王儉)'은 우리말의 '임금'을 음차한 것이다. 단군왕검은 고조선의 사제(司祭)이자 군장(君長)으로, 단군은 대제사장(大祭司長)의 의미를 담고 있으며 왕검은 국가를 통치하는 대군주(大君主)의 의미를 담고 있다. 즉, 단군왕검은 '무당임금님'이란 의미로 제정일치제사회(祭政一致制社會)의 최고지도자이다. 신채호(申采浩)[196]는 단군이 고조선 사회에서 천신(天神)을 모시고 하늘에 제사를 지내는 사제(司祭) 또는 제사장(祭司長)으로 무당을 단군이라고 불렀고 지금도 전라도 지방에서는 무당을 두고 '당구리'라고 한다고 했다. 또한 단(檀)을 제단(壇)의 다른 표현이라 하여 단군(檀君)을 '단군(壇君)'으로 표기할 것을 주장하기도 했다. 단군은 조선을 구성하는 다양한 민족(民族)들이 동북아시아에 분포하며 영토를 개척할 때, 하나의 이념으로 천신(天神)을 모시던 공통신앙의 대상이었다.

(3) 조선의 건국

단군이 조선(朝鮮)을 개국한 시기는 기원전 24세기경으로 건국한 연대에 대해서 다음의 3가지 설이 존재한다.

첫째는 여고동시(與高同時)로 요임금이 당나라를 건국한 갑진년(甲辰年)인 기원전 2357에 건국하였다는 설이다. 1287년 고려 시대의 학자 이승휴(李承休)가 충렬왕 13년에 지은 『제왕운기(帝王韻紀)』에서 이같이 기록하고 있다. 『환단고기』「단군세기」에는 "단군왕검이 14세에 어머니 웅씨녀

---

195 나라의 시조(始祖).
196 한국의 독립운동가이자 사회주의적 무정부주의 사학자이다.

의 대읍(大邑)국에서 국왕의 비서처럼 비왕(裨王)이 되어 국가운영에 관한 훈련하였다"고 기록하고 있다.

둘째는 요임금 25년 무진년(戊辰年)인 기원전 2333년에 건국하였다는 설로 1484년 조선 세조 때 서거정과 훈구파들이 중심이 되어 만든 『동국통감(東國通鑑)』과 1666년 조선 현종 때 홍만종(洪萬宗)이 쓴 『해동이적(海東異蹟)』 등에 기록되어 있다. 『환단고기』 「단군세기」에도 단군이 무진년(戊辰年)에 조선을 건국한 것으로 기록되어 있다.

셋째는 요임금 50년이자 계사년(癸巳年)인 기원전 2308년으로 일연이 쓴 『삼국유사』에서 『고기(古記)』를 인용한 해이다. 『삼국유사』에서 일연은 『고기(古記)』에 기록된 요임금 50년은 경인년(庚寅年)이 아니라 정사년(丁巳年)이라고 주석을 달았지만 정사년(丁巳年)은 요임금 50년이 아니라 단군 제위 50년이다. 일연도 틀리게 주석을 단 것이다.

따라서 단군이 건국한 해는 무진년(戊辰年)인 기원전 2333년이 맞는다고 하겠다.

단군을 신화적인 존재로 여겨 왔지만 중국에서는 단군왕검의 실존(實存)을 간접적으로 증명하는 유적들이 발견되었다. 단군왕검과 동시대(同時代)에 집권하고 신화 속의 존재로만 전해져 오던 요(堯)임금의 왕도인 도사(陶寺)유적이 산서성(山西省)에서 발견되었고 하(夏)나라의 존재를 확인시켜 주는 이리두유적(二里頭遺跡)이 하남성(河南城)에서 발견되었다. 중국에서 신화(神話)로만 존재한다고 여겨졌던 국가들의 실존했다는 유적(遺蹟)이 발견된 것이다. 그리고 우리에게도 신화로만 존재한다고 여겼던 단군조선의 유적(遺蹟)도 요하지역(遼河地域)에서 발견되었다.

(4) 문헌(文獻)을 통해 본 단군에 대한 인식

단군왕검(檀君王儉)은 아사달(阿斯達)에 도읍을 정하고 조선을 건국했는데 요(堯)임금과 같은 때인 여고동시(與高同時)였다.

- 일연, 『삼국유사』, 「기이」 고조선조

평양(平壤)은 본래 선인왕검(仙人王儉)이 살던 곳이다.

- 김부식, 『삼국사기』, 「고구려본기」, 동천왕조

우리 동방(東邦)의 개국(開國)은 단군(檀君)으로부터 시작되었다.

- 『조선왕조실록(朝鮮王朝實錄)』「정조(正祖)」

동방에 최초의 군장(君長)으로 신인이 단목 아래로 내려오자 국인(國人)[197]이 세워서 임금으로 삼았다. 이분이 바로 단군(檀君)이며 국호(國號)는 조선(朝鮮)이고 이때는 바로 당요(唐堯) 무진년(戊辰年)이다.

- 『동국통감(東國通鑑)』[198]

평안남도(平安南道) 강동현(江東縣) 서쪽 3리에 둘레 410자나 되는 큰 무덤이 있는데 단군묘(檀君墓)라 한다.

- 『신증동국여지승람(新增東國輿地勝覽)』[199]

---

197 백성.

198 조선 세조의 지시에 따라 단군조선에서 고려 말까지의 역사를 편년체로 기록한 사서이다. 총 56권 28책.

199 조선의 대표적인 관찬지리서. 1481년(성종 12년)에 편찬된 『동국여지승람(東國輿地勝覽)』을 증수하여 1530년(중종 25년) 편찬하였다. 지리적인 면뿐만 아니라 정치·경제·역사·행정·군사·사회·민속·예술·인물 등 지방 사회의 모든 방면을 다룬 종합적 성격을 지닌 백과사전식 서적이다.

평양감사에게 강동(江東)의 대박산(大朴山) 단군묘(檀君墓)를 보수, 수리하고 봄, 가을에 제사를 지내는 것을 관습화하라 명하였다

-『조선왕조실록』숙종, 영조

강동현(江東縣) 박달곶촌이라는 마을에 단군릉(檀君陵)으로 보이는 무덤이 있다

-『고려사 지리지(高麗史 地理志)』200

5세 구을단군(丘乙檀君)) 제위 16년 정축년(丁丑年)201 7월 남쪽으로 순행하여 풍류강(風流江)을 답사하고 송양(松壤)에 이르러 병을 얻어서 돌아가시니 대박산(大博山)에 장사하였다.

-『환단고기』,「단군세기(檀君世紀)」

고구려(高句麗), 백제(百濟), 신라(新羅)에서 단군왕검을 어떻게 인식하고 있었는지는 기록이 남아있지 않아서 알 수가 없다. 『삼국사기(三國史記)』「고구려본기(高句麗本紀)」에서 동천왕(東川王) 때 평양(平壤)이 선인왕검(仙人王儉)이 살던 곳이라고 한 기록뿐이다. 단군은 고려 말, 대몽항쟁(對蒙抗爭) 시기에 주목받기 시작하여 조선 시대부터 본격적으로 국조(國祖)로 추앙되었다. 세종 때에는 평양에 단군과 동명왕(東明王)을 모신 사당(祠堂)을 지어 국가적으로 제사를 올렸고 환인(桓因), 환웅, 단군의 신주를

---

200 『고려사(高麗史)』는 고려시대를 다룬 대표적인 사서로 1451년(조선 문종 원년)에 정인지(鄭麟趾)·정창손(鄭昌孫) 등에 의해 편찬된 고려왕조의 통사이다. 『고려사 지리지(高麗史 地理志)』는 『고려사』 중에서 고려시대 군현을 행정적 상하관계에 따라 배치한 후 그 연혁의 변화를 종합적으로 정리한 것이다.

201 기원전 2092년.

모신 삼성당(三聖堂)과 삼성사(三聖祠)를 황해도 문화현 구월산에 만들기
도 했다.

평양시 강동군 대박산(大朴山)기슭에 있는 단군묘(檀君墓) 1947년대 모습
(출처: 대전국립문서보관소)

(5) 단군왕검의 탄생과 즉위

고기(古記)에서 전하기를 왕검의 아버지는 단웅(檀雄)이고, 어머니는 웅
씨(熊氏) 왕(王)의 딸이며 신묘년(辛卯年) 5월 2일 인시에 단수(檀樹) 아래에
서 태어났다. 신인(神人)의 덕(德)이 있어서 원근(遠近)의 사람들이 두려워
하고 복종하였다. 나이 14세 되던 갑진년(甲辰年)에 웅씨의 왕은 그가 신
성(神聖)하다는 말을 듣고 비왕(裨王)으로 삼아 대읍(大邑)의 국사(國事)를
섭행(攝行)[202]하게 했다. 무진년(戊辰年) 당요(唐堯)때에 단국(檀國) 아사달

---

202 일이나 통치 따위를 대신 행함.

(阿斯達)의 단목 터에서 국인(國人)[203]들이 추대하여 천제(天帝)의 아들이라 하였다. 9환(九桓)이 하나로 통일되고 신(神)과 같은 교화(教化)가 멀리미치게 되어 단군왕검(檀君王儉)이라 하였다. 비왕(裨王)의 지위 24년, 제위 93년, 수명은 130세였다고 한다.

- 『단군세기(檀君世紀)』

13세 사와라환웅(斯瓦羅桓雄) 때 웅씨녀의 후에 여(黎)를 처음으로 단허(檀墟)국 왕검으로 봉했다. 덕을 베풀고 백성을 사랑하여 영토가 점차 커져서 여러 국가의 왕검들이 방물(方物)을 바쳤고 귀화한 자가 천여 명을 헤아렸다. 이후 460년 뒤에 신인(神人) 왕검이 백성들의 신망을 크게 얻어 비왕(裨王)이 되었다. 섭정을 한지 24년 만에 웅씨(熊氏)의 왕이 전쟁에서 붕(崩)하자 왕검이 그 자리를 대신하고 9환(九桓)을 통일하니 바로 단군왕검이다.

- 『환단고기』, 「태백일사」 삼한관경본기(三韓管境本紀)

위 기록들을 보면 신석기시대에서 청동기시대의 부락이나 도시국가의 지도자를 왕검(王儉)이라 했고 여러 왕검이 있었다는 사실을 알 수가 있다. 단군왕검(檀君王儉)은 어머니 웅씨녀의 영토를 이어받아 왕검이 된 후에 점차 영토를 넓히고 9개 민족을 통일하여 단군왕검이 되었다.

---

[203] 백성. 그 나라 사람.

(6) 단군왕검의 네 아들

단군에게는 맏아들 부루(扶婁)와 부소(扶蘇), 부우(扶虞), 부여(扶餘) 의 네 아들이 있었다. 부소(扶蘇), 부우(扶虞), 부여(扶餘) 삼형제를 삼랑(三郎)이라 불렀다. 『고려사(高麗史)』와 『세종실록지리지(世宗實錄地理志)』, 『응제시주(應製詩註)』,[204] 『신증동국여지승람(新增東國輿地勝覽)』에서는 단군이 세 아들을 시켜 삼랑성(三朗城)을 쌓고 태자 부루(夫婁)를 파견해 하나라 우임금의 도산회맹(塗山會盟)[205]에 참석시켰다고 했다. 『규원사화』에는 네 아들이 행했던 치적이 자세히 기록되어 있다.

장자(張子) 부루(扶婁) 태자는 9년 홍수를 다스리고 왕위를 이어 2대 단군이 되었다. 부루는 아버지의 명을 받아 참성단(塹城壇)을 쌓아 제(祭)를 지내고 홍수를 다스렸다. 중국의 요순(堯舜)임금 때 황하(黃河)에 홍수가 일어나자 단군은 태자 부루를 보내 홍수 다스리는 법을 가르쳤다. 부루는 순임금이 보낸 사공과 도산(徐山)에서 만나 동방의 천자국에서 건너온 가르침으로 이를 해결했다. 오행치수지법(五行治水之法)이라 하는, 오행으로 물을 다스리는 법을 가르쳐 9년 홍수에서 벗어나게 한 것이다.

부소(扶蘇)는 부싯돌의 기원이 되어 고시씨(高矢氏)에 이어 불의 문화를 열었다. 또한 백제(百濟) 때 지은 부여(扶餘)에 있는 부소산성(扶蘇山城)은 단군왕검의 네 아들 중 부소(扶蘇)의 이름을 따온 것이라 한다. 부소산에 오래된 산성이 있어 그 위에 동성왕(東城王) 22년(서기 500년)경에 산 정상

---

204 조선 1396년(태조 5년)에 권근이 지은 응제시(應製詩)에 훗날 1462년(세조 8년)에 권근의 손자인 권람이 주석(註釋)을 붙여 간행한 책.

205 요순시대 9년 대홍수와 관련해 도산(徐山, 안휘성 방부시 서쪽, 회하 동안)에서 단군조선의 태자 부루가 순의 신하 사공 우에게 치수법을 전수하고 조선의 명령을 내려 법을 정한 회의.

을 둘러쌓는 테뫼식[206] 산성을 쌓았으며 웅진(熊津)[207]에서 사비(泗沘)[208]로 수도를 옮기던 시기인 백제 성왕(聖王) 16년(서기 538년)에 왕궁을 수호하기 위하여 이중(二重)의 성벽을 쌓았다. 무왕(武王) 6년(605년)경에 포곡식[209] 복합산성인 지금의 모습으로 완성하였다. 남해 부소암(扶蘇庵)에는 단군의 셋째 아들 부소가 방황하다 이곳에서 천일기도를 했다는 전설이 남아있다. 진시황(秦始皇)의 장자 부소(扶蘇)가 이곳에 유배됐다는 전설이 있으나 진시황 때 환관 조고(趙高)가 부소를 몽염(蒙恬)과 함께 만리장성을 쌓는 곳에 보냈기 때문에 남해에 올 수가 없었다. 단군의 아들 부소와 이름이 같아 그런 전설이 남은 것으로 추정된다.

충청남도 부여군 부여읍 서쪽에 금강을 낀 부소산에 자리한 부소산성
(출처: 위키미디어 커먼스)

부여(扶餘)는 막내아들로 단군조선 초기부터 부여(扶餘)라는 나라를 제후(諸侯)의 형식으로 봉하여 국경지대의 국방을 맡아 다스렸다. 부여는

---

206 산 정상부를 중심으로 성벽을 두른 것.
207 지금의 공주.
208 지금의 부여.
209 산기슭에서부터 시작하여 능선을 따라 정상 가까이까지 축조한 것.

군사력과 나라경영에 힘을 쏟아 다시 나라를 세우고 단군의 정신을 다시 일으킨다는 부여의 정신으로 이어졌다. 북부여(北扶餘)가 세워졌을 때, 백제(百濟)가 남부여(南扶餘)로 국호를 변경했을 때, 백제가 망했을 때 모두 부여의 정신으로 다시 일어나겠다는 부흥운동(復興運動)이 있었다.

(7) 문헌으로 고증해보는 9년 홍수

禹乃東巡, 登衡嶽, 血白馬以祭, 不幸所求。禹乃登山仰天而嘯, 因夢見赤繡衣男子, 自稱玄夷蒼水使者, 聞帝使文命于斯, 故來候之。「非厥歲月, 將告以期, 無為戲吟。」故倚歌覆釜之山, 東顧謂禹曰:「欲得我山神書者, 齋於黃帝巖嶽之下三月, 庚子登山發石, 金簡之書存矣。」禹退又齋三月, 庚子登宛委山, 發金簡之書。案金簡玉字, 得通水之理。

요임금 때 9년 동안 홍수가 나서, 순이 우에게 처리하라고 명령했다. 우는 8년간이나 성과를 내지 못하고 걱정하다가, 남악(南嶽) 형산(衡山)에서 백마를 제물로 바치고 하늘에 제사지내며 성공을 기원했다. 꿈에 한 남자가 나타나 자신을 현이(玄夷)의 창수사자(蒼水使者)라고 소개한 뒤, 우에게 구산(九山) 동남쪽의 도산에 신서(神書)가 있으니 3개월간 몸을 정결히 한 다음 읽어보라고 말했다. 우는 이 말에 따라 귀중한 신서[金簡玉牒]를 얻고, 물을 다스리는 이치를 깨달아 홍수를 막았다.

- 『오월춘추(吳越春秋)』

禹乃嗣興。天乃錫禹鴻範九等, 常倫所序

우가 치수를 맡았는데 하늘이 우에게 홍범구주 등을 내려 치수에 성공하게 하였다.

- 사마천, 『사기』 송미자세가

　『단군고기(檀君古記)』에 따르면, 단군왕검(檀君王儉)은 아들 부루(夫婁)를 보내, 하(夏)나라 우(禹)임금과 도산(塗山)에서 만나도록 했다. 단군조선 때는 동(東), 남(南), 서(西), 북(北), 중(中)의 오부를 남(藍), 적(赤), 백(白), 현(玄), 황(黃)으로도 불렀다. 북부(北部)는 현부(玄部)에 해당했다. 중국인들은 현부(玄部)를 현이(玄夷)라고 불렀다. 창수(蒼水)[210]는 창수(滄水)[211]를 뜻한다. 중국 춘추시대의 기록에 조선이 주신(珠申), 숙신(肅愼), 직신(稷愼), 식신(息愼)으로 표기됐으며, 주신은 조선을 가리킨다.

　『단군고기(檀君古記)』에 나오는 부루는 오월춘추(吳越春秋)의 창수사자(蒼水使者)다. 이때 중국에서 대홍수의 재앙이 있었다는 것은 각종 고대사 서적들이 똑같이 증명하고 있다. 단군왕검이 중국의 수재(水災)를 구제(救濟)하고자 아들 부루를 창해사자(滄海使者)로 임명하였다. 부루가 도산에 가서 우에게 삼신오제교(三神五帝敎)의 오행설(五行說)을 전파하고 치수(治水)의 방법을 가르쳤다. 그래서 우는 왕이 된 뒤 부루의 은덕을 생각하며 삼신오제의 교리를 신봉하고 이것을 중국 각지에 전파했다. 정전제(丁田制)와 법률(法律), 도량형(度量衡)도 중국이 창작한 게 아니라 조선의 제도를 모방한 것이다. 이런 이유 때문에 꿈에서 창수사자를 만났다고 이야기한 것이다. 신성한 장치를 통해 사실을 신화로 만드는 것은 상고시대에 흔한 일이었다.

- 신채호, 『조선상고사(朝鮮上古史)』

---

210 푸른 물.
211 검푸른 큰 바다. 대해.

요순(堯舜)시대 중국에서 일어난 대홍수에 대한 기록은 여러 문헌에 기록되어 있는 역사적 사실이다. 순임금이 치수에 실패한 곤(鯀)을 죽이고 곤의 아들 우(禹)를 임명하여 우가 치수에 성공하고 그 공으로 순을 계승해 하(夏)나라를 세웠다. 단군왕검은 9년간 계속된 대홍수로 어려울 때 태자 부루를 보내어 도산(徐山)에서 회의를 주재했고, 우에게 오행치수법을 적은 신서 금간옥첩과 치수에 꼭 필요한 3가지 보물을 건네주었다. 이를 통해 치수에 성공하도록 한 것이다.『사기』에는 우가 수준기(水準器)와 먹줄, 그림쇠와 직각자(直角子)를 들고 다니며 측정을 하였다고 했다. 단군왕검이 중국 최초의 왕조(王朝)인 하(夏)나라의 건국(建國)에 크게 일조를 한 것이다.

(8) 단군왕검(檀君王儉)의 흔적

단군은 제사를 주관하는 제사장(祭司長)의 호칭(呼稱)이고, 왕검(王儉)은 부족을 다스리던 군장(君長)으로 통치자(統治者)의 호칭(呼稱)이다. 제정일치사회(祭政一致社會)에서는 국가를 통치하는 권력을 가진 군장이 하늘에 제사도 주관하여, 반드시 단군왕검이 천제(天祭)를 주관(主管)하였다.

4,300여 년 전에는 전 세계적으로 대홍수가 있었다. 단군왕검은 강화도 마리산 꼭대기에서 천제를 올리고, 홍수를 다스리는 지혜를 깨달아 성공적으로 치수(治水)를 했다.

강화도 마리산 정상에 참성단(塹城壇)이 있는데 세상에 전하길 단군의 제천단(祭天壇)으로 단군이 천제(天祭)를 지내던 단(壇)이다.

- 『고려사 지리지(高麗史 地理志)』

강화도 마리산에 참성단이 있는데 위로는 모지고 아래는 둥글다.[212] 조선의 단군이 하늘에 제사를 지내던 석단(石壇)이고 산기슭에 제궁(諸宮)이 있다.

- 『세종실록지리지(世宗實錄地理志)』

무오년(戊午年) 제위 51년에 제왕께서 운사(雲師)인 배달신(倍達臣)에게 명하여 혈구(穴口)에 삼랑성(三郞城)을 쌓고 마리산(摩璃山)에 제천단(祭天壇)을 축조하게 하였는데 지금의 참성단(塹城壇)이 이것이다.

- 『단군세기(檀君世紀)』

단군이 지은 참성단(塹城壇)은 오랜 세월이 지나 무너져 내렸고, 이것을 몽골침입 때 강화도로 천도한 고려시대에 보수공사했다. 지금과 같이 개축된 것은 조선시대이다. 삼랑성(三郞城)을 쌓은 사람은 단군의 세 아들로 일명 정족산성(鼎足山城)이라고 한다. 성을 쌓은 연대는 확실치 않지만 단군이 세 아들에게 성을 쌓게 해서 이름을 삼랑성으로 했다는 기록이 있다. 고려가 1259년 삼랑성 안에 궁궐을 만들었다고 하니 그 전에 이미 성이 있었음을 알 수 있다. 고려 때 보수공사가 있었고, 영조 15년 (1739년)에 성을 다시 쌓으면서 남문에 문루를 만들어 '종해루'라고 하였다. 조선 현종 1년인 1660년에는 마리산의 사고에 보관되어 있던 『조선왕조실록』을 성 안에 있는 정족산사고로 옮기고, 왕실의 족보를 보관하는 선원보각을 함께 지었다. 그러나 지금은 둘 다 없어지고 전등사만 남아 있다.

---

212 천원지방(天圓地方).

단군은 단군조선의 개창과 더불어 민족적 구심점인 수두(단군)제전(祭典)을 거행하였고, 이것은 부여(扶餘)의 영고(迎鼓), 고구려(高句麗)의 동맹(東盟), 동예(東濊)의 무천(舞天), 삼한(三韓)의 소도(蘇塗)라는 이름의 제전(祭典)으로 계승되었다. 삼랑(三浪)의 낭가사상(郎家思想)은 고구려 태조왕(太祖王), 차대왕(次大王) 대에 '선배(先輩)' 제도로 불리며 국가적 차원의 정치적 제도로 발전하였다. 여기서 선배는 선인(仙人 또는 先人)의 우리말이다. 이때에 이르러 낭가사상(郎家思想)[213]은 한국의 주체적인 전통사상으로서 구체화되었다. 그리고 신라의 화랑제도(花郎制度)는 바로 고구려 선배제도(先輩制度)를 모체로 하여 성장·발전한 것이다. 낭가사상(郎家思想)은 고려 중기까지 그 명맥이 이어지다가 묘청(妙淸)의 난(亂) 때 국풍파(國風派)가 유학파에게 패하여 몰락함으로써 소멸하였다. 선(仙)교는 한국의 전통사상으로 낭가사상의 핵심이다.

有摩利山在府南 山頂有塹星壇 世傳 檀君祭天壇 傳燈山一名 三郎城 世傳 檀君使三子 築之有仇音島 巴音島 今音北島 買仍島.

마리산은 부의 남쪽에 있다. 산 정상에는 참성단이 있으며 세간에 전하기를 단군이 하느님에게 제사 지내던 단이라고 한다. 전등산은 삼랑성이라고도 한다. 세간에 전하기를 단군이 그의 세 아들을 시켜서 이것을 쌓게 하였다고 한다.

- 『고려사』 권56 「지리지」 강화현

『고려사』에 따르면 고려 원종 5년 왕이 친히 이곳에서 하늘에 제사를

---

213 상고시대 이래 태양을 숭배하고 상무(尙武) 정신이 강하며 자주적인 전통을 지닌 한국민족의 토착 사상.

지냈다고 했다. 삼랑성의 축조기법이 삼국시대의 성과 비슷하다 하여 삼국시대의 성으로 추정하는 견해도 있다. 하지만 단군과 관련된 기록이 있고 고조선의 축조기법이 삼국시대에도 이어졌기 때문에 그렇게 보일 수 있고 삼국시대에 보수를 했을 수도 있다.

인천 강화도 삼랑성(정족산성)
(출처: 위키미디어 커먼스)

(9) 생활 속의 단군시대의 문화풍습

① 부루단지(扶婁壇地)

부루단지(扶婁壇地)[214]는 쌀단지를 정한수와 함께 올려놓고 기도하는 것이다. 부루의 죽음을 슬퍼한 백성들이 집안에 제단(祭壇)[215]을 설치하

---

214 부루단지는 부리단지, 부리동우, 부릿동우, 부룻단지, 부루독 등 다양한 이름으로 불린다. 조상신을 모시는 항아리라는 뜻으로 조상단지, 신줏단지라 부르기도 한다. 정월이 되면 질그릇 단지에 쌀을 담아 뒤울 안의 박달나무 말뚝 위에 올려놓고 짚으로 고깔을 만들어 씌우고 복을 비는 민간풍속이다.

215 제사상.

고 햇곡식을 그릇에 담아 제단위에 올려놓고 부루를 기려서 부루단지라 했다. 부루단지를 통해 온전한 사람이 되는 계율을 내려 받는 것을 업주가리(業主嘉利)라 한다.

- 『태백일사』

사람들의 집에는 부루단지(扶婁壇地)라는 것이 있다. 울타리를 친 깨끗한 곳에 흙을 쌓아 제단을 만들고 토기에 곡식을 담아 제단 위에 놓아 볏짚으로 지붕을 이어 그것을 덮어두고 매 시월에 반드시 새로운 곡식을 올리는 것이다. 이를 업주가리(業主嘉利)라고 이름하기도 한다. 이는 곧 부루씨가 물을 다스리고 거처를 정하여 준 것에 보답하여 제사를 지내는 의미이다.

- 『규원사화(揆園史話)』[216]

부루단지
(출처: 국립민속박물관)

---

216 1675년에 북애자(北崖子)가 저술하였다는 역사서 형식의 사화(史話)로, 상고시대와 단군조선의 임금에 대해 상세하게 기술되어 있다.

② 댕기머리

단기 93년 3월 15일 단군왕검(檀君王儉)이 붕어(崩御)했다. 단군왕검을
장사(葬事)지낼 때 모든 백성이 부모를 잃은 듯 슬퍼하였고 단기(檀旗)를
받들어 아침저녁으로 모여앉아 경배(敬拜)하며 항상 단군왕검의 덕을 가
슴에 품고 잊지 않았다.

— 『환단고기』「단군세기(檀君世紀)」

단기(檀旗)는 초대 단군왕검을 추모하여 만든 조기(弔旗)[217]로 백성들이
단군사당(檀君祠堂)에 가서 빌며 머리에 맨 깃발이었다. 단기(檀旗)에서 댕
기[218]가 유래되었고, 머리카락을 길게 땋은 뒤 댕기를 묶은 머리형을 댕
기머리라 한다.

---

217 깃발. 의를 표하기 위하여 깃봉에서 기의 한 폭만큼 내려서 다는 국기나 남의 죽음을 슬퍼하
    는 뜻을 나타내기 위하여 검은 헝겊을 달거나 검은 선을 두른 기.
218 길게 땋은 머리 끝에 묶는 헝겊이나 끈.

(10) 단군왕검의 왕후 하백녀(河伯女)

하백(河伯)은 물을 다스리는 신(神)이라 하며 물을 관장하는 관직(官職)으로 왕가(王家)에 시집오는 명문가 집안이었다. 태백일사에 하백은 천해(天海)를 감독하는 신으로 사해(四海)의 모든 신을 주재한다고 하고 하백녀(河伯女)가 양잠을 해서 누에치기를 권장하게 했다고 했다.

　　단군기(檀君記)에 단군(檀君)의 부인이 하백가문(河伯家門)의 딸이고 낳은 아들이 부루(扶婁)라고 했다.

－『삼국유사』「기이(紀異)」 고구려조(高句麗助)에서

동명왕(東明王)을 설명하는 주석(注釋)

(11) 조선(朝鮮)의 명칭(名稱)

조선(朝鮮)의 명칭(名稱)은 아사달(阿斯達)에서 유래했을 것으로 보인다. 고대의 초기사회에서 대체로 씨족(氏族)이나 종족(種族)의 명칭은 그들이 거주한 지명(地名)과 일치하고 그들이 나라를 세우면 그것이 국명(國名)이 되는 경우가 많았다. 중국에서도 상나라를 세운 상족(商族)은 상읍(商邑)에서 거주했고 주족(周族)은 주원(周原)에서 거주했다. 고조선(古朝鮮)의 도읍명(都邑名)이었던 아사달(阿斯達)은 원래 조선(朝鮮)이라는 뜻을 지닌 우리말이었을 것이다. 고조선을 건국한 씨족(氏族)의 명칭은 아사달족(阿斯達族)이었으며 그들이 거주한 곳의 명칭도 아사달이었을 것이다. 그런데 훗날 그들이 나라를 세우고 중국과 교류를 갖게 됨에 따라 한자(漢字)

로 표기하여 조선(朝鮮)이라 했을 것으로 생각된다.

『사기집해(史記集解)』와 『사기색은(史記索隱)』에는 조선이라는 명칭의 유래에 대한 설명이 있다. 두 책은 중국의 삼국시대(三國時代) 위(魏)나라의 장안(張晏)이라는 사람들의 말을 인용하여 조선이라는 명칭은 "조선(朝鮮)에는 습수(濕水), 열수(洌水), 산수(汕水)라는 3개의 지류가 합해지는 열수(洌水)라는 강이 있는데 낙랑군(樂浪郡) 조선현(朝鮮縣)의 명칭은 여기서 유래했을 것"이라는 것이다. 그리고 "선(鮮)의 음(音)은 선(仙)인데 그것은 산수(汕水)에서 유래했을 것"이라고 했다. 조선(朝鮮)의 선(鮮)자가 산수(汕水)에서 유래했을 것으로 보고 이것이 조선의 명칭의 기원이 되었을 것이라는 것이다. 선(鮮)과 산(汕)이 음(音)이 비슷하기 때문에 그렇게 생각했던 것 같다. 그러나 『사기』 「조선열전(朝鮮列傳)」은 고조선(古朝鮮)이 아니라 위만조선(衛滿朝鮮)에 관한 기록이다. 『사기집해(史記集解)』와 『사기색은(史記索隱)』의 저자들은 위만조선(衛滿朝鮮)과 낙랑군(樂浪郡) 조선현朝鮮縣)을 동일한 조선(朝鮮)으로 인식하고 장안(張晏)이 말하는 낙랑군(樂浪郡) 조선현朝鮮縣)의 조선(朝鮮)이라는 명칭의 유래에 대한 설명을 주석(注釋)으로 싣고 있는 것이다.

(12) 조선의 국경(國境)

요동(遼東)이라는 말은 중국인들이 자신들이 영토를 기준으로 가장 동쪽에 위치한 지역을 의미하며 오늘날의 극동(極東)이라는 뜻이었다. 그러므로 중국의 동쪽 국경이 이동하면 요동의 위치도 달라졌다. 요동이라는 지명의 이동에 따라 요수(遼水)라는 강 이름도 이동했다. 요수(遼水)는 요동지역(遼東地域)을 흐르는 강에 붙여진 명칭(名稱)이었기 때문이다. 『사기』에는 난하(灤河) 동부유역 갈석산(碣石山) 지역이 요동(遼東)으로 기록되어 있고 여러 문헌에 난하(灤河)가 요수(遼水)로 기록되어 있다.

고조선(古朝鮮) 말기(末期) 고조선의 서부변경 난하(灤河) 유역에 위만조선(衛滿朝鮮)이 건국되었다. 한무제(漢武帝)는 위만조선(衛滿朝鮮)을 치고 그곳을 한(漢)나라의 영토(領土)로 편입하여 한사군(漢四郡)을 만들었다. 한사군(漢四郡)의 영역은 오늘날의 난하(灤河) 유역부터 요하(遼河)까지였다. 중국의 영토가 요하로 확대되었던 것이다. 이에 따라 요동과 요수가 오늘날의 요동과 요하로 이동했다.

『후한서(後漢書)』「동이열전(東夷列傳)」과 『삼국지(三國志)』「오환선비동이전(烏桓鮮卑東夷傳)」「고구려전(高句麗傳)」에 "고구려는 요동에서 1천리 떨어진 곳에 있다"고 하였다. 고구려(高句麗)는 고조선(古朝鮮) 붕괴 후 요동(遼東)지역에 있었는데 『후한서(後漢書)』와 『삼국지(三國志)』는 요동에서 1천 리 떨어진 곳에 있다고 한 것이다.

『삼국사기』「지리지(地理志)」에 요동성(遼東城)은 본래 오열홀(烏列忽)이었다고 기록되어 있다. 오늘날 요동은 원래 요동이 아니었던 것이다.

『삼국사기』「순도조려(順道肇麗)」에는 오늘날 요하에 대해 "옛날에는 압록(鴨綠)이라 불렀는데 지금(고려(高麗))은 안민강(安民江)이라 한다"고 기록하고 있다. 오늘날의 요하(遼河)는 고구려 시대에는 압록강(鴨綠江)이었던 것이다.

『사기』「몽염열전(蒙恬列傳)」에 만리장성(萬里長城)이 요동에서 끝난다고 기록되어 있고 몽염(蒙恬)은 만리장성 축조를 감독했던 진(秦)나라의 대장군이었다. 고대의 요동은 난하 유역(灤河流域)에 있는 갈석산(碣石山)이었음을 확인했다. 그러므로 만리장성의 동쪽 끝은 갈석산(碣石山) 지역이다. 만리장성은 진나라가 새로 쌓은 것이 아니라 통일 전 진(秦), 조(趙), 연(燕) 등의 나라가 이민족의 침입을 막기 위해 쌓았던 성들을 보수하고 연결하여 완성한 것이었다. 그러므로 진제국(秦帝國)이 쌓은 성의 동쪽 끝부분은 연(燕)나라가 쌓았던 부분과 일치해야 한다.

『사기』「흉노열전(匈奴列傳)」에는 연(燕)나라가 쌓은 성의 동쪽 부분은 양평(襄平)에서 끝났다고 기록되어 있다. 양평은 한의 요동군(遼東郡)에 속해 있던 현(縣)의 이름이었다. 그러므로 연(燕)나라가 쌓은 성도 요동에서 끝났음을 알 수 있다.

진(晉)나라 때 쓰인 『태강지리지(太康地理志)』[219]에는 "낙랑군(樂浪郡)이 수성현(遂城縣)의 갈석산(碣石山)에서 만리장성(萬里長城)이 시작되었다"고 기록되어 있다. 갈석산(碣石山) 지역이 만리장성(萬里長城)이 시작된 곳임은 물론 낙랑군(樂浪郡)의 위치도 이 지역이었음을 말해준다. 낙랑군(樂浪郡)은 한반도가 아니라 난하유역(灤河流域)의 갈석산(碣石山) 지역에 있었던 것이다.

『진서』「당빈전(唐彬傳)」에는 "당빈(唐彬)이 옛 국경을 개척하고 만리장성을 다시 수리했는데 그것이 갈석산(碣石山)에 이르렀다"고 기록되어 있다. 당(唐)나라 때 저술된 『통전(通典)』에도 "낙랑군(樂浪郡) 수성현(遂城縣)에 있는 갈석산(碣石山)에서 만리장성(萬里長城)이 시작되어 요수(遼水)를 지나갔다"고 기록되어 있다. 갈석산(碣石山)은 당(唐)나라 북평군(北平郡) 남쪽 20여 리 지점에 있다고 설명해 놓았다. 북평군(北平郡)은 난하유역(灤河流域)에 있었다.

---

219 태강(太康)은 서진(西晉)의 무제(武帝) 사마염(司馬炎)이 함녕(咸寧) 6년(280년) 4월 남방의 오나라를 멸망시키고 중원 통일 기념으로 제정한 연호로 서기 280~289년까지 사용하였으며 『태강지리지』는 이때에 편찬되었다.

고조선(古朝鮮)과 중국 사이의 국경에는 패수(浿水)라는 강이 있었다. 『사기』「조선열전(朝鮮列傳)」에는 "한(漢)이 건국된 후 고조선(古朝鮮)과의 국경을 그들의 영토 안으로 후퇴시켜 패수(浿水)를 경계로 삼았다"는 기록이 있다. 이로 보아 고조선 말기에는 패수(浿水)가 고조선(古朝鮮)과 한(漢)의 국경이 되었고 그 후 위만조선(衛滿朝鮮)과 한(漢)이 국경을 이루었음을 알 수 있다. 문헌에 따르면 갈석산(碣石山), 요수(遼水), 만리장성(萬里長城) 등이 있었으므로 이것들의 위치를 확인한다면 패수의 위치를 알지 못하더라도 고조선(古朝鮮)과의 국경을 알 수 있다. 옛 문헌에는 패수(浿水)가 여럿 등장한다. 『한서지리지(漢書地理志)』에 따르면 요동군(遼東郡) 번한현(番汗縣)에는 패수(沛水), 낙랑군(樂浪郡) 패수(浿水)현에는 패수(浿水)가 있었다. 이 두 강(江)은 '패' 자가 다른 한자(漢字)로 기록되어 있으나 이민족의 고유명사는 소리에 따라 기록하기 때문에 이 두 강(江)은 모두 패수다.

『설문해자(說文解字)』[220]에 따르면 낙랑군(樂浪郡) 누방현(鏤方縣)에도 패수(浿水)가 있었다. 수경주(水經注)에는 대동강이 패수(浿水)로 기록되어 있는데 『삼국사기』와 『삼국유사』에서는 대동강(大同江)을 패강(浿江)이라 기록했다. 『삼국사기』에는 예성강(禮成江)을 패수(浿水)라 기록했다.

『요사(遼史)』「지리지(地理志)」와 『성경통지(盛京通志)』에 따르면 오늘날 요하(遼河) 근처에 있는 어니하(淤泥河)도 패수(浿水)였는데 헌우락(葑芋濼)이라고도 불렀다고 한다. 고대 한반도(韓半島)와 만주(滿洲)에서는 강(江)을 펴라, 피라, 벌라, 뻴라, 뻬얄라 등으로 불렀는데 중국인들이 그것을 한자로 적으면서 패수가 되었다. 보통명사가 고유명사화 되면서 여러 강이 같은 이름을 갖게 된 것이다. 그러므로 패수란 이름만 가지고는 어느 강

---

220 중국의 가장 오랜 자전(字典)으로, 중국 후한(後漢)의 경학자(經學者)로 알려진 허신(許愼)이 필생의 노력을 기울여 저술한 책.

이 고조선과 중국의 국경을 이루었던 패수였는지 밝히는 것은 불가능하다. 고조선과 중국의 국경을 이루었던 패수는 2가지 조건을 갖춘 강이어야 한다.

첫째 지리적으로 고조선과 중국의 원래 국경보다 약간 중국 쪽에 위치해야 한다. 한(漢)이 고조선(古朝鮮)과의 국경을 원래보다 후퇴시켜 패수(浿水)로 국경을 삼았기 때문이다.

둘째 시기적으로 고조선(古朝鮮) 시대(時代)에 패수(浿水)로 불린 강이어야 한다. 우리가 찾는 패수는 고조선(古朝鮮)의 국경(國境)이었으므로 고조선 이후에 패수로 불린 강이어서는 안 된다.

이 두 가지 조건을 모두 갖춘 패수는 요동군(遼東郡) 번한현(番汗縣)의 패수(沛水)다. 낙랑군의 패수(浿水)는 지리적으로 위치가 맞지 않다. 낙랑군(樂浪郡)은 한무제(漢武帝)가 위만조선(衛滿朝鮮)을 멸망시키고 그 지역에 설치했다. 따라서 그 지역은 원래 한(漢)의 영토가 아닌 고조선(古朝鮮)의 영토였다. 그 외의 다른 패수들은 모두 고조선의 영토 안에 있었을 뿐 아니라 등장한 시기도 고조선 붕괴 후 오랜 세월이 지난 후이다.[221]

---

221 윤내현, 『사료로 보는 우리고대사』, 만권당, 2016.

삼조선

(1) 고조선(古朝鮮)의 분립(分立)

고조선(古朝鮮)은 신한, 불한, 말한의 삼한이 나누어 다스리는 연방국가였다. 고조선은 하늘의 천(天), 지(地), 인(人) 삼신(三神)의 원리를 땅에서 구현하고자 삼한으로 나누어 다스렸다. 신한은 대단군(大檀君)이 직접 다스렸고 불한과 말한은 부단군(副檀君)이 다스렸다. 한(韓)은 왕이란 뜻으로 칸(khan, 汗)[222] 또는 가한(可汗)을 음차한 발음이다.

삼한(三韓)이란 삼조선(三朝鮮)을 통치하는 세 왕검(王儉)을 의미하고, 삼조선(三朝鮮)이란 삼한(三韓) 곧 세 왕검이 나누어 통치한 세 개의 지역이다. 고조선을 나누어 세 명의 왕, 즉 삼한(三韓)이 통치했으며 이들을 구별하기 위해, 신한이 통치하는 곳은 신조선, 말한이 통치하는 곳은 말조선, 불한이 통치하는 곳은 불조선이라 했다. 신한, 말한, 불한은 한자로 진한(辰韓), 마한(馬韓), 변한(弁韓)이라 표기됐고, 신조선, 말조선, 불조선은 한자로 진조선(辰朝鮮), 막조선(莫朝鮮), 번조선(番朝鮮)으로 표기됐다. 번조선(番朝鮮)은 발조선(發朝鮮)으로도 표기됐다.

---

222 몽골족과 투르크족, 만주족, 티베트족에서 왕(王)이라는 뜻으로 쓰이는 칭호.

후에 한반도 남부에 세워진 삼한(三韓)은 삼조선(三朝鮮)이 해체된 후 남하한 진조선(辰朝鮮)의 잔여 세력이 막조선(莫朝鮮)을 삼한(三韓)으로 나누어 다시 세운 것이다.

중국의 문헌에는 삼조선(三朝鮮)에 대해 모두 기록되어 있지는 않다. 중국과 국경을 맞대고 있는 번조선(番朝鮮)과 진조선(辰朝鮮)에 대한 기록이 춘추시대(春秋時代)에 처음으로 등장한다. 주(周)나라가 견융(犬戎)에게 쫓겨 수도를 호경(鎬京)에서 낙읍(洛邑)으로 옮긴 후 춘추시대(春秋時代)가 시작되었다. 춘추시대는 수천수백여 개의 부락(部落)과 도시국가(都市國家)로 된 군소국가(群小國家)들이 서로 영토를 확장하며 전쟁을 벌이던 시대이다. 전국시대(戰國時代)는 춘추시대의 군소국가들이 모두 정리되고 7개의 강대국만 살아남아 전쟁을 벌이던 시대로 춘추(春秋)와 전국시대(戰國時代)로 구분된다. 춘추시대에 가장 강성했던 나라를 춘추오패(春秋五霸)[223]라 하는데 제(齊)나라는 환공(桓公) 때 가장 강성했고 당시 북쪽의 연(燕)나라는 요동진출을 염두에 두고 있었다. 이때 제나라의 왕 환공과 신하였던 관중이 나눈 이야기 중에 조선과 관계된 내용이 있다.

桓公問管子曰 吾聞海內玉弊有七筴 可得而聞乎. 管子對曰 陰山之礝磻一筴也. 燕之紫山白金一筴也. 發朝鮮之文皮一筴也.

환공이 관자에게 "내가 듣건대 해내에 귀중한 예물 일곱 가지가 있다는데 그것에 대해들을 수 있겠는가"라고 물었다. 관자는 "음산의 연민이

---

223 중국의 고대 춘추시대 제후 간 회맹의 맹주를 가리킨다. 춘추시대의 5대 강국을 일컫기도 한다. 제나라의 환공, 진나라의 문공, 초나라의 장왕, 오나라의 왕 합려, 월나라의 왕 구천을 가리키며, 기록에 따라서 진나라의 목공, 송나라의 양공 또는 오나라 왕 부차 등을 꼽는 경우가 있다.

그 한가지요, 연의 자산 백금이 그 한가지요, 발조선의 표범가죽이 그 한
가지입니다."라고 답했다.

- 『관자(管子)』 권23 「규도(揆度)」

桓公曰 四夷不腹 恐其逆政游於天下 而傷寡人 寡人之行爲此 有道乎 管
子對曰 吳越不朝 珠象而以爲幣乎 發朝鮮不朝 請文皮毲服而以爲幣乎 一
豹之皮容金而金也 然後八千里之 發朝鮮可得而朝也

환공이 관자에게 "사이가 복종하지 않는 것은 아마도 잘못된 정치가
천하에 퍼져서 그런 것이 아닌지 나로 하여금 걱정되게 하는데, 내가 이
를 위해서 행할 방법이 있겠는가."하고 물었다. 관자는 "오와 월이 내조하
지 않는 것은 진주와 상아의 폐물 때문이라 생각되며 발조선이 내조하
지 않는 것은 표범가죽과 모직 옷을 폐물로 요청하기 때문이라 생각됩니다.
한 장의 표범가죽이라도 충분한 가격으로 계산해 준다면 8천리 떨어진
발조선도 내조할 것입니다."라고 대답했다.

- 『관자(管子)』 권24 「경중갑편(輕重甲篇)」

『관자(管子)』에 나오는 발조선(發朝鮮)은 번조선을 의미한다. 막조선은
중국과 접하는 경계가 없기 때문에 사기 이외의 다른 책에서는 보이지
않는다. 삼조선(三朝鮮)은 시대에 따라 중국문헌에 여러 가지로 표기되었
다. 『사기』에 북으로는 산융(山戎)과 발식신(發息愼), 동으로는 장이(長夷)와
도이(島夷)를 무마시켰다라는 내용이 있다. 산융은 번조선의 관할국이며
발식신은 번조선, 장이(長夷)는 진조선(眞朝鮮), 도이(島夷)는 바다건너 막조
선(莫朝鮮)을 말하는 것이다. 또 『신당서(新唐書)』에 '변한(弁韓)의 동쪽에 장
인국(長人國)이 있다'고 했다. 변한(弁韓)은 번조선(番朝鮮)을 말하는 것이고

변한(弁韓)의 동쪽에 있는 장인국(長人國)은 진조선을 말하는 것이다. 대체로 진조선(眞朝鮮)은 중국문헌에 동호(東胡), 장이(長夷), 장인국(長人國), 대인지국(大人之國)으로 표기(標記)되고 막조선(莫朝鮮)은 마한(馬韓), 도이(島夷)로 표기(標記)되며 번조선(番朝鮮)은 발조선(發朝鮮), 발식신(發息愼), 번한(番韓), 예맥(濊貊), 맥숙신(貊肅愼), 맥(貊), 예맥조선(濊貊朝鮮) 등 다양하게 표기(標記)되었고, 그 관할인 고죽국(孤竹國), 산융(山戎), 영지(令支)등으로 대치(代置)되어 나타나기도 하였다.

以臘月祭天 大會連日 飮食歌舞 名曰迎鼓. 是時斷刑獄

설달에 하늘에 제사를 지내며 큰 모임이 날마다 계속되면서 마시고 먹고 노래하고 춤을 추었고 그 이름을 영고라 한다. 이때에는 형벌과 옥사를 중단하고 갇혀있는 죄수들을 풀어주었다.

- 『후한서(後漢書)』 권85 「동이열전(東夷列傳)」 「부여국전(夫餘國傳)」

以十月祭天大會 名曰東盟.

10월에 하늘에 제사를 지내는 큰 모임을 갖는데 그 이름을 동맹이라 한다.

- 『후한서(後漢書)』 권85 「동이열전(東夷列傳)」 「고구려전(高句驪傳)」

常用十月祭天 晝夜飮酒歌舞 名之爲舞天

항상 10월에 하늘에 제사를 지내는데 밤낮으로 술을 마시고 노래하고 춤을 추었다. 그 이름을 무천이라 한다.

- 『후한서(後漢書)』 권85 「동이열전(東夷列傳)」 「예전(濊傳)」

常以五月田竟祭鬼神 晝夜酒會 群聚歌舞 舞輒數十人相隨蹋地爲節. 十月
農功畢 亦復如之

   항상 5월에 밭일을 끝내고 귀신에 제사하는데 밤낮으로 모여 술을 마
시고 떼지어 노래와 춤을 즐겼다. 춤출 때는 수십 명이 함께 땅을 밟아
음률을 맞춘다. 10월에 농사일이 끝나면 또한 이와 같이 반복한다.

-『후한서(後漢書)』 권85 「동이열전(東夷列傳)」 「한전(韓傳)」

匈奴俗 岁有三岁祠 常以正月五月九月戊日祭天神

   흉노의 풍속으로 년간 세 번의 제사가 있다. 항상 정월, 오월, 구월의
무일제에 천신에 제사를 지낸다.

-『후한서(後漢書)』 권89 「남흉노열전(南匈奴列傳)」

   부여(夫餘)의 12월 영고(迎鼓) 고구려(高句麗)의 10월 동맹(東盟), 동예(東
濊)의 무천(舞天), 삼한(三韓)의 5월제와 10월제에 관해서는 잘 알려져 있
다. 동일한 내용이 『삼국지(三國志)』 「오환선비동이전(烏桓鮮卑東夷傳)」에도
실려 있다. 나라에 따라 명칭(名稱)은 다르지만 동일한 종교의식(宗敎儀式)
과 풍속(風俗)이 모든 지역에서 행해졌다는 것은 이 지역 거주민(居住民)
들이 원래 같은 나라에 속해 동일한 종교의식(宗敎儀式)과 풍속(風俗)을
가지고 살았을 것임을 알게 해준다.

(2) 삼조선(三朝鮮)의 위치와 범위

① 비파형동검

고조선(古朝鮮)의 대표적 유물(遺物)인 비파형동검(琵琶形銅劍)이 출토되는 지역을 보면 요하(遼河)지역과 만주(滿洲), 연해주(沿海州)를 비롯해서 흑룡강(黑龍江)이나 내몽골(內蒙古)에서도 나오고 심지어 일본(日本)에서도 나온다. 일본은 한반도에서 건너간 도래인(渡來人)들이 야요이시대(彌生時代)를 열면서 비파형동검이 전달된 것으로 고조선의 범위는 아니다.

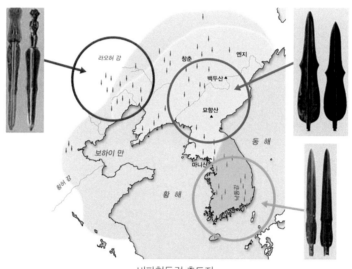

비파형동검 출토지

요하를 중심으로 서쪽에서 출토되는 비파형동검은 말머리 모양 등의 손잡이가 달려 있고 동쪽에서 출토되는 동검은 손잡이를 따로 만들어 붙이는 방식으로 제작되었다. 세형동검(細形銅劍)[224]은 비파형 동검의 진

---

[224] 청동기 시대와 초기 철기시대의 동검이다. 한국, 일본, 연해주에서 발견된다.

화형(進化形)으로 보는데 청천강 이남지역에서 집중적으로 발굴되고 있다. 이 세형동검은 B.C. 4세기 전부터 기원전후까지 사용되었다.

요하 서쪽과 대흥안령 서쪽에는 동호(東胡), 산융(山戎), 흉노(匈奴), 실위(室韋) 등이 있고 동쪽으로는 조선(朝鮮), 북부여(北扶餘), 동부여(東扶餘), 고구려(高句麗), 남옥저(南沃沮), 북옥저(北沃沮), 동예(東濊), 숙신(肅愼) 등이 있고 한반도에는 진(辰)이라고 알려진 나라가 있었다고 한다. 중국에서 기록한 나라만 그렇고 실제로는 수백에서 수천여 개의 군소국가(群小國家)들이 존재했을 것이다.

요서(遼西)에서 출토되는 손잡이가 달린 비파형 동검은 실제 전쟁에서도 사용이 가능한 무기이다. 반면에 요동(遼東)에서 출토되는 손잡이 없는 비파형 동검은 제사용(祭司用)으로 사용한 제기(祭器)로 추측된다. 나무로 손잡이를 만들어 붙인 검은 칼과 칼이 부딪히면 손잡이가 부러지고 칼이 튀기 때문이다. 이처럼 같은 비파형동검을 사용했지만 제작방식과 사용하는 용도가 달랐다.

② 민무늬토기

고조선시대의 토기로는 민무늬토기(無文土器)[225]가 주로 출토된다. 요하 서쪽의 삼족토기(三足土器), 한반도 서북 지방의 미송리형토기(美松里型 土器), 황해도 지방의 팽이형토기(角形 土器), 함경도 지방의 공열토기(孔列土器) 등 같은 시대이지만 지역마다 다른 특징을 보이는 무늬가 없는 민무늬토기가 출토되고 있다.

---

225 민무늬토기(無文土器)는 청동기 시대에 해당하는 기원전 1500년부터 기원전 300년경에 이르는 기간의 전형적인 토기로, 표면에 아무런 무늬가 없는 것이 특징이며 '민무늬기 문화'라고 명명되었다.

민무늬토기(시계방향: 삼족토기, 미송리형토기, 공열토기, 팽이형토기)
(출처: 위키미디어 커먼스, 변경)

③ 고인돌

고인돌은 고조선 시대에 지어진 대표적 무덤이다. 무덤은 형태가 잘
변하지 않기 때문에 문화권을 나눌 때 중요하게 보는 척도이다. 고조선
의 남단인 황해도 지방의 고인돌과 요동지역의 고인돌은 그 형태가 완전
히 같은 탁자식 고인돌이다. 한강의 남쪽에서는 바둑판식 고인돌이 발
견되며 지하에 방을 만들고 바위를 덮어 놓는 개석식 고인돌도 요하지
방과 한반도, 만주 전역에 고르게 분포하고 있다. 고인돌은 유럽과 아프

리카, 러시아, 중국, 인도, 인도네시아 등에서도 발견된다. 대흥안령산맥 서쪽은 주로 적석총이 분포되어 있으며 고구려, 백제와 선비, 흉노, 훈으로 그 양식이 이어지고 있다. 학자들은 예(濊)족의 무덤은 고인돌이고 맥(貊)족의 무덤은 적석총이며 환(桓: 한(韓))족의 무덤은 석관묘를 사용했다고 한다.

고인돌(시계방향: 요동혜성시, 황해도은율, 전라북도고창, 인천강화도)
(출처: 위키미디어 커먼스, 변경)

발견되는 유물과 유적이 조금씩 달라 고조선의 범위(範圍)를 비정하기는 어렵지만 크게 보면 비파형동검, 민무늬토기, 돌을 사용한 무덤 양식 등의 공통점을 찾을 수 있다. 지역(地域)이나 사용방법(使用方法)에 따라 조금씩 변경하여 적합하게 바뀐 것으로 볼 수 있다. 또한 고조선을 구성하는 민족이 예(濊), 맥(貊), 한(韓), 숙신(肅愼), 동호(東胡), 산융(山戎), 흉노

(匈奴) 등 몽골족과 투르크족, 퉁구스족으로 이루어진 민족연합체(民族聯合體)이기 때문이기도 하다.

고조선의 북부와 동부 경계는 흑룡강과 아르군강[226] 유역이었을 것이다. 비파형동검은 한반도와 만주 전지역(全地域)에서 출토되고 있다. 그러므로 만주 전지역이 고조선의 영토였음을 알 수 있다.

④ 고조선의 경계

王使詹桓伯辭於晉曰：及武王克商, 肅慎, 燕, 亳, 吾北土也,

왕(주나라 왕)이 (신하인) 첨환백을 진나라에 보내어 질책하여 말하길, 무왕이 상왕조를 이긴 후에(B.C. 1100여 년경?) 숙신·연·박이 우리(주나라)의 북쪽 땅이 되었다."

-『춘추좌전(春秋左傳)』

주(周)나라의 북쪽에 숙신(肅愼), 연(燕), 박(亳)이 연하여 있다는 말이다. 연(燕)은 현재의 베이징 부근에 있던 동이족(東夷族)의 국가로 춘추전국시대를 거쳐 한화(漢化) 되었다. 그리고 박(亳)은 고대 한국인을 지칭하는 발(發)의 전음(轉音)으로 추정되고, 중국에서도 고구려의 선민족인 맥족(貊族)으로 보고 있다. 이것은 이후『순자(荀子)』의 "진(秦)은 북으로 호맥(胡貊)과 접한다"라거나, 『사기』의 "진(秦)의 승상 이사(李斯)가 북으로 호맥(胡貊)을 쫓았다"는 기록과 대체로 일치한다. 나아가 박(亳), 숙신(肅愼)은 발신식(發息愼)[227]의 다른 표현으로도 추정된다. 결국 주(周) 초기에 고조

---

226 러시아와 중국에 접해 있는 강이다. 중국어로는 얼군허 장이라고 부른다. 유역길이는 1,620km 이다. 다싱안링 산맥의 서쪽에서 발원을 하고, 내몽골 자치구를 통과한 다음, 실카강과 합류하여 아무르강을 이룬다.
227 발조선(發朝鮮).

선(古朝鮮)과 숙신(肅愼) 영역(領域)의 고죽국(孤竹國)이 중국과 경계(境界)를 접하고 있었다.

> 柳城縣 本商孤竹國也
>
> 유성현(柳城縣)[228]은 원래 상나라 고죽국이다.
>
> — 『흠정성경통지(欽定盛京通志)』

> 高麗之地, 本孤竹國也, 周代以之封箕子
>
> 고려(고구려)는 본래 고죽국이며 주나라가 기자를 봉했다
>
> — 『수서(隋書), 구당서(舊唐書)』 배구전(裴矩傳)

상(商)나라 말기 백이(伯夷)와 숙제(叔齊)를 배출한 고죽국은 고조선의 제후국으로 중국과 국경선을 접하고 있었다. 수서와 구당서에서는 고죽국에서 고구려가 세워졌고 주나라가 기자를 봉한 곳이라고 해 고죽국이 고조선의 국가임을 밝히고 있다.

> 東海之內 北海之隅 有國 名曰朝鮮
>
> 동해의 안쪽, 북해의 모퉁이에 나라가 있으니 이름은 조선이다.
>
> — 『산해경』 권18 「해내경」

중국의 동쪽바다 안쪽, 북쪽바다의 모퉁이라면 오늘날 발해(渤海)와 접한 곳을 말한다. 중국의 산동성(山東省), 하북성(河北省), 요령성(遼寧省), 한

---

228 고죽영자(孤竹營子)라는 지명이 보이는 차오양(朝陽) 서남이다. 카줘센(喀左縣), 젠창센(建昌縣), 진시센(錦西縣) 등 3개현의 경계 지점이다.

반도(韓半島) 일대가 여기에 해당한다.

朝鮮在列陽東 海北山南 列陽屬燕

　조선은 열양 동쪽에 있으며 바다의 북쪽이고 산의 남쪽이다. 열양은
연에 속한다.

- 『산해경』 권12 「해내북경(海內北經)」

　조선은 연(燕)나라 동쪽에 있어 연(燕)과 국경(國境)을 접하고 있다. 고
대 중국문헌에 난하(灤河) 하류 유역을 조선으로 언급한 기록이 있으며
이곳을 기자(箕子)의 망명지로 기록해 놓고 있다. 고대의 중국인들은 국
경을 접한 고조선의 서부변경에 대해서는 구체적인 지식을 가지고 있었
지만 멀리 떨어진 고조선 동부에 대한 지식은 없었다.

　진조선(眞朝鮮)과 막조선(莫朝鮮)은 중국과 떨어져 있었기 때문에 번조
선(番朝鮮)만큼 그 내용이 중국의 문헌에 남아있지가 않다. 그러나 한반
도 이남으로 옮겨지기 이전의 진한(辰韓)과 마한(馬韓)에 대한 기록들이
남아있다. 진조선(眞朝鮮)의 영역(領域)에 대해서 신채호는 요령성의 서북
동안 지금의 길림성(吉林省), 흑룡강성(黑龍江省), 연해주(沿海州), 농안(農安),
장춘(長春), 선양(瀋陽)을 경유하여 서남쪽으로 요하(遼河)를 서쪽 경계로
하고 남쪽으로 요동반도(遼東半島) 남단과 압록강(鴨綠江)을 경계로 한다고
하였다.

　진조선(眞朝鮮)은 삼조선(三朝鮮)의 총통치국가(總統治國家)이기 때문에
통치 영역을 말하자면 번조선(番朝鮮)과 막조선(莫朝鮮)의 영역(領域)까지
포함할 수 있다. 그러한 개념으로 조선의 영역을 표현한 『제왕운기(帝王韻
紀)』를 보면 "산해관(山海關)을 포함한 대흥안령산맥(大興安嶺山脈) 동쪽은

중국과는 엄연히 구별할 수 있는 일대 천지(天地)가 전개되어 별조(別造)
하였으니 그것은 동대국(東大國)의 모든 땅이며 조선(朝鮮)이 관할한 땅의
경계(境界)였다"고 했다.

난하(灤河) 위치

(제공: 우실하 교수)

　산해관(山海關)은 난하(灤河) 하류 동쪽에 위치하였으며 대흥안령산맥
(大興安嶺山脈)은 요서 북서쪽을 가로지르는 산맥이다. 동대국(東大國)인
진조선(眞朝鮮)은 난하를 경계로 하여 대흥안령산맥(大興安嶺山脈) 동쪽 지
방에 위치한 요서(遼西)[229]까지 관할하였다는 이야기가 된다. 『제왕운기
(帝王韻紀)』에 "단군(檀君)은 조선성(朝鮮城)에 거주하며 고시라(故尸羅), 고
례(高禮), 남북옥저(南北沃沮)의 왕(王)이 되었다. 동북부여(東北夫餘), 예맥
(濊貊)은 모두 단군(檀君)의 관할지(管轄地)였다"고 하였다. 고시라(故尸羅)는
지금의 강릉을 말하고 고례(高禮)는 고려, 즉 창려(昌黎)를 말하며 남북

---

229 번조선(番朝鮮).

옥저(南北沃沮)는 각각 요동반도(遼東半島)와 서간도(西間島) 지방을 말한다. 또 맥(貊)은 번조선(番朝鮮)을 말하는 것이니 이 말은 단군의 통치영역(統治領域)이 요서(遼西), 요동(遼東), 만주(滿洲)와 한반도(韓半島) 등임을 의미한다고 할 수 있겠다.

『성경통지(盛京通志)』에 "요양주(遼陽州)는 주(周)나라 때에는 청주(青州) 지역이었다가 무왕(武王)이 기자(箕子)를 조선(朝鮮)에 봉하여 조선의 서계(西界)가 되었으며, 전국(戰國) 시대에는 연(燕)나라에 속하였다. 해성현(海城縣)은, 주(周)나라 때에는 조선(朝鮮)에 속하였으며, 진(秦)나라 때에도 같다. 개평현(蓋平縣)은, 주(周)나라 때에는 조선(朝鮮)에 속하였으며, 한(漢)나라 때에는 연인(燕人) 위만(衛滿)이 차지하였다. 복주(復州)는, 주(周)나라 때에는 조선(朝鮮)의 경계였으며, 진(秦)나라 때에도 같다. 영해현(寧海縣)은, 주(周)나라 때에는 조선(朝鮮)의 경계였으며, 진(秦)나라 때에도 같다. 광녕현(廣寧縣)은, 주(周)나라 초기에는 조선(朝鮮)의 경계였으며, 그 뒤에는 연(燕)나라에 속하였다. 의주(義州)는, 주(周)나라 초기에는 조선(朝鮮)의 경계였으며, 그 뒤에는 연(燕)나라에 속하였다. 봉황성(鳳凰城)은, 주(周)나라 때에는 조선(朝鮮)의 경계였으며, 진(秦)나라 때에도 같다"고 했다.

요양주(遼陽州), 해성현(海城縣), 개평현(蓋平縣), 복주(復州), 영해현(寧海縣), 광녕현(廣寧縣), 의주(義州), 봉황성(鳳凰城)은 모두 오늘날의 요서(遼西)와 요동(遼東)에 있는 곳이다. 즉, 여기서 말하는 조선(朝鮮)의 경계(境界)는 중국과 맞닿은 진조선(眞朝鮮)과 번조선(番朝鮮)의 경계(境界)이다. 이 기록으로 번조선(番朝鮮)의 서쪽 경계가 오늘날의 요서(遼西)였고 진조선(眞朝鮮)의 경계가 요동(遼東)이었다는 것을 알 수 있다.

요동 이외에 지금의 하얼빈(哈爾濱), 농안(農安) 등 만주지방(滿洲地方)과 옛 부여(夫餘) 지방도 진조선(眞朝鮮)의 영역이었음을 말해주는 기록을 보

면 『요사지리지(遼史地理志)』에 "부여(夫餘)는 진한(辰韓) 땅을 영토로 삼았
다"고 해서 부여夫餘)가 진조선(眞朝鮮)의 땅에서 일어났음을 알 수 있다.

진한(辰韓)과 마한(馬韓)의 기록을 통해 원래 진한과 마한은 한강 이남
으로 옮겨지기 전에 요동(遼東), 만주(滿洲), 한강이북(漢江以北)을 그 중심
영역으로 하고 있음을 알 수 있다.

번조선(番朝鮮)은 중국과 접해 있었던 관계로 중국의 흥망성쇠에 따라
그 영역이 시대에 따라 바뀌었다. 또한 번조선(番朝鮮)에서 많은 소국가와
동이족들이 중국에 진출해 나갔다. 번조선은(番朝鮮) 중국문헌에 맥(貊),
맥(陌), 막(莫), 박(迫), 발(發), 예맥(濊貊), 박맥(迫貊), 구맥(九貊) 등 여러 가지
로 표기되어 왔다. 이 맥족(貊族)과 관련해 중국 동북지역(東北地域)에서
활동한 동이족(東夷族)들의 발상지가 대부분이 중국의 동북부지방(東北部
地方)[230]에 연원을 두고 있으며 이 동이족(東夷族)들은 모두 맥족(貊族)[231]
과 관련이 깊고 진국(辰國)[232]과도 연관이 있다.

이러한 결과들을 통해서 볼 때 번조선(番朝鮮)의 영역은 상(商)나라 때
까지만 해도 중국 동부지역에서 활동한 동이족(東夷族), 또는 맥족(貊族)
들과도 관련되었다고 할 수 있다. 번조선(番朝鮮)은 연장(燕將) 진개(秦開)
에 의해 난하(灤河) 동쪽으로 쫓겨날 때까지만 하여도 난하(灤河)와 백하
(白河)의 서쪽 지방인 하북(河北) 산동(山東) 등 중국의 동부(東部)도 그 영
역으로 하고 있었다. 주(周)나라가 봉건제도를 실시하여 서쪽의 제후들
을 동쪽으로 이주시키기 전까지 동이족(東夷族) 또는 맥족(貊族)들이 중
국의 동부 지역인 하북(河北), 산동(山東), 강소(江蘇) 등지에서 활동하고 있

---

230 하북, 요서, 요동.
231 번조선인(番朝鮮人).
232 진조선(眞朝鮮).

었기 때문이다.

송(宋)나라 때 편찬된『무경총요(武經總要)』[233]에 현재 북경(北京) 북쪽에 있는 조하(朝河)가 조선하(朝鮮河)로 기록되어 있는 것으로 볼 때 조하(朝河)가 고대(古代)의 국경(國境)이었다가 진개(秦開)에 의해 영토(領土)를 빼앗겼다는 것을 알 수 있다. 이러한 주(周)나라 제후국들의 이동 과정에서 동이족(東夷族)들과의 투쟁이 나타나며 동이족(東夷族)들은 점차적으로 중국의 북동부인 요서지방과 남부지방 일대로 밀려나게 된 것이다.

(3) 고조선(古朝鮮)의 수도(首都)

고조선의 수도(首都)는 평양(平壤), 임검성(臨檢城), 왕험성(王險城), 왕검성(王儉城), 양평(襄平), 험독(險瀆) 등으로 불렸다. 고조선의 수도와 위치는 문헌(文獻)마다 다르고 여러 곳으로 나타나 있기 때문에 고조선 수도에 대하여는 요동(遼東)과 요서(遼西)설 그리고 평양(平壤)설 등으로 정리할 수 있다. 그러나 이 또한 조선을 하나의 국가로 보는 기존의 역사관으로는 해결할 수 없는 문제이다. 윤내현 교수는 고조선이 수도를 5번이나 옮겼다고 했다. 그러나 조선이 3국의 연방체제(聯邦體制)라고 보면 수도의 문제가 자연스럽게 해결이 된다. 요서(遼西)에 있는 조선의 수도(首都)는 번조선(番朝鮮)의 수도, 요동(遼東)에 있는 고조선의 수도(首都)는 진조선(眞朝鮮)의 수도, 한반도(韓半島)의 평양(平壤)은 막조선(莫朝鮮)의 수도로 보면 고조선(古朝鮮)의 수도(首都) 문제가 자연스럽게 해결이 된다.

---

233 북송(北宋) 왕조에서 펴낸 군사 저작이다.

진조선(眞朝鮮)의 수도(首都)에 대해 신채호는 하얼빈(哈爾濱)이라 하였고 최동은 지금의 요동(遼東) 지방에 있는 해성(海城)과 요양(遼陽) 부근이라고 하였다. 진조선의 수도를 보면『한서』[234]에 "개마산(蓋馬山)은 평양성(平壤城) 서쪽에 있는데 평양성은 왕험성(王險城)을 말한다"고 하였다. 개마현(蓋馬縣)은 요령성(遼寧省) 해성시(海城市)에 있었으며 개마성(蓋馬城)이라고 한다. 즉, 평양성(平壤城)은 지금의 요령성(遼寧省) 안산시(鞍山市)에 있는 해성시(海城市)를 말하는 것이며 진조선(眞朝鮮)의 수도(首都)를 일컫는 것이다.

『요사 지리지(遼史 地理志)』에서 "동경요양부(東京遼陽府)는 본래 조선(朝鮮)의 땅이었다. 원위(元魏)[235] 태무제(太武帝)가 그들이 거주하는 평양성(平壤城)에 사신을 보냈으니, 요(遼)나라 동경(東京)이 바로 이곳이다"라고 해서 평양(平壤)이 지금의 요양(遼陽)이라는 이야기가 된다. 따라서 진조선(眞朝鮮)의 수도(首都)는 이 기록들로 볼 때 요동지방인 해성(海城)과 요양(遼陽)부근 지금의 요령성(遼寧省) 안산시(鞍山市)와 요양시(遼陽市) 사이였음을 알 수 있다. 또 같은 책에서 "진주(辰州)는 본래 고구려(高句麗)의 개모성(蓋牟城)에 있었기 때문에 개주(蓋州)로 고쳤다가 다시 진주(辰州)로 고쳐서 진한(辰韓) 땅이라 불렀다"라는 기록이 있다. 고구려(高句麗)의 개모성(蓋牟城)은 지금의 요동반도(遼東半島) 북부에 있는 해성(海城) 등지로 이 기록은 요동(遼東)이 진한(辰韓)의 중심지였음을 암시해준다.

『성경통지(盛京通志)』에도 "본래 고구려 개갈모성(蓋葛牟城)은 당태종(唐太宗)이 고쳐 개주(蓋州)로 삼고 또 진주(辰州)로 고쳐서 진한(辰韓)땅이라 부

---

234 반고가 편찬한 전한의 역사를 서술한 역사서로, 중국 이십사사에 포함된다.

235 북위(北魏).

른다"라고 하였다. 고구려의 개모성(蓋牟城)[236]은 지금의 해성(海城)을 후에 진주(辰州)로 고쳐서 그곳이 진한(辰韓)이라 불렸다는 것이다. 지금까지 오늘날의 금주(錦州), 복주(復州), 개평(蓋平), 해성(海城)이 모두 요동(遼東)에 있었다는 기록을 통해서 진조선(眞朝鮮)의 중심지가 요동반도(遼東半島)였다는 것을 알 수 있게 해준다.

『고려사(高麗史)』에서 고종 때 김위제가 평양으로 천도를 주장하며 올린 상소문에서 신지비사(神誌祕詞)의 서효사(誓效詞)를 인용하여 고조선의 삼경(三京)을 저울에 비유하며 '저울대는 소밀량, 저울추는 오덕지, 저울그릇은 백아강'이라고 하고 이 세 수도가 하나의 저울처럼 균형을 이루어야 한다고 했다.

『태백일사』「신지비사」에서는 저울대 부소량이 진한의 옛 수도라고 했다. 부소량은 지금의 송화강 하얼빈이다. 진조선이 수도를 하얼빈(哈爾濱)에서 후에 해성(海城)으로 옮겼던 것이다.

번조선(番朝鮮)의 수도(首都)를 보면 신채호는 개평(蓋平)현[237]이라 하였고 최동은 광녕(廣寧)현[238]이라고 하였다. 문헌에 번조선(番朝鮮) 수도(首都)에 대해 언급한 기록을 보면『사기』에 "창려(昌黎)에 험독현(險瀆縣)이 있는데 조선왕(朝鮮王)의 옛 도읍지(都邑地)이다"라고 하였다. 창려(昌黎)는 오늘날 요서(遼西) 지방의 갈석산(碣石山) 부근으로 산해관(山海關) 근처에 있다. 당시의 요동(遼東)은 오늘날의 요서(遼西)이며 요서에는 번조선(番朝鮮)이 위치하고 있으므로 험독(險瀆)은 번조선왕의 도읍이라 할 수 있다. 『한서지리지(漢書地理志)』에 "왕험성(王險城)은 낙랑군(樂浪君) 패수(浿水)의

---

236 개갈모성(蓋葛牟城).
237 요동반도 북서쪽.
238 요서지방의 내능하(大凌河) 상류.

동쪽에 있다"고 하였다. 왕험성(王險城)이 험독(險瀆)이라면 패수(浿水) 동쪽에 험독이 있다는 이야기가 되며 험독(險瀆)이 창려(昌黎)에 있다고 하였기 때문에 패수(浿水)는 난하(灤河)를 지칭하는 것이다. 패수(浿水)를 난하(灤河)로 본다면 왕험성(王險城)은 난하(灤河)의 동쪽에 있다는 이야기가 된다.

당나라 때 기록인『통전(通典)』에 "위만(衛滿)의 수도 왕험(王險)은 패수(浿水) 동쪽에 있다"라고 했기 때문에 번조선(番朝鮮)의 수도와 위만(衛滿)의 수도가 일치했음을 알 수가 있다. 평주(平州)는 창려(昌黎)부근에 있었고 또한 양평(襄平)은 평양(平壤), 즉 왕험성(王險城)을 말하므로 번조선의 수도가 요서(遼西)에 위치했었음을 추측할 수 있다. 난하는 하북성(河北省) 진황도시(秦皇島市) 창려현(昌黎縣)에서 발해만(渤海灣)으로 흐르는 강이다.

『북사(北史)』[239]에 "변한(弁韓)은 한(漢)나라 땅에 있었다. 횡(橫)으로 2천리 종(縱)으로 3천 리였다"고 하고『동경통지(東京通志)』에 "번한현(番汗縣)은 변한(弁韓)의 옛 땅을 가리킨다"고 하였다.

청나라 때의 기록인『대청일통지(大淸一統志)』에는 "험독(險瀆) 옛 성(城)이 광녕현(廣寧縣) 동남에 있는데 한(漢)나라 때에는 현(縣)으로 요동군(遼東郡)에 속해 있었다"라고 하여 번조선(番朝鮮)의 수도가 광녕(廣寧)에 있었다고 하는 최동의 주장을 뒷받침해주고 있다. 광녕현(廣寧縣)도 역시 요서지방(遼西地方)에 위치하고 대릉하(大凌河) 중상류 지역에 있다. 고대(古代)의 요동군(遼東郡)이 당시에는 요서지방(遼西地方)이었음을 이 기록을 통해서도 알 수가 있다. 그러나 이 광녕지방(廣寧地方)의 험독(險瀆)은 번조선(番

---

239 중국 북조의 역사서로 이대사에 의해 편찬이 시작되었고, 그의 아들인 이연수에 의해 완성된 이십사사 중의 하나인 역사서이다. 남북조 시대(439~589년)의 북조에 해당하는 왕조인 북위, 서위, 동위, 북제, 수나라의 역사를 담고 있다.

朝鮮)이 아니라 연(燕)나라 진개(秦開)에게 침탈당하였을 때 창려(昌黎)지방
의 수도를 빼앗기고 동쪽으로 옮겼던 임시수도일 것으로 추측된다.

막조선(莫朝鮮)의 수도(首都)에 관해서는 신채호와 최동 모두 한반도(韓
半島)의 평양(平壤)이라는 데 의견을 같이 하였다. 막조선(莫朝鮮)은 중국
과 멀리 떨어져 있었던 관계로 중국의 문헌에는 나타나지 않지만 한국
의 문헌으로 살펴볼 수가 있다. 『제왕운기(帝王韻紀)』에 "마한(馬韓)의 왕검
성(王儉城)은 지금의 서경(西京)이다"고 하였다. 당시의 서경(西京)은 지금의
평양(平壤)으로 후삼한시대(後三韓時代) 이전 막조선(莫朝鮮)의 수도(首都)였
다. 『삼국유사』에도 "마한(馬韓)은 평양(平壤)의 마읍산(馬邑山)을 따서 이
름 지은 것이다"라고 했다. 평양(平壤)에 있는 마읍산(馬邑山)이 마한의 중
심지였기 때문에 그 이름을 따서 마한(馬韓)이라 불리게 된 것이라는 내
용인데 마한의 중심이 지금의 평양이었음을 암시해주는 구절이다. 『잠확

고조선 수도 위치

류서(潛確類書)』에는 "황해도와 고조선은 마한의 옛 땅이다"라는 기록이 있다. 막조선(莫朝鮮)이 평양을 중심으로 한반도에 있었다는 것이고 마한의 중심 영역이 압록강 이남과 한강 이북의 황해도였다는 것을 인식했던 말이다.

이렇게 고조선(古朝鮮)은 3경제도(三京制度)를 시행하고 있었으며 고조선을 한 체제(體制)의 국가로 보면 여러 곳에 나타나는 고조선의 수도를 해결할 수가 없다.

(4) 연(燕)·조(趙)·진(秦)의 장성(長城)

秦昭王時, 義渠戎王與宣太後亂, 有二子. 宣太後詐而殺義渠戎王於甘泉, 遂起兵伐殘義渠. 於是秦有隴西、北地、上郡, 築長城以拒胡. 而趙武靈王亦變俗胡服, 習騎射, 北破林胡、樓煩. 築長城, 自代並陰山下, 至高闕為塞. 而置雲中、鴈門、代郡. 其後燕有賢將秦開, 為質於胡, 胡甚信之. 歸而襲破走東胡, 東胡卻千餘里. 與荊軻刺秦王秦舞陽者, 開之孫也. 燕亦築長城, 自造陽至襄平. 置上谷、漁陽、右北平、遼西、遼東郡以拒胡. 當是之時, 冠帶戰國七, 而三國邊於匈奴. 其後趙將李牧時, 匈奴不敢入趙邊. 後秦滅六國, 而始皇帝使蒙恬將十萬之衆北擊胡, 悉收河南地. 因河為塞, 築四十四県城臨河, 徙適戍以充之. 而通直道, 自九原至雲陽, 因邊山險塹谿谷可繕者治之, 起臨洮至遼東萬餘里. 又度河拠陽山北假中

진나라 소왕 때 의거국의 융왕은 진나라 소왕의 어머니 선태후와 정을 통하고 두 아들을 두었다. 선태후는 의거의 융왕을 속이고 감천에서 그를 죽인 후 군사를 일으켜 의거의 잔존세력을 토벌하였다. 그리하여 진나라는 농서, 북지, 상군 등을 차지하고 장성을 쌓아 호의 침입을 막았다. 조나라 무령왕은 풍속을 바꾸어 호복을 입고 말을 타고 활을 쏘는 법을 익혀 북쪽의 임호와 누번을 격파하고 장성을 쌓았는데 대로부터 시작하여 음산산맥의 기슭을 따라 고궐에 이르기까지 요새를 쌓고 운중, 안문, 대군 등을 설치하였다.

그 뒤 연나라 장수 진개는 동호의 인질로 붙잡혀 있는 동안 동호의 왕은 그를 매우 신임하였다. 그는 귀국 후에 동호를 습격하여 몰아내 동호는 1천여 리나 물러났다. 형가와 더불어 진나라 왕(진시황제)을 죽이려 했던 진무양은 진개의 손자다. 연나라 또한 장성을 쌓았는데 조양에서 시작하여 양평에 이르렀다. 상곡, 어양, 우북평, 요서, 요동군을 설치하고 동호를 막았다.

당시 문화수준을 갖추고 전쟁을 하는 나라가 일곱이었는데 이 가운데 세 나라가 흉노와 국경을 접하고 있었다. 그 뒤 조나라 장수 이목이 있었던 시기에는 흉노가 감히 조나라의 국경에 들어오지 못하였다. 뒤에 진나라가 여섯 나라를 멸하고 시황제는 몽염으로 하여금 10만의 무리를 이끌고 북쪽의 동호를 공격하도록 하여 몽염은 하남의 땅을 모두 회수하였다. 이로써 황하를 요새로 삼아 44개의 현성을 황하 연안에 쌓고 주민을 옮겨 그곳을 지키도록 충원하였다. 험준한 산맥의 기슭을 이용하고 계곡을 해자로 삼아 보수가 가능한 곳은 수리를 하니 임조에서 시작하여 요동에 이르렀다.

- 『사기』 券110 「흉노열전(匈奴列傳)」

신조선왕(眞朝鮮王)인 모갑(某甲)이 영민하고 용맹하여 말조선과 불조선을 다시 연합(聯合)시켰다. 오늘날의 동몽골(東蒙古) 지역을 공격해 선비족(鮮卑族)을 정복하고, 연(燕)나라를 공격해 우북평(右北平)[240]과 어양(漁陽)[241]과 상곡(上谷)[242] 대동부(大同府) 등지를 다 차지했다. 그러자 연(燕)나라 왕(王)이 크게 두려워하여 신조선(眞朝鮮)에 해마다 조공을 바치고 신하(臣下)를 자처하며 태자(太子)를 인질로 보냈다.

모갑(某甲)이 죽고 모을(某乙)이 신조선왕(眞朝鮮王)이 된 뒤, 연(燕)나라 태자가 귀국하여 왕이 되었다. 그는 장군 진개(秦開)를 왕자로 속여 인질로 보냈는데 모을(某乙)은 속임수를 깨닫지 못했다. 진개(秦開)의 민첩하고 영리함에 빠진 모을(某乙)은 진개(秦開)를 늘 자기 옆에 두었다. 진개(秦開)는 모든 군국(郡國)의 기밀을 탐지한 뒤 연(燕)나라로 도망쳐 돌아갔다. 그리고 연(燕)나라 군대를 끌고 와서 신조선(眞朝鮮)을 기습했다. 그는 신, 말, 불 삼조선(三朝鮮)의 수비대(守備隊)를 돌파하고 서북 변경, 이전에 신조선왕(眞朝鮮王) 모갑(某甲)이 점령했던 상곡(上谷), 어양(漁陽), 우북평(右北平) 등지를 탈취했다. 더 나아가 불조선(番朝鮮)을 기습하여 요서(遼西)[243]와 요동(遼東)[244] 부근을 함락했다.

진개는 상곡(上谷), 어양(漁陽), 우북평(右北平), 요서(遼西), 요동(遼東)에 5군(五郡)을 설치하고 2천여 리의 장성(長城)을 쌓아 조선(朝鮮)을 견제했다. 사기 조선열전(朝鮮列傳)의 '연(燕)나라 전성기에 진번조선(眞番朝鮮)을 침략해서 복속시켰다(全燕時嘗略屬眞番朝鮮)'와 사기 흉노열전(匈奴列傳)의 '연(燕)나라에 진개(秦開)라는 명장이 있었다. 동호(東胡)에 인질로 갔더니 동호에서 그를 매우 신뢰했다. 귀국한 뒤 동호(東胡)를 습격하여 격파하

---

240 지금의 영평부(永平府).
241 지금의 북경(北京) 부근.
242 지금의 산서성(山西省).
243 오늘날의 노룡현(盧龍縣).
244 지금의 요양(遼場).

니 동호가 천여 리나 물러났다. 연(燕)나라도 장성을 수축하니 조양(造陽)에서 양평(襄平)까지 상곡(上谷), 어양(漁陽), 우북평(右北平), 요서(遼西), 요동(遼東)에 군(郡)을 설치했다(燕有賢將秦開 爲質於胡 胡甚信之 歸而襲破東胡 東胡却千餘里 燕亦築長城 自造陽 至襄平 置上谷漁陽 右北平 遼西 遼東郡).'와 '연(燕)나라가 이에 장군 진개(秦開)를 보내 그 서쪽을 공격하여 2천여 리의 땅을 빼앗아 만반한(滿潘汗)까지 이르렀다(燕乃遣將 秦開 攻其西方 取地 二千餘里 至滿潘汗)'는 모두 이 일을 가리킨다.

그러나 진개(秦開)가 인질로 간 조선은 신조선이지 불조선이 아니다. 또한 만반한(滿潘汗)은 불조선이지 신조선이 아니다. 그렇기 때문에 사기에서는 이를 흉노열전(匈奴列傳) 및 조선열전(朝鮮列傳)으로 나누어 다루었다. 위략(魏略)**245**은 조선열전(朝鮮列傳)에서 이것을 다루었으나, 진개가 인질이 된 사실은 다루지 않았다.

조선(朝鮮)을 막고자 중국 북방(北方)에 장성(長城)을 쌓은 나라는 비단 연(燕)나라뿐만이 아니었다. 오늘날의 직예(直隷) 서부(西部)의 절반과 하남성(河南省) 북부와 산서성(山西省)을 차지한 조(趙)나라의 무령왕(武靈王)도 지금의 산서성(山西省) 북부에 장성(長城)을 쌓았다. 이 장성은 조선(朝鮮)과 조선의 속민(屬民)인 담림(澹林), 누번(樓煩) 등으로 인해 쌓은 것이다. 지금의 섬서성(陝西省)을 차지한 진(秦)나라의 소왕(昭王)도 장성을 쌓았는데, 이것은 의거(義渠)를 멸하고 흉노(匈奴)를 막기 위해서였다. 의거(義渠)는 본래 조선의 한 종족으로 지금의 감숙성(甘肅省)으로 이주한 뒤, 성곽과 궁궐을 건축하고 농업을 장려하여 상당한 문화적 업적을 남겼다. 의거는 병력으로 진(秦)나라를 압박하기도 했다. 그런데 진시황(秦始皇)의

---

245 중국 삼국 시대 위나라를 중심으로 쓰여진 역사서.

고조모인 선태후(宣太后)는 절세의 미인이었다. 그는 의거(義渠)가 진(秦)나라를 멸망시킬까 두려워하여, 의거왕(義渠王)을 유혹하고 통정하여 두 아들을 낳았다. 마침내 의거왕義渠王)을 진나라로 끌어들여 살해하고 두 아들까지 죽인 뒤 그 나라를 기습하여 멸망시켰다.

- 신채호, 『조선 상고사』

전국시대(戰國時代) 북방(北方)에 위치하여 이민족(異民族)들과 국경을 접하고 있었던 진(秦), 연(燕), 조(趙) 등의 나라는 흉노(匈奴), 동호(東胡), 조선(朝鮮)의 영토를 침략하여 북쪽으로 몰아내고 이들의 침략을 방어하기 위해 북방(北方)의 국경선에 장성(長城)을 쌓았다. 진시황(秦始皇) 때 쌓은 만리장성(萬里長城)은 전국시대(戰國時代) 북방에 있었던 세 나라 진(秦), 연(燕), 조(趙) 등이 쌓았던 장성(長城)들을 연결시킨 것이다.

연(燕)·조(趙)·진(秦)의 장성(長城)

『사기』에는 '연(燕)나라 장성이 조양(造陽)에서 양평(襄平)에 이르렀다(自造陽至襄平)'고 기록되어 있어 만리장성(萬里長城)이 끝나는 지점의 지명과 일치하지 않는다. 연(燕)나라는 중국 동북부에 위치하고 있어 고조선(古朝

鮮)과 국경을 접하고 있었다. 그러면 그 동쪽 끝 지점은 요동(遼東)이 되어야 하는데 양평(襄平)에서 끝났다고 기록되어 있다. 양평(襄平)과 요동(遼東)의 차이는 『한서 지리지(漢書 地理志)』「요동군조(遼東郡條)」에 나타나 있다. 여기에 보면 요동군(遼東郡)에는 18개 현(縣)이 있고 양평(襄平)이 첫 번째 현(縣)으로 기록되어 있어 그곳에 목사관(牧師官)을 두었다고 했다. 연 장성이 양평(襄平)에서 끝났다는 것은 현(縣)의 명칭이고 만리장성(萬里長城)이 요동(遼東)에서 끝났다는 것은 군(郡)의 명칭이다. 요동군(遼東郡)은 고조선과 진 제국의 국경지역(國境地域)에 있었고 요동군의 현 가운데 양평현(襄平縣)은 만리장성이 끝나는 지점으로 고조선과 진제국의 국경지점(國境地點)에 자리해 있었다. 위 사료에 따르면 전국시대(戰國時代) 진(秦), 연(燕), 조(趙) 등의 나라는 이민족(異民族)을 공격하여 영토를 확장한 뒤 장성을 쌓은 것으로 장성을 쌓기 전의 중국과 이민족의 국경은 장성보다 더 남쪽에 있었다.

(5) 조선(朝鮮)과 화하(華夏)의 국경(國境)

秦分天下以爲三十六郡 郡置守尉監 更名民曰黔首 大酺 收天下兵 聚之咸陽 銷以爲鍾鐻 金人十二 重各千石 置廷宮中 一法度衡石丈尺. 車同軌 書同文字 地東至海曁朝鮮 西至臨洮羌中 南志北嚮戶 北據河爲塞並陰山至遼東

진나라는 천하를 36개 군(郡)으로 나누고, 군에는 수(守), 위(尉), 감(監)을 설치하였다. 백성을 부르는 호칭을 민(民)에서 '검수(黔首)'라 고치고 크게 잔치를 베풀었다. 천하의 병기를 거두어 함양에 모으고 녹여서 쇠로 된 편경과 동상 12개를 만들었더니 무게가 각각 1천 석이었고 궁중의 뜰에 배치하였다. 도량형(度量衡)의 기준을 통일하고 수레바퀴의 폭을 동일하게 하였으며 문자체(文字體)를 통일하였다. 땅은 동쪽은 바다에 이르러 조선(朝鮮)에 닿았으며, 서쪽은 임조(臨洮)와 강중(羌中)에 이르고 남쪽은 북향호(北響戶)에 이르렀고 북쪽은 황하(黃河)에 의거하여 요새를 만들고 음산(陰山)을 따라 요동(遼東)에 이르렀다.

- 『사기』, 권6 「진시황본기(秦始皇本紀)」, 진시황 26년

진(秦) 제국이 조선(朝鮮)과 국경을 접한 시기는 기원전 221년이므로 고조선(古朝鮮) 변경(邊境)의 기자국(箕子國)과 국경을 접하고 있었다. 동쪽바다는 발해(渤海)와 황해(黃海), 동중국해(東中國海)임을 알 수 있다. 음산(陰山)은 오르도스지역에서 동쪽으로 뻗어 내린 내몽골 중부에 자리한 산맥이다. 이 산맥을 따라 요동(遼東)에 이르렀다고 했으니 요동(遼東)은 진(秦)제국의 동부에 자리하여 고조선(古朝鮮)과 국경을 이룬 지역이다.

二世與趙高謀曰 朕年少, 初卽位, 黔首未集附. 先帝巡行郡縣, 以示彊, 威服海內. 今晏然不巡行, 卽見弱, 毋以臣畜天下. 春, 二世東行郡縣, 李斯從. 到碣石, 並海, 南至會稽, 而盡刻始皇所立刻石, 石旁著 大臣從者名, 以章先帝成功盛德焉

皇帝曰 金石刻盡始皇帝所爲也. 今襲號而金石刻辭不稱始皇帝, 其於久遠也 如後嗣爲之者, 不稱成功盛德. 丞相臣斯、臣去疾、御史大夫臣德昧死言 臣請具刻詔書刻石, 因明白矣. 臣昧死請. 制曰 可. 遂至遼東而還

진(秦)나라의 2세 황제가 조고(趙高)에게 "짐의 나이가 어리고 즉위 초이기 때문에 백성들이 아직 따르지 않습니다. 선제(先帝)[246]께서는 군현

---

246 진시황(秦始皇).

(郡縣)을 순행(巡幸)[247]하고 강함을 보여주어 해내의 사람들에게 위엄으로 복종하도록 하였습니다. 짐은 한가롭게 지내면서 순행을 하지 않으니 약하게 보여 천하의 백성들을 따르게 할 수가 없을 것입니다."고 하였다. 봄에 2세 황제가 동쪽의 군현을 순행하니 이사(李斯)가 수행하였다. 갈석산(碣石山)에 이른 다음 바다를 끼고 남쪽으로 회계산(會稽山)에 이르러 시황제가 세운 비석에 모두 글자를 새겨 넣었으며 비석의 옆면에 대신(大臣)으로서 수행한 사람들의 이름을 새겨 선제(先帝)가 이룬 공과 쌓은 덕을 밝혔다.

함양에 돌아온 후 2세 황제가 "청동과 비석에 새겨진 내용들은 모두 시황제(始皇帝)가 이룬 업적이고, 지금 짐은 황제(皇帝)라는 칭호를 그대로 이어 받고 있으니 청동에 새긴 내용에 시황제(始皇帝)라는 칭호를 사용하지 않는다면 오랜 세월이 흐른 후에 그것들을 후대의 황제(皇帝)가 한 것으로 잘못 인식되어 시황제(始皇帝)가 이룬 공과 쌓은 덕으로 칭송되지 않게 될 것."이라고 하니 승상 이사(李斯)와 신하 풍거질(馮去疾), 어사대부 덕(德) 등이 황공한 마음으로 "신 등은 황제(皇帝)의 조서 내용을 모두 자세하게 비석에 새겨 넣어 그 연유를 명백하게 밝히고자 합니다. 신 등은 황공한 마음으로 주청을 드립니다."고 하였다. 이에 2세 황제는 "그렇게 하시오"라고 제가 하였다. 마침내 요동(遼東)에 이르렀다가 돌아왔다.

－『사기』 권6 「진시황본기(秦始皇本紀)」, 2세 황제 원년

중국은 서쪽이 높고 동쪽이 낮아(西高東低) 동부에 자리한 하북성(河北省), 산동성(山東省), 강소성(江蘇省), 절강성(浙江省) 등은 평야지대(平野地代)

---

247 임금이 나라 안을 두루 살피며 돌아다님.

이면서 바다와 접하고 있고 산물이 풍부하며 경제적으로 중요한 지역이다. 이 지역의 원주민(原住民)은 동이족(東夷族)이었고 황하 중류 유역에 거주하던 화하족(華夏族)과 대립하고 있었다. 진시황제 사후 2세 황제가 된 호해(胡亥)는 동부지역의 백성들이 진(秦)나라에 호의적이지 않다는 것을 알고 신하들과 의논하고 있는 것이다.

天子旣已封禪泰山, 無風雨菑, 而方士更言蓬萊諸神山若將可得, 於是上欣然庶幾遇之, 乃復東至海上望, 冀遇蓬萊焉. 奉車子侯暴病, 一日死. 上乃遂去, 並海上, 北至碣石, 巡自遼西, 歷北邊至九原. 五月, 返至甘泉.

천자가 태산(泰山)에서 산천(山川)에 제사를 마치고 바람과 비의 재앙이 없었다. 방사들이 "원하신다면 봉래산(蓬萊山) 등의 신산(神山)을 찾을 수 있을 것"이라고 하였다. 이에 천자는 기뻐하면서 신산(神山)들을 찾을 수 있을 것으로 믿고 다시 동쪽의 해변에 도착하여 봉래산(蓬萊山)을 만날 수 있기를 바랐다. 그런데 봉거도위(奉車都尉)[248] 자후(子侯)가 갑자기 병이 나서 하루 만에 죽었다. 이에 천자는 그곳을 떠나 해변을 따라 북쪽으로 가서 갈석산(碣石山)에 이르렀다. 다시 요서(遼西)로부터 행차를 시작하여 북쪽변경을 거쳐 구원(九原)에 이르렀다. 5월에는 감천궁으로 돌아왔다.

- 『사기』, 권12 「무제본기(武帝本紀)」

한무제(漢武帝)는 산동성(山東省)의 태산(泰山)에서 산천에 제사를 마친 뒤 해변을 따라 북쪽으로 가서 갈석산(碣石山)에 이르렀고 다시 요서를

---

248 천자 측근에서 수레에 배승(陪乘)하는 무관직. 한무제 때 시작되었다.

떠나 순행을 시작하여 북쪽변경을 거쳐 구원(九原)에 이르렀다. 그러므로 갈석산(碣石山)은 산동성(山東省)의 북쪽에 있었고 그 서쪽이 요서(遼西)였음을 알 수 있다. 지금도 그곳에 갈석산(碣石山)이 있다. 하북성(河北省) 창려현(昌黎縣)의 갈석산(碣石山)이 그것이다. 그곳은 난하(灤河) 하류유역으로 요서(遼西)의 일부이다. 오늘날 요서(遼西) 서부인 난하유역(灤河流域)이 고대의 요동(遼東)이었고 고조선(古朝鮮)과 진(秦)제국의 국경지역(國境地域)이었던 것이다.

진(秦)제국의 동북국경(東北國境)이었던 만리장성(萬里長城) 동쪽 부분은 갈석산(碣石山)에서 시작했고 갈석산 지역이 고대(古代)의 요동(遼東)이었다. 그곳이 고대의 요수(遼水)와 요동(遼東) 지역이었던 것은 그 지역이 고조선(古朝鮮)과 중국의 국경지역(國境地域)으로서 중국인들에게 동쪽으로 가장 멀리 있는 땅이었고 중국인들은 동쪽 국경을 요동(遼東)이라고 불렀기 때문이다. 요동(遼東)이라는 지명이 오늘날 요동(遼東)으로 옮겨진 것은 중국이 영토를 확장하면서 오늘날의 요서 지역(遼西地域)이 중국영토로 편입되면서부터였다. 한(漢)나라가 오늘날 요서(遼西)지역에 있었던 위만조선(衛滿朝鮮)을 멸망시키고 한(漢)나라의 영토로 통합하여 한사군(漢四郡)을 설치함으로써 오늘날 요하가 한(漢)나라와의 국경이 되었다. 이에 따라 요수(遼水)라는 강 이름이 오늘날 요하(遼河)로 옮겨지고 그 동쪽 땅을 요동(遼東)이라 부르게 된 것이다.

樂浪遂城縣有碣石山長成所起

낙랑군 수성현에 갈석산이 있어 장성이 시작된 곳이다.

- 『태강지리지(太康地理志)』

『태강지리지(太康地理志)』는 서진(西晉)시대의 지리서(地理書)이다. 태강(太康)은 서진(西晉) 무제(武帝) 때의 연호(年號)로 서기 280년부터 289년까지의 기간이다. 이 책에서 갈석산(碣石山)은 진(秦) 장성(長成)이 시작되었다고 했고 고조선(古朝鮮)과 진(秦)과 한(漢)의 국경에 갈석산(碣石山)이 있었다. 갈석산(碣石山) 지역에 낙랑군(樂浪君) 수성현(遂城縣)이 있었으므로 한사군(漢四郡)의 낙랑군(樂浪郡)은 갈석산(碣石山) 지역임을 알 수 있다. 그런데 낙랑군(樂浪郡)을 포함한 한사군(漢四郡)은 한(漢)나라가 위만조선(衛滿朝鮮)을 멸망시키고 그 지역에 설치했으므로 한사군(漢四郡)은 원래 한(漢)나라의 영토가 아니었다. 갈석산(碣石山)에서 진(秦) 장성(長成)이 시작되었고 그 지역에 낙랑군(樂浪郡)이 있었다고 했으므로 갈석산(碣石山)은 국경에 있었음을 알 수 있다. 갈석산(碣石山)의 서쪽은 진(秦)과 한(漢)의 영토였고 동쪽은 고조선(古朝鮮)의 영토였으나 갈석산(碣石山) 지역은 위만조선(衛滿朝鮮)의 영토였다가 한사군(漢四郡)의 하나인 낙랑(樂浪)의 영토가

갈석산(碣石山)의 위치

된 것이다. 한(漢)나라는 갈석산(碣石山) 동쪽에 있던 위만조선(衛滿朝鮮)을
멸망시키고 그 지역에 한사군(漢四郡)을 설치했는데 낙랑군(樂浪郡)이 한
사군 가운데 제일 서쪽에 위치했다는 것을 알 수 있다. 위만조선(衛滿朝
鮮)과 한사군(漢四郡)은 오늘날 요서(遼西)지역에 위치한 것이 된다.

> 碣石山在漢樂浪郡遂成縣, 長城起於此山。今驗長城東截遼水而入高麗, 遺
> 址猶存 按尚書云 夾右碣石入於河。右碣石即河赴海處, 在今北平郡南二十餘
> 里, 則高麗中為左碣石
>
> 갈석산(碣石山)은 한의 낙랑군 수성현에 있고 장성은 이산에서 시작되
> 었다. 지금 그 증거로 장성이 동쪽으로 요수를 끊고 고구려로 들어가는
> 데 유적이 아직도 존재한다. 생각건대 '상서(尚書)'에 이르기를 '협우갈석어
> 하(夾右碣石入於河)'라 했으니 우갈석은 강이 바다를 향한 곳으로 오늘날
> 북평군 남쪽 20여 리에 있다. 그러므로 고구려 안에 있는 것은 좌갈석이
> 된다.
>
> - 『통전(通典)』, 권186 「변방동이고구려(邊方東夷高句麗)」

통전(通典)은 당(唐)나라의 두우(杜佑)가 편찬한 문물제도사(文物制度史)
이다. 사료는 당나라 옆에 있던 고구려(高句麗)에 대한 기록이다. 장성이
갈석산(碣石山)에서 시작된 증거로 장성이 동쪽으로 요수(遼水)를 지나 고
구려로 들어가는 사실을 들면서 장성의 유적이 아직 남아있음을 말하
고 있다. 여기서 말하는 요수(遼水)는 그 위치로 보아 오늘날의 난하(灤河)
였음을 알 수 있다.

> 遂開拓舊境, 卻地千里。複秦長城塞, 自溫城泊于碣石, 綿亙山谷且三千里,

分軍屯守, 烽堠相望

마침내 옛 경계를 개척하니 늘어난 땅이 1천 리였다. 진장성의 요새를 복구하였더니 온성으로부터 갈석에 이르렀으며 이어 뻗은 산의 계곡이 또한 3천 리나 되었다. 군사를 나누어 둔전을 하며 지키도록 하였더니 봉수대가 서로 바라보았다.

- 『진서』, 권42 「당빈열전(唐彬列傳)」

진(晉)나라 때 국경을 넓히는 과정에서 만리장성(萬里長城)을 복구했는데 그 끝나는 지점이 갈석산(碣石山)이었다는 기록이다.

盧龍漢肥如縣有碣石山碣然而立在海旁故名之晉太康地志云秦築長城所起自碣石在今高麗舊界非此碣石也

노룡현(盧龍顯)은 한(漢)나라 때의 비여현(肥如縣)이며 갈석산(碣石山)이 있다. 우뚝 솟아 바닷가에 서 있으므로 그런 이름을 얻었다. 진(晉)나라의 태강지지(太康地志)에서는 '진(秦) 장성이 갈석산(碣石山)으로부터 시작한다'고 했다. 지금 고려(高麗)[249]의 옛 경계에 있는 것은 이 갈석이 아니다.

- 『통전(通典)』, 권178
「주군 평주 노룡현 주석(州郡 平州 盧龍縣 注釋)」

진(秦), 한(漢)의 동북 국경에 있던 만리장성(萬里長城)의 동쪽 부분은 갈석산(碣石山)으로 고대 요동이었다.

---

249 고구려(高句麗).

遼水 出碣石山 自塞北東流 直遼東之西南 入海

요수는 갈석산을 나와 요새의 북쪽으로부터 동쪽으로 흘러 곧바로 요동의 서남에 이르러 바다로 들어간다.

- 『회남자(淮南子)』, 권4 「추형훈(墜形訓)」

회남자(淮南子)는 한(漢)나라 초에 회남왕(淮南王)이었던 유안(劉安)이 편찬한 책이다. 유안은 경제(景帝) 말년 이 책을 편찬했다. 이 책의 추형훈(墜形訓)은 중국의 6대강을 소개하고 있으며 요수(遼水)도 설명하고 있다. 요수는 갈석산을 나와 요동(遼東)의 서남에서 바다로 들어간다고 설명했다. 오늘날 갈석산(碣石山)을 끼고 흐르는 큰 강은 난하(灤河)뿐이다. 난하는 갈석산을 나와 동남쪽으로 흘러 고대 요동인 갈석산 지역의 서남에서 바다로 흘러들어가 추형훈(墜形訓)의 요수(遼水)에 대한 설명과 일치한다. 이로 보아 오늘날 난하(灤河)가 고대의 요수(遼水)였음을 알 수 있다. 따라서 오늘날 요하와 요동은 후대에 명칭이 붙여졌으며 그 이전의 요동은 오늘날 하북성(河北省) 창려현(昌黎縣)의 갈석산지역(碣石山地域)이었고 요수(遼水)는 난하(灤河)였던 것이다.

燕塞碣石 絶邪谷 繞援遼

연나라는 갈석산을 국경의 요새로 삼았다. 사곡에 의해 끊기고 요수에 의해 둘러싸였다.

- 『염철론(鹽鐵論)』, 권9 「험고(險固)」

한(漢)나라 무제(武帝) 때 실시한 소금과 철의 전매제도(專賣制度)에 대해 전국의 학자들을 모아 대토론회를 하고 그 내용을 정리한 책이 『염철론

(鹽鐵論)』이다. 이 사료는 어사대부 상홍양(桑弘羊)이 한 말 가운데 일부이다. 그는 전국시대(戰國時代) 여러 나라의 상황을 설명하면서 연(燕)나라에 대해서도 말했다. 전국시대 연(燕)나라 국경은 갈석산(碣石山)과 사곡(邪谷), 요수(遼水) 등으로 이루어졌다는 것이다.

요동(遼東)에는 2가지의 다른 뜻이 있다. 하나는 중국 동북부 국경지대(國境地代)를 일컫는 일반적 의미이고 다른 하나는 행정구역(行政區域)으로의 요동군(遼東郡)이다. 중국인들은 이를 명확하게 구별하지 않고 요동(遼東)이라고만 기록한 경우가 많아 사료를 읽을 때 혼동을 일으키기 쉽다. 진(秦), 한(漢)시대 요동군(遼東郡)이 설치되어 있었는데 진(秦), 한(漢)의 행정구역(行政區域)이었으므로 동북 국경 지역에 자리해 있었다.

증선지(曾先之)가 작성한 『십구사략통고(十九史略通攷)』의 지도에 조선(朝鮮)이 만주(滿洲)에 표시되어 있으며 만리장성(萬里長城), 요수(遼水), 요하(遼河)가 모두 오늘날의 요서(遼西)에 표시되어 있다. 이 지도는 여러 시대의 역사를 함께 표시했기 때문에 한반도(韓半島)에는 고구려(高句麗), 백제(白帝), 신라(新羅)가 있다.

大夫曰 往者四夷具强 並爲寇讐 朝鮮踰徼 劫燕之東地

대부가 말하기를 옛적에 사이(四夷)가 모두 강하여 중국에 나란히 쳐들어와 피해를 입혔는데 조선(朝鮮)은 요(徼)를 넘어 연(燕)나라의 동쪽 땅을 빼앗았다.

- 『염철론(鹽鐵論)』, 권7 「비호(備胡)」

『염철론(鹽鐵論)』에는 위략(魏略)에서 확인된 연(燕) 장수 진개(秦開)의 침략 뒤에 고조선(古朝鮮)의 반격으로 연군을 몰아내고 연 동쪽을 빼앗아 요동군의 만번한(滿潘汗)이 고조선(古朝鮮)과 연(燕)나라의 국경(國境)이 되었다는 사실을 뒷받침해주는 내용이 나와 있다.[250]

250 윤내현 『사료로 보는 우리고대사』, 만권당, 2016.

흉노의 동침과 조선의 분열

(1) 흉노의 동침과 조선의 분열

흉노(匈奴)는 조선(朝鮮)과 언어계통이 같고 조선처럼 수두(蘇塗)[251]를 신봉하였던 진조선(眞朝鮮)의 속민(屬民)이었다. 중국의 기록에는 흉노가 동호족(東胡族)에 속해 있었다고 했는데 동호(東湖)는 진조선(眞朝鮮)에 속해 있었다. 흉노는 오늘날의 몽골 등지에 흩어져 목축과 수렵에 종사하고, 중국 북부를 자주 유린하며 진조선(眞朝鮮)에도 반란과 항복을 반복했다.

기원전 209년에 연제두만(攣鞮頭曼)[252]이 흉노의 선우(單于)[253]가 됐다. 그는 장자(長子)인 모돈(冒頓)[254]을 미워하고 작은아들을 사랑했다가 결국 모돈에게 죽임을 당했다. 모돈(冒頓)은 두만(頭曼)의 뒤를 이어 선우(單于)가 됐다.

진조선(眞朝鮮)의 왕은 모돈의 성품을 알지 못하고 많은 공물을 요구했다. 모돈은 환심을 살 목적으로 진조선(眞朝鮮) 왕이 천리마를 요구하면

---

251 천신을 제사지낸 지역.
252 몽골어 투먼을 음차한 단어.
253 흉노(匈奴)족 군주(君主)의 칭호.
254 몽골어의 바토르를 음차한 단어. 묵특, 묵돌이라고도 한다.

자기의 애마를 주고, 미인을 요구하면 자신의 알씨(燕支)²⁵⁵를 주었다. 그래서 진조선(眞朝鮮)의 왕은 더욱 더 모돈을 얕보았다. 진조선 왕은 사신을 보내 양국 중간 천여 리의 땅인 구탈(甌脫)²⁵⁶을 내어줄 것을 요구했다. 이 요구를 듣고 모돈은 대노하여 "토지는 나라의 근본인데, 어찌 이것을 달라 하느냐?"며 사신(使臣)을 죽였다. 그는 흉노(匈奴)의 기병을 총출동시켜 진조선(眞朝鮮)의 서방(西方)인 지금의 동몽골 일대를 습격하여 주민들을 유린하고 다수의 동호족(東胡族)을 학살했다. 진조선(眞朝鮮)은 퇴각하고 수천 리의 땅을 빼앗겼다. 동호족의 잔존 세력은 대흥안령(大興安嶺)의 선비산(鮮卑山)과 오환산(烏桓山) 안팎으로 도주했다. 이 때문에 쇠약해진 진조선(眞朝鮮)은 분열되고 영토 내 국가들에 대한 통제권(統制權)을 완전히 상실했으며 이후 다시 회복하지 못했다. 고조선(古朝鮮)은 이때 분열되어 각각의 국가(國家)들이 서로 다투는 열국시대(列國時代)로 진입하게 되고 통일(統一)을 이루지 못했다.

사마천(司馬遷)의 『사기』와 『환단고기』를 보면 흉노(匈奴)가 조선(朝鮮)임을 짐작하게 해주는 대목이 나온다. 『사기』와 『환단고기』에는 조선(朝鮮)이 연(燕), 제(齊)와 전쟁을 한 내용이 있다. 『환단고기』와 같은 내용을 『사기』에는 조선과 싸웠다고 하지 않고 북융(北戎), 산융(山戎), 흉노(匈奴) 등과 싸웠다고 표기하고 있어 조선(朝鮮)이 북융(北戎), 산융(山戎), 흉노(匈奴)와 같은 국가임을 뜻한다.

釐公二十五年, 北戎伐齊. 鄭使太子忽來救齊

희공 25년 북융이 제나라를 침공하자 정나라에서 태자 홀을 보내 제

---

255 흉노(匈奴) 선우(單于)의 처첩.
256 구탈은 국경의 완충지대를 가리키는 용어로 사람이 살지 않는 땅이다.

나라를 도왔다.

其桓公二十三年, 山戎伐燕, 燕告急於齊. 齊桓公救燕, 遂伐山戎, 至于孤竹而還

제나라 환공23년 산융이 연나라를 정벌하자 연나라는 제나라에 위급함을 알려왔다. 제나라 환공은 연나라를 구하기 위해 마침내 산융을 쳐서 고죽까지 이른 다음 돌아왔다.

其後四十四年, 而山戎伐燕. 燕告急於齊, 齊桓公北伐山戎, 山戎走

44년 뒤 산융이 연나라를 치자 연은 제나라에 위급함을 알려왔다. 제 환공이 북쪽으로 산융을 치자 산융은 도망했다.

- 사마천, 『사기』

十有五年, 而山戎越燕而伐齊, 齊釐公與戰於齊郊

산융이 연나라를 넘어서 제나라를 쳤다. 제나라 희공은 제나라의 교외에서 싸웠다

- 사마천, 『사기』, 「흉노전(匈奴傳)」

戊午五十年 帝遣將彦波弗哈平海上熊襲. 甲戌六十六年 帝遣祖乙直穿燕都與齊兵戰于臨淄之南郊告捷

무오50년(B.C. 723) 단제께서 언파불합 장군을 보내 해상에서 웅습을 평정하였다. 갑술 66년(B.C. 707) 단제께서 조을을 보내 곧바로 연나라의 도읍을 돌파하고 제나라 군사와 임치의 남쪽 교외에서 싸우고 승리를 알려왔다.

戊辰五十二年 帝遣兵與須臾兵伐燕 燕人告急於齊 齊人大擧入孤竹 遇我
伏兵戰不利乞和而去

무진52년 (B.C. 653) 단제께서 병력을 보내 수유의 군대와 함께 연나라
를 정벌케 하였다. 이에 연나라가 제나라에 위급함을 알리자 제나라가
대거 고죽에 쳐들어 왔는데 우리의 복병에 걸려 전세가 불리해지자 화해
를 구걸하고 물러갔다.

－『환단고기』, 「단군세기」

위 기록에 따르면 산융(山戎)과 조선(朝鮮)은 같은 나라이다. 중국인들
이 번조선으로 하지 않고 조선(朝鮮)을 멸시하는 의미에서 북적(北狄), 산
융(山戎), 동호(東胡), 험윤(獫狁), 흉노(匈奴)라고 이름을 붙여 부른 것이다.
『사기』의 기록에도 북방민족(北方民族)을 북융(北戎), 산융(山戎), 흉노(匈奴)
로 기록하고 있다.

고조선(古朝鮮)의 역사가 후대에 큰 혼란(混亂)을 남긴 이유는 고조선(古
朝鮮)의 국가들이 문자(文字)가 없어 남긴 기록이 없고 『사기』의 조선 관
련 기록도 부실하기 때문이다. 또한 중국 내의 동이족(東夷族)이 세운 진
(秦), 제(齊), 연(燕), 초(楚)가 고유의 역사를 잃어버리고 한족(漢族)으로 개
량되었기 때문이다. 『사기』에는 고조선에 관한 기록도 거의 없는 데다
다른 이민족과는 달리 민족과 국호의 기원(紀元), 제도(制度)에 관한 내용
을 다루지 않았고 한(漢)나라와 위만조선(衛滿朝鮮)의 전쟁(戰爭)만 상세히
묘사하고 있다. 고조선의 미스터리 가운데 하나다. 따라서 위만 이전의
고조선(古朝鮮)의 실체(實體)에 대해서는 다른 경로를 통해 추적할 수밖에
없다. 기자(箕子)나 숙신(肅愼)에 대한 연구도 그 하나의 예다.

고조선(古朝鮮) 분열 후 흉노(匈奴)의 영토
(출처: 위키미디어 커먼스)

(2) 고조선(古朝鮮)의 후예(後裔)

조선족(朝鮮族)이 분화(分化)하여 조선(朝鮮), 선비(鮮卑), 여진(女眞), 몽골(蒙古), 흉노(匈奴), 퉁구스 등의 종족이 되고, 흉노족(匈奴族)이 이동하고 분산하여 돌궐(突厥: 지금의 新疆族), 흉아리(匈牙利: 헝가리), 토이기(土耳其: 터키), 분란(芬蘭: 핀란드)족이 되었다. 오늘날 몽골, 만주, 터어키, 조선의 네 종족 사이에 유사한 어휘들이 적지 않게 존재한다. 이것은 몽골(大元)제국 시대에 상호작용을 많이 받은 영향도 있지만, 고대사를 보면 조선과 흉노 사이에 관명(官名), 지명(地名), 인명(人名)이 같은 것이 많았다. 상고(上古)에 있어서 한 어족이었음을 증명하는 것이다.

- 신채호, 『조선상고사(朝鮮上古史)』

고조선(古朝鮮)이 흉노(匈奴)의 침략을 받아 분열된 후 요하 서쪽과 대
흥안령 서쪽에는 동호(東胡), 산융(山戎), 흉노(匈奴), 실위(室韋) 등이 있었
고 동쪽으로는 조선(朝鮮), 북부여(北扶餘), 동부여(東扶餘), 고구려(高句麗),
남옥저(南沃沮), 북옥저(北沃沮), 동예(東濊), 숙신(肅愼) 등이 있었으며 한반
도에는 진(辰)이라고 알려진 나라가 있었다. 중국(中國)의 문헌(文獻)에 기
록된 나라만 그렇고 실제로는 수백에서 수천의 군소국가(群小國家)들이
존재했을 것으로 추정된다.

① 예맥한계

열국시대(列國時代)를 거치면서 단군에 대한 인식이나 고조선(古朝鮮)에
대한 계승의식(繼承意識)이 점차 약해졌다. 삼국시대(三國時代)의 기록이
남아있지 않아 그 시대에는 단군을 어떻게 인식하고 있었는지 알 수는
없다. 『삼국사기』「고구려전」에 동천왕이 평양으로 천도하였을 때인 247
년 단군에 대한 기록이 한 번 나온다.

> 平壤者本仙人王儉之宅也 或云王之都王險)
> 평양은 본래 선인(仙人) 왕검이 살던 곳이다. 왕의 도읍인 왕검이었다고
> 도 전한다.
>
> -『삼국사기』, 고구려 동천왕(高句麗 東川王) 21년

이후 단군은 고려 말, 대몽항쟁(對蒙抗爭) 시기에 주목받기 시작하여 조
선시대(朝鮮時代)부터 본격적으로 국조(國祖)로 추앙되었다. 세종(世宗) 때
에는 평양(平壤)에 단군과 동명왕(東明王)을 모신 사당(祠堂)을 지어 국가
적으로 제사를 올렸으며 환인, 환웅, 단군의 신주(神主)를 모신 삼성당(三

聖堂)이 황해도 문화현 구월산에 만들어지기도 했다.

② 동호계

고조선(古朝鮮)이 붕괴된 후 만주(滿洲)에 있었던 여러 나라의 언어(言語)와 풍속(風俗)은 서로 유사했다고 기록되어 있다. 언어(言語)와 풍속(風俗)은 공동체(共同體)를 이루고 밀접한 관계를 가지고 살아야만 비슷해지는 것이다. 한민족(韓民族)과 관련이 없다고 여겼던 동호계열(東胡系列)의 선비족(鮮卑族)이 고조선(古朝鮮)을 계승했다는 기록은 이를 시사(示唆)하고 있다. 고구려(高句麗)에 쳐들어와 고국원왕(故國原王)의 부왕(父王)인 미천왕(美川王)의 시신(尸身)과 모후(母后), 왕비(王妃)를 잡아갔던 선비족 전연(前燕)의 모용황(慕容皝)이 조선공(曹宣公)에 봉해지기도 했던 것이다.

흉노(匈奴)가 서아시아로 이동한 후 동호계(東胡係)의 선비족(鮮卑族)은 몽골지역으로 세력을 넓혔다. 후한(後漢) 말 단부선비(段部鮮卑)를 세운 단석괴(檀石槐)는 비어있는 요서(遼西)와 내몽골 지역을 장악하였다. 단석괴 사후에 중국의 위(魏)와 진(晉)나라가 확장하여 일시적으로 세력이 약화됐지만 구력거(丘力居)가 다시 회복했다. 황제(皇帝)를 칭한 구력거는 단석괴(檀石槐)가 장악했던 영역을 대부분 회복하고 청주(靑州), 서주(徐州), 유주(幽州), 기주(冀州) 등 네 주를 점령했다. 이 시기를 전후(前後)해서 고구려(高句麗)는 옛 고조선(古朝鮮) 남부 지역인 요하(遼河)를 벗어나 한반도(韓半島) 북부 지역으로 이동하였다. 그 후 가비능(軻比能)이 여러 부족을 통솔하고 위(魏)나라와 대립하다 자객에게 암살되어 다시 분열되고, 선비족은 모용부(慕容部), 탁발부(拓拔部), 우문부(宇文部), 단부(段部) 등으로 재편되었다. 이 가운데 모용부(慕容部)가 가장 강력한 세력을 형성하며 전연(前燕)과 후연(後燕)을 건국했다. 『진서』에는 모용외(慕容廆)가 건무(建

武)²⁵⁷ 초에 정벌전쟁(征伐戰爭)으로 공이 크게 쌓여 동진(東晉)의 명황제(明皇帝) 말에 조선공(朝鮮公)²⁵⁸에 봉해졌고 이를 모용황(慕容皝)이 계승하였다는 기록이 있다.

> 慕容皝字元眞, 廆第三子也. 建武初, 拜爲冠軍將軍、左賢王, 封望平侯, 率衆征討, 累有功. 太寧末, 拜平北將軍, 進封朝鮮公. 廆卒, 嗣位

모용황(慕容皝)은 모용외(慕容廆)의 셋째 아들로 태어났다. 모용외가 건무(建武)²⁵⁹ 초에 군대를 이끌고 정벌 전쟁을 하였다. 그 공이 크게 쌓여 조선공(朝鮮公)에 봉해졌으며 이를 모용황이 계승하자 내분이 일어났고, 모용황(慕容皝)은 이들을 진압하기 위해 험독(險瀆)으로 갔다.

- 『진서』 권109

모용외(慕容廆)는 선비족(鮮卑族) 모용부(慕容部)의 수장으로 전연(前燕)을 세운 모용황(慕容皝)의 아버지이다. 전연(前燕)이 건국된 이후 고조(高祖) 선무제(宣武帝)로 추존되었다.

모용씨(慕容氏)의 선조는 유웅씨(有熊氏)의 후예로 대대로 북이(北夷) 땅 내몽고 지역 자몽지야(紫蒙之野)에서 읍락을 이루고 거주하며 동호(東胡)라고 칭했다. 동호(東胡)는 공현지사(控弦之士)²⁶⁰ 20여만 명을 보유한 강국으로, 흉노를 비롯한 주변 유목국을 복속했었다. 동호의 풍속(風俗)과 관직(官職)은 흉노(匈奴)와 같았다. 진(秦), 한(漢) 때에 흉노(匈奴)의 선우 모

---

257 후한 광무제의 연호.
258 조선왕.
259 후한 광무제 때 연호.
260 활 쏘는 군사.

돈에게 크게 패해 선비산(鮮卑山)에 들어가 의지하였으므로 선비(鮮卑)로 불리게 되었다. 선비는 흉노가 한(漢)과의 전쟁을 치른 후 쇠약해지자 흉노를 서아시아로 밀어내고 몽골고원(高原)을 지배했다. 후한(後漢)이 망하고 서진(西晉)에서 8왕의 난(亂)[261]이 일어나자 용병으로 서서히 중국 내부에 이주하여 북조(北朝)의 여러 국가들과 수(隋), 당(唐)을 세우며 한족(漢族)으로 개량(改良)되었다. 선비족(鮮卑族)은 고조선(古朝鮮)과 관련이 있어 조선공(曹宣公)에 봉해졌다. 고조선(古朝鮮)의 이름이 고구려(高句麗)가 아닌 선비족(鮮卑族)의 모용외(慕容廆), 모용황(慕容皝)으로 이어진 것이다.

『진서』에서는 험독(險瀆)이 선비족(鮮卑族) 모용씨(慕容氏)의 주요 거점(據點)인 것으로 기록하고 있다. 『수경주(水經注)』[262]나 『일지록(日知錄)』[263]에 따르면, 험독(險瀆)은 베이징(北京) 부근으로 과거에는 고죽국(孤竹國)이었다. 4세기에 베이징(北京) 인근에서 요동(遼東)에 이르는 고조선(古朝鮮) 옛 지역을 선비족(鮮卑族) 출신의 조선공(朝鮮公) 모용외(慕容廆)와 모용황(慕容皝)이 회복했다. 조선공(朝鮮公) 모용황은 기존의 고조선 영역뿐만 아니라 훨씬 더 남하해서 북중국의 주요부를 대부분 장악했다. 모용황(慕容皝)은 중국을 효과적으로 통치하기 위해 국호를 연(燕)이라 하였다. 연(燕)이 전진(前秦)에 멸망된 뒤에 모용수(慕容垂)가 다시 연(燕)을 세웠다. 모용황이 세운 연(燕)을 전연(前燕)이라 하고 모용수가 세운 연(燕)을 후연(後燕)이라고 한다. 후연(後燕)은 고구려 왕족 출신의 모용운(慕容雲)이 황위를

---

261 중국 서진(西晉)의 황족들 간 권력투쟁의 혼란기로, 관련된 주요 황족이 8명인 데서 유래한다. 서진 멸망의 직접적인 원인으로 오랜 혼란의 결과 통치기반이 급속히 약화되어 흉노족 침입 (영가의 난)으로 서진이 멸망하였다.
262 중국 남북조 시대에 저작된 지리서이다. 『수경(水經)』이란 책에 주석이 추가된 서적이다.
263 명(明)나라의 유학자인 고염무의 저서. 고염무가 평생 독서하여 얻은 바를 수시로 필기한 것이므로 '일지록'이라고 이름하였다.

찬탈하고 북연(北燕)을 세우면서 멸망하였다.

　　모용운(慕容雲)은 모용보(慕容寶)의 양자로 조부는 고화(高和)이며 고구
려(高句麗)의 한 족속(族屬)이다.

- 『진서』, 「모용운전(慕容雲傳)」

　　모용운(慕容雲)은 북연(北燕)의 황제로 즉위한 후에 다시 성(姓)을 고씨
(高氏)로 바꾸었다.

　　광개토대왕(廣開土大王)은 사신을 보내 종족(宗族)의 예를 베풀었고,[264]
모용운(慕容雲)도 시어사 이발(李拔)을 보내 답례하며 종족(宗族) 간의 유
대감을 표시했다.

- 『삼국사기』, 「고구려본기(高句麗本紀)」

　　고구려(高句麗)와 선비족(鮮卑族)은 같은 조선(朝鮮)의 후손(後孫)이라는
공동체로서의 유대감이 있었던 것으로 보인다.
　　모용부(慕容部) 세력이 약화된 뒤 탁발부(拓跋部)가 대두하며 북위(北魏)
를 건국했다. 북위(北魏)의 헌문제(献文帝)는 "고구려(高句麗)를 정벌해 달
라"며 백제(百濟) 개로왕(蓋鹵王)이 국서(國書)를 보내자 꾸짖고 장수왕(長壽
王)에게 개로왕(蓋鹵王)이 보낸 국서를 보내며 장수왕에게 딸을 보내줄 것
을 요구하기도 했다.

---

[264] 408년.

북위(北魏) 헌문제의 아들 효문제(孝文帝)는 고구려 출신의 귀족인 고조용(高照容)을 황후로 맞이했다. 고조용이 바로 문소황태후(文昭皇太后)로 선무제(宣武帝)를 낳았다. 선무제의 등극에 황족 일부가 반발하자 문소황태후의 오빠인 고조(高肇)가 대군을 몰고 궁으로 들어와 북위(北魏)의 조정(朝廷)을 장악하고, 남조(南朝)인 송(宋)나라의 대군을 격파하기도 했다.

- 『위서(魏書)』, 「문소황태후열전(文昭皇太后列傳)」

"491년 장수왕(長壽王)이 서거하자, 북위(北魏)의 효문제(孝文帝)가 부음(訃音)을 듣고 흰 위모관(委貌冠)[265]을 쓰고 베로 지은 심의(深衣)[266]를 입고 동교(東郊)에서 거애(擧哀)[267]하였다"는 『삼국사기』「고구려본기(高句麗本紀)」의 기록에 따르면 효문제(孝文帝)는 천자(天子)가 아니라 할아버지가 서거(逝去)한 듯한 애도의 정을 보였다.

이같이 전연(前燕), 후연(後燕), 북연(北燕), 북위(北魏), 고구려(高句麗)의 관계는 모용부(慕容部), 탁발부(拓跋部), 고구려(高句麗)가 중국 북부 지역에 서로 다른 나라를 만들었지만 '고조선(古朝鮮)의 후예(後裔)'라는 인식을 공유했음을 보여 주고 있다.

10세기에 요(遼)나라를 세우고 번성했던 거란(契丹)은 선비족(鮮卑族) 우문부(宇文部)의 후예(後裔)이다. 모용부(慕容部)에 의해 우문부(宇文部)가 궤멸된 후 남은 사람들이 후에 거란(契丹)으로 불렸다.

---

265 문무(文舞)에 쓰는 관.
266 신분이 높은 선비들이 입던 옷옷. 대개 흰 베를 써서 두루마기 모양으로 만들었으며 소매를 넓게 하고 검은 비단으로 가를 둘렀다.
267 초상을 당하여 영전에서 통곡함.

거란(契丹)은 고막해(庫莫奚)[268]의 동쪽에 있으며 고막해(庫莫奚)와 같은 종족(種族)[269]으로 선조는 동부 우문(宇文)의 별종이고 처음 모용원진(慕容元眞)에게 격파돼 송막지간(松漠之間)으로 달아나 숨었다.

- 『위서(魏書)』

요(遼)나라의 선조가 거란(契丹)이고 본래는 선비(鮮卑)의 땅 요택(遼澤)에 살았다.

- 『요사(遼史)』

송막지간(松漠之間)은 현재의 내몽골이다. 요택(遼澤)은 요하일대(遼河一帶)의 삼각주 지역으로 대릉하(大陵河)에서 요하유역(遼河流域)까지의 세계 최대(最大)의 습지(濕地)이다. 전국시대(戰國時代)에 고조선(古朝鮮) 땅이었는데 연(燕)나라의 침입으로 고조선이 밀려간 서쪽 국경지역으로 추정된다.

遼本朝鮮故壤 箕子八條之敎 流風遺俗 蓋有存者
요(遼)나라는 조선(朝鮮)의 옛 땅에서 유래했으며, 고조선(古朝鮮)과 같이 팔조범금(八條犯禁)의 관습과 전통을 보존하고 있다.

- 『요사(遼史)』

東京遼陽府本朝鮮之地
수도(首都)의 동쪽 관문인 동경요양부(東京遼陽府)는 본래 조선(朝鮮)의

---

268 해족(奚族), 고막해족(庫莫奚族)이라고도 한다. 북방 민족인 동호에서 발원한 민족이며, 선비족 우문부의 한 지파이다.
269 선비족.

땅이다.

-『요사지리지(遼史 地理志)』

선비족은 모용부(慕容部), 탁발부(拓拔部), 우문부(宇文部) 등 여러 부족으로 구성되어 있는데 그 가운데 우문부(宇文部)의 후예들이 요서지역(遼西地域)에서 당(唐)나라 후기에 거란(契丹)이 되어 요(遼)나라를 세웠다. 요(遼)나라는 고조선이 지배했던 땅에서 건국하였고 고조선의 관습과 전통을 보존하고 있었으며 고조선(古朝鮮)의 후예(後裔)임을 자처하고 있었다.

거란(契丹)은 모용부(慕容部)와 탁발부(拓拔部) 등 타부족의 기세에 눌려 지냈지만 이전의 북위(北魏), 수(隋), 당(唐)과 달리 고조선 고유의 전통을 유지하면서 고조선의 옛 지역을 모두 회복하고 세력을 키워 중원(中原)으로 진출했었다.

진조선(眞朝鮮)의 동호(東胡)에게 복속했던 흉노(匈奴)는 기원전 3세기부터 5세기까지 몽골 및 중국 북부 지역을 통치한 유목제국(遊牧帝國)이다. 기원전 3세기 무렵 몽골 고원 지역에서 세력을 확대하기 시작하여, 전성기(全盛期)에는 시베리아 남부(南部), 만주서부(滿洲西部), 내몽골 자치구(內蒙古自治區), 간쑤성(甘肅省), 신장위구르자치구(新疆維吾爾自治區)까지 지배하였다. 한(漢)나라와 군사적 충돌을 하고 나서, 한고조(漢高祖) 유방(劉邦)을 패퇴시키고 조공무역과 결혼동맹을 하는 등의 관계를 맺었으며, 결국 한무제(漢武帝) 때 한(漢)나라의 공격으로 급격하게 쇠퇴하였다.

흉노(匈奴)가 등장하는 최초의 기록은 기원전 4세기 말 중국 전국시대(戰國時代)의 기록이다. 기원전 318년, 흉노(匈奴)는 한(韓), 조(趙), 위(魏), 연(燕), 제(齊)의 다섯 나라와 함께 진(秦)을 공격했지만, 결과는 5국(五國)의 참패로 끝났다. 이후 조(趙)나라의 효성왕(孝成王) 때 장군(將軍) 이목(李牧)

이 대(代)의 안문(雁門)에서 흉노군(匈奴軍)을 맞아 싸워서 흉노의 선우(單于)[270]를 격파했다.

흉노의 선우 두만(頭曼)[271]은 여러 차례 중국을 공격했고, 중국을 통일한 진시황제는 기원전 215년, 장군 몽염(蒙恬)을 보내 융적(戎狄), 즉 흉노를 토벌하고 하남의 땅[272]을 점령하여 흉노를 축출한 뒤, 감숙(甘肅)에서 요동(遼東)까지 장성을 쌓아 흉노의 침공을 막았다. 당시 두만은 자신의 태자였던 묵돌(冒頓)[273]을 인질로 월지국(月氏國)에 보내고 월지국을 공격하여 아들을 죽이려 했다. 가까스로 월지를 빠져나온 묵돌은 귀국해서 자신을 따르는 자들을 모아 아버지 두만(頭曼)선우(單于)를 살해하고, 스스로 선우가 되었다.

묵돌(冒頓)이 등장할 당시 중국은 초한전쟁(楚漢戰爭)이라는 내전을 치르고 있었다. 묵돌은 정권을 강화시키고 동쪽으로 만주 서부지역에 위치한 동호(東胡)를 쳐서 그 왕을 죽이고 진조선(眞朝鮮)의 단군을 몰아냈으며, 서쪽으로 천산산맥과 감숙 지방에 자리잡은 월지국(月氏國)을 쳐서 몰아내고 남쪽으로 누란(樓蘭), 백양하남왕(白羊河南王) 등의 영지를 병합해 북방 최대의 유목민족국가를 수립하였다.

묵돌(冒頓)이 북쪽으로 혼유(渾庾), 굴야(屈射), 정령(丁零) 등의 여러 부족을 복속시키는 사이, 중국에서는 한(漢)나라가 유방(劉邦)에 의해 내란이 수습되었다. 기원전 200년에 흉노는 마읍성(馬邑城)을 쳐서 그곳을 지키고 있던 한왕 신(韓王信)의 항복을 받아내고, 진양(晋陽)으로 나아갔다.

---

270 선우는 흉노를 이끄는 왕의 호칭이다.
271 터키어: Tumen, Teoman.
272 오르도스 지방.
273 몽골어 바토르의 음차어로 묵돌, 묵특, 모돈이라고 한다.

그곳으로 흉노를 정벌하기 위해 한고조 유방이 친히 군대를 이끌고 도착했으나, 큰 눈과 추위로 더 나아가지도 못했다. 묵돌은 한군(漢軍)을 북쪽으로 유인해, 백등산(白登山)에서 7일간 포위했다. 유방은 진평(陳平)의 헌책에 따라 묵돌의 알지(閼氏)[274]에게 뇌물을 주고 묵돌을 설득하게 하여 공격이 잠시 느슨해진 사이에 달아났다. 이후, 한(漢)나라는 흉노(匈奴)와 굴욕적인 화친을 맺었다. 화친의 결과 한(漢)과 흉노(匈奴)는 형제 관계를 맺었으며, 유방은 "흉노와 전쟁하지 말라"는 유언을 남겼다.

이 합의는 기원전 198년 가을, 중국 종실의 공주가 흉노에 도착함으로써 발효되었으며 양 조정(朝廷)에 왕위 변동이 있을 때마다 새로운 혼인으로 동맹을 갱신했다. 또 중국이 흉노에 내는 조공 액수도 한(漢)과 흉노(匈奴) 사이의 역학 관계에 따라 수시로 바뀌었으며 대체로 한의 조공액(朝貢額)은 매년 늘어났다. 기원전 192년부터 135년까지 적어도 아홉 차례에 걸쳐 한이 흉노에 대한 조공액을 인상했다는 기록을 근거로 이 시기 한이 흉노의 속국과 같은 존재였다고 해석하기도 한다. 이 시기의 영토는 동쪽으로 대흥안령과 요서지방, 북쪽으로 예니세이강 상류, 서쪽으로 동 투르케스탄, 남쪽으로 중국의 오르도스 지방과 칭하이 성(青海省)의 북부에 이르렀다.

기원전 141년에 즉위한 한무제(漢武帝)는 흉노와 맺은 조약을 파기하고 흉노와 전면적인 전쟁을 시작하였다. 무제는 기원전 129년부터 위청(衛青), 곽거병(霍去病) 등을 파견하여, 흉노를 공격하고 황하 서쪽 지역에 진출해 '하서사군(河西四郡)'[275]을 설치했으며, 서역(西域)[276]을 정벌하였다.

---

274 연지, 선우의 애첩. 우리말 아씨의 어원이 되었다고 함.
275 장액, 주천, 돈황, 무위.
276 간쑤성 및 신장 자치구 일대.

한(漢)이 서역을 정벌하고 비단길을 통제하게 되자 흉노는 경제적으로 급격히 약화되었다. 한(漢)과 흉노(匈奴)의 전쟁으로 한(漢)은 막대한 손실을 입었으며, 흉노의 피해는 더욱 커서 세력이 크게 위축되었다.

기원전 60년경 흉노에서 선우 자리를 놓고 내분이 일어나 동흉노와 서흉노로 분열되었다. 당시 몽골 고원의 기후가 한랭화(寒冷化)되어 수많은 가축과 사람들이 얼어 죽었고 이것이 흉노 내분(內分)의 원인이 되었다. 동흉노의 호한야 선우(呼韓邪 單于)는 한(漢)에 입조하여 화친을 맺고 한(漢)의 지원을 받았다. 서흉노의 질지(郅支) 선우는 한(漢)의 지원을 받은 동흉노에 패하여 서쪽으로 이동하였다.

한편 왕망(王莽)이 신(新)을 건국한 후 흉노와 중국의 관계가 악화되어 흉노는 다시 중국을 침입하기 시작하였다. 그러나 후한(後漢)이 건국된 이후 흉노는 다시 분열되어 남흉노(南匈奴)는 후한에 복속되었고 오르도스 및 산시성(山西省) 일대에 거주하며 한(漢)족과 선비족(鮮卑族)에 동화되어갔다. 북흉노(北匈奴)는 몽골 고원에 남아 있다가 후한(後漢)과 남흉노(南匈奴)의 연합군이 북흉노를 공격하여 멸망하였다. 북흉노는 사분오열되면서 일부는 선비족(鮮卑族)에 예속되었고 일부는 동유럽으로 이동하였다. 이때 동유럽으로 향한 북흉노를 훈족이라 부른다. 이후 몽골 고원에는 선비(鮮卑)·오환(烏桓) 등의 다른 유목 부족이 차지하였다.

훈족의 서진(西進)은 게르만족의 이동을 야기시켰고 유럽이 중세시대(中世時代)로 넘어가는 계기(契機)가 되었다.

기자조선(箕子朝鮮)과 위만조선(衛滿朝鮮)은 고조선(古朝鮮)의 변방(邊方)에 위치하며 고조선과는 별개의 역사공동체(歷史共同體)였다. 기자조선(箕子朝鮮)은 기자가 조선 땅에 망명하여 조선의 묵인하에 주무왕(周武王)이 조선후(朝鮮侯)에 봉했으나 신하로 여기지는 않았다. 위만조선(衛滿朝鮮)은 한(漢)나라 효혜제(孝惠帝) 때 기자조선을 정벌하고 한(漢)나라의 외신(外臣)[277]이 된 나라이다. 위만조선(衛滿朝鮮)은 한(漢)나라의 신하이지 고조선(古朝鮮)의 신하가 아니었던 것이다. 위만은 고조선을 침범하며 영토를 넓히기도 했다. 또한 두 나라 모두 조선(朝鮮)과 중국 사이의 변방에 위치하여 독자적인 길을 걸었다. 두 나라 모두 고조선과는 별개의 역사로 기자국(箕子國)과 위만국(衛滿國)이라 해야겠지만 중국의 역사기록에 기자조선과 위만조선 두 나라의 기록만 나오므로 별지로 서술하였다.

(1) 기자 조선

武王旣克殷 訪問箕子 武王曰 於乎維 天陰定 下民相和其居 我不知其常倫所序 箕子對曰 在昔鯀 鴻水 泊陳其五行 帝乃震怒 不從鴻範九疇等 常倫所 鯀卽殛死 禹乃嗣興 天乃錫禹 洪範九等 常倫所序 初一曰五行 於是武王乃封箕子於朝鮮而 不臣也

주나라 무왕이 은나라를 무너뜨리고 기자를 방문하였다. 무왕이 기자에게 "하늘과 땅이 정해지고 아래로 백성들이 서로 화해하며 사는데 나

는 상륜의 질서를 모른다."고 하니, 기자가 "옛날 홍수가 났을 때 곤이 오
행을 펼치지 못해서 순임금이 진노하며 홍범구주 등의 상륜을 따르지 않
는다 하여 곤이 죽고 우가 뒤를 이었습니다. 하늘이 우에게 홍범구주 등
상륜을 적은 책을 주어, 첫 오행이라 하였습니다."고 하였다. 이에 무왕이
기자를 조선에 봉하였으나 기자는 신하가 되지 않았다.

- 『사기』 권38 「송미자세가(宋微子世家)」 제8

武王勝殷釋箕子之囚 箕子不忍爲周之釋 走之朝鮮 武王聞之因以朝鮮封
之箕子 旣受周之封 不得無臣禮 故於十三 祀來朝 武王因其朝而問洪範

　주나라의 무왕은 상나라와의 전쟁에서 승리한 뒤 감옥에 갇혀있던 기
자를 풀어주었다. 기자는 조국이 망하고 주나라에게 구출된 것을 부끄럽
게 생각하여 조선으로 도주했다. 주무왕은 기자가 조선으로 간 소식을
듣고 조선에 봉했다. 주나라 무왕에게 봉해진 기자는 신하의 예를 행하
지 않을 수 없어 무왕13년 되던 해에 주왕실을 방문했으며 무왕은 기자
에게 정치의 대요인 홍범에 대해 물었다.

- 『상서대전(尙書大全)』 권2 「은전(殷傳)」

殷道衰 箕子去之朝鮮 敎其民以禮義田蠶織作 樂浪朝鮮民犯禁八條 相
殺以當時償殺 相傷以穀償 相盜者 男沒入爲其家奴 女子爲婢 欲自贖者 人
五十萬 雖免爲民 俗猶羞之 嫁取無所讎 是以 其民終不相盜 無門戶之閉 婦
人貞信 不淫.

　은나라의 도가 약해져 기자는 조선으로 갔다. 백성들에게 예의와 농
사, 누에치기, 베짜는 것을 가르쳤다. 낙랑조선 백성들은 금팔조를 어기
고, 살인을 하면 죽음으로 갚고 상해를 입히면 곡식으로 배상하며, 도둑

질을 하면 노비로 삼았다. 죄를 씻고 풀려나려면 오십만 전을 주어야 한다. 면제되어 평민이 되어도 풍속으로 차별하여 서로 혼인하려 하지 않기에 백성들은 서로 도둑질하지 않고 문을 닫지도 않으며 여인들은 정숙하고 신실하며 음란하지 않았다.

- 「한서」, 「지리지(地理志)」 연조(燕條)

　昔武王封箕子於朝鮮 箕子敎以禮義田蠶 又制八條之敎 其人終不相盜.

　옛날 무왕이 기자를 조선에 봉했다. 기자는 예의와 농사, 누에치기를 가르쳤다. 또 팔조의 가르침을 만드니 사람들은 끝내 서로 도둑질하지 않았다.

-『후한서(後漢書)』, 「동이전(東夷傳)」 예전(濊傳)

　昔箕子旣適朝鮮 作八條之敎 以敎之 無門戶之閉 而民不爲盜. 其後四十餘世 至朝鮮侯準自稱王

　옛날 기자가 조선으로 갔다. 팔조의 가르침을 만들어 가르치니 문을 닫지도 않았고 백성들이 도둑이 되지도 않았다. 그 뒤 40여세에 조선의 제후 준에 이르러 스스로 왕이라 칭하였다.

-『삼국지(三國志)』, 「위지(魏志)」 동이전(東夷傳) 예전(濊傳)

　箕子避中國走之朝鮮 周王聞之 因封之爵爲侯而 不臣焉

　기자는 중국을 피하여 조선으로 달아났다. 주왕은 이를 듣고 제후로 봉했으나 신하가 되지는 않았다.

-『수산집(修山集)』, 권지11 「동사본기(東史本紀)」 「기자본기(箕子本紀)」

箕子旣爲武王傳道 不肯仕 武王亦不敢强 箕子乃避中國 東入朝鮮

기자는 무왕에게 도를 전하였으나 섬기지 않았고 무왕도 역시 강하게 몰아붙이지 못하였다. 기자는 이에 중국을 피하여 동쪽으로 조선으로 들어갔다.

- 『기자실기(箕子實記)』

箕子不忍周之釋 走之朝鮮 武王聞之 因以朝鮮封之而 不臣也

기자는 주나라가 석방을 하자 참지 못하고 조선으로 달아났다. 무왕이 이를 듣고서 조선에 봉하였으나 신하가 되지 아니 하였다.

- 『동사강목(東史綱目)』

武王乃封 箕子於朝鮮而 不臣也 箕子不忍周之釋 走之朝鮮

무왕이 기자를 조선에 봉하였으나 신하가 되지 아니 하였다. 주나라에서 석방했지만 기자는 참지 못하고 조선으로 달아났다.

- 『해동역사(海東繹史) 권지2 「기자조선(箕子朝鮮)」

기자(箕子)는 미자(微子), 비간(比干)과 함께 중국 상(商)나라에서 세 명의 현자로 불리는 인물이다. 상(商)나라 말에 주왕(紂王)의 무도(無道)함을 간하였으나 듣지 않자 미친 사람 행세를 하였다는 인물이며 한편으로는 주왕(紂王)에 의해 옥에 갇혔다고도 한다.

위 문헌들을 정리하면 주(周)나라 무왕(武王)이 상(商)나라를 점령하여 기자를 풀어주고 홍범구주의 가르침을 받았다는 것을 알 수 있다. 기자는 일족을 이끌고 조선으로 망명하였으며 주무왕(周武王)은 기자를 조선후(朝鮮侯)에 봉하였으나 주(周)의 신하가 되지는 않았다. 기자가 조선에 와서 팔조금법(八條禁法)과 예의(禮儀), 농사(農事), 누에치기(養蠶), 베 짜기(織造) 등을 가르쳤다고 한다. 그러나 조선에는 이미 팔조금법이 있었고 귀족(貴族)과 평민(平民)의 구분이 있어 예의(禮儀)가 지켜졌다. 농경(農耕)에 소를 이용하였고, 누에치기를 해 비단옷을 입고 있었기 때문에 기자가 조선의 풍속(風俗)을 따른 것이지 기자가 가르쳐 주었다고 볼 수는 없다. 귀족인 기자가 직접 농사와 양잠을 해서 백성들을 가르쳤다는 것도 의문이 든다. 다만 기자가 조선에 와서 옛 은나라 때처럼 귀족의 대우를 받지 못했기 때문에 직접 농사와 양잠을 했을 가능성은 있다.

魏略曰 昔箕子之後朝鮮侯, 見周衰, 燕自尊爲王, 欲東略地, 朝鮮侯亦自稱爲王, 欲興兵逆擊燕以尊周室。其大夫禮諫之, 乃止。使禮西說燕, 燕止之, 不攻。後子孫稍驕虐, 燕乃遣將秦開攻其西方, 取地二千餘里, 至滿潘汗爲界, 朝鮮遂弱。及秦幷天下, 使蒙恬築長城, 到遼東。時朝鮮王否立, 畏秦襲之, 略服屬秦, 不肯朝會。否死, 其子準立。二十餘年而陳﹑項起, 天下亂, 燕﹑齊﹑趙民愁苦, 稍稍亡往準, 準乃置之於西方。及漢以盧綰爲燕王, 朝鮮與燕界於溴水。及綰反, 入匈奴, 燕人衛滿亡命, 爲胡服, 東度溴水, 詣準降, 說準求居西界, 收中國亡命爲朝鮮藩屛。準信寵之, 拜爲博士, 賜以圭, 封之百里, 令守西邊。滿誘亡黨, 衆稍多, 乃詐遣人告準, 言漢兵十道至, 求入宿衛, 遂還攻準。準與滿戰, 不敵也

위략에 말하기를 조선후는 옛 기자의 후손이다. 주나라가 쇠퇴한 것을 보고 연나라는 스스로를 높여 왕이 되고 동쪽의 땅을 침략하고자 하였다. 조선후도 스스로 왕이 되어 병사를 일으켜 연나라를 공격하고 주왕실을 받들고자 하였으나 대부 예가 간하여 중지하였다. 예를 서쪽에 보내 연나라를 설득하니 연도 중지하고 침공하지 않았다. 그 뒤 자손들이 교만하고 포학해서 연나라는 장수 진개를 파견하고 조선의 서방을 공격하여 땅 2천여 리를 차지한 후 만번한으로 경계를 삼았고 조선은 약해졌다. 진나라가 천하를 병합하고 몽염을 시켜 장성을 쌓아 요동에 이르렀다. 이때 조선왕 부가 즉위하였는데 진나라가 습격할까 두려워서 진나라에 복속된 척 하면서 조회는 인정하지 않았다. 부가 사망하고 그의 아들 준이 즉위한 후 20여 년이 지나서 진승과 항우가 봉기하여 천하가 어지럽게 되자 연 제 조 지역의 거주민들은 근심과 고생이 많아져 준에게 도망 갔더니 준은 그들을 서쪽 변경에 배치하였다. 한나라가 노관을 연왕으로 임명하고 조선과 연의 경계는 패수로 하였다. 노관이 한나라에 반기를 들고 흉노로 도망가자 연나라사람 위만도 조선으로 망명하였다. 위만은 호복을 입고 동쪽으로 패수를 건너가서 준에게 항복하고 서쪽 경계에 살게 해주면 중국 망명객을 모아 조선의 울타리가 되겠다고 설득하였다. 준은 그를 믿고 총애하여 박사를 제수하고 규를 하사하였으며 1천 리의 땅을 봉하고 서쪽 변경을 관리하며 지키도록 하였다. 위만은 망명 오는 무리가 많아지자 사람을 준에게 보내어 거짓으로 "한나라 병사들이 10개의 길로 오고 있으니 들어가 숙위하겠다"고 보고하고는 준을 공격하였다. 준은 만을 맞아 싸웠으나 적수가 되지 못하였다.

- 『삼국지(三國志)』, 「오환선비동이전(烏桓鮮卑東夷傳)」 한전(韓傳)

기자가 망명한 후 조선후(朝鮮侯)라 봉해졌다. 조선후란 주(周)에 대한 조선의 제후(諸侯)라는 뜻일 수도 있고 조선에 속한 제후(諸侯)라는 뜻일 수도 있다. 주(周)무왕이 기자를 조선에 봉했다고 하지만 실제로는 기자가 스스로 조선으로 망명한 것이며, 『사기』「주본기(周本紀)」에 무왕(武王)은 기자를 조선에 봉했으나 신하는 아니라고 기록하고 있다. 주(周)나라의 세력이 고조선에 미치지 못했기 때문에 고조선으로 망명한 기자는 주의 제후가 될 수가 없다. 기자는 고조선의 양해를 받고 그곳에 거주하게 되었으므로 고조선의 제후였다고 보아야 할 것이다.

연(燕)나라가 왕호(王號)를 사용하면서 기자의 조선을 침략하려 하자 기자의 후손도 왕호를 사용하면서 연을 치려다 중단했다. 그 뒤 연(燕)은 진개(秦開)를 파견하여 조선을 침략했다. 연(燕)은 조선(朝鮮)의 서부 2천여 리를 차지하고 만번한(滿潘汗)을 경계로 삼았다고 했는데 만번한(滿潘汗)은 뒤에 요동군(遼東郡)의 문현(文縣)과 번한현(番汗縣)이 된 지역을 합하여 부른 명칭이다. 요동군(遼東郡)은 중국의 동북변경에 있었던 행정구역으로 진(秦) 장성 서쪽 난하유역(灤河流域)에 있었다. 따라서 연(燕)은 고조선 2천여 리를 침략한 뒤 요동군 지역으로 다시 후퇴했음을 알 수 있다. 전국시대(戰國時代)의 뒤를 이은 진제국(秦帝國)과 고조선(古朝鮮)의 국경이 오늘날 난하 유역이었다는 점이 이를 뒷받침한다. 고조선은 진개(秦開)의 침략에 반격을 가하여 연(燕) 동부 일부를 차지하고 전쟁을 끝낸 것이다.

위만조선(衛滿朝鮮)의 건국과정을 보면 조선(朝鮮)과 연(燕)의 국경(國境)이 자세하게 기록되어 있다. 연인(燕人) 위만(衛滿)은 기자(箕子)의 후손에게 망명하여 국경지역에서 거주하면서 중국망명객을 모아 집단세력을 형성한 뒤 거짓 보고를 하고 준(準)으로부터 정권을 빼앗았다. 그 시기는 한(漢)나라 초기였다. 위만이 기자후손의 정권을 빼앗아 건국하였으므로 그 위치는 기자일족이 망명하여 자리를 잡았던 난하유역(灤河流域) 갈석산(碣石山) 부근이었다.

랴오닝(遼寧)성 카쭤(喀左)현 구산(孤山)에서 한 농부가 은대의 청동 항아리, 술그릇, 솥 등을 발견했는데 술그릇 중 하나에는 고죽(孤竹), 솥에는 기후(箕侯)라고 여겨지는 글자가 있었다. 이 때문에 한국에선 '기후(箕侯)

가 기자(箕子)이며 이는 기자조선의 산 증거라는 주장이 일어났다. 그러나 '기후가 기자'라는 결정적인 증거는 아직도 없다. 유물 출토지와 기자묘가 적어도 700㎞ 이상 떨어져 있다. 고대에 그 정도 거리는 '상호관계가 없다'는 의미다. 또 기후는 기족의 수장이라는 의미로 수십 명 이상 있을 수 있지만 기자는 주나라 무왕 때의 특정 인물이므로 '기후가 기자'일 가능성은 거의 없다. 교통이 불편했던 고대에 기후의 나라를 기자조선으로 오인했을 가능성은 충분하다. 산동에서 요동까지의 지역은 고대 동이족(東夷族)들의 주요 이동 경로 가운데 하나였기 때문에 기족(箕族), 기후(箕侯) 등의 개념과 조선(朝鮮), 숙신(肅愼) 등이 뒤섞여 기자조선(箕子朝鮮)이라는 관념이 생겼을 가능성이 있다. 게다가 상(商)나라 청동 유물 출토지와 고죽국(孤竹國)의 위치가 근접해 있어 일부 사가가 '기후가 기자'로 오인한 것이다. 그러나 이것이 '기후가 기자'를 증명하는 것으로 보기보다 상나라 후예들인 기족들의 이동로를 파악하는 것으로 족하는 것이 나을 듯하다.[278]

(2) 기자의 망명지

應劭曰 武王封箕子於朝鮮

응소는 말하기를 무왕은 기자를 조선에 봉했다고 하였다.

　　　　　　　　　　　-『한서 지리지』(하) 낙랑군 조선현에 대한 주석

한(漢)나라의 무제(武帝)는 위만조선(衛滿朝鮮)을 점령하고 그 지역에 낙랑(樂浪), 진번(眞蕃), 임둔(臨屯), 현도(玄菟) 등의 한사군(漢四郡)을 설치했

---

[278] 윤내현, 『사료로 보는 우리고대사』, 만권당, 2016.

다. 『한서 지리지』에 따르면 낙랑군에는 25개 현(縣)이 있었고 그 가운데 하나가 조선현(朝鮮縣)이다. 응소(應劭)[279]의 설명에 따르면 조선현(朝鮮縣)은 옛날 주(周)나라 무왕(武王)이 기자를 봉했던 곳이다. 응소는 후한의 학자로 한관의(漢官儀) 등을 저술한 제도에 밝은 인물이었다. 기자가 망명한 시기는 서주(西周)초로 기원전 1100년 무렵이고 한사군(漢四郡)의 하나인 낙랑군(樂浪郡)은 기원전 108년에 설치되었으므로 옛날 서주(西周)초에 기자(箕子)가 망명하여 정착했던 조선(朝鮮)은 뒤에 한사군(漢四郡)의 하나인 낙랑군(樂浪郡) 조선현(朝鮮縣)이 되었다.

朝鮮縣周封箕子地
조선현은 주나라가 기자를 봉한 땅이다.
　　　-『진서』, 권14 지리지 (상) 낙랑군 조선현에 대한 주석

『진서』는 중국의 위(魏), 촉(蜀), 오(吳) 삼국시대(三國時代)를 마감하고 통일을 이룬 진(晉)나라의 역사서(歷史書)이다. 『진서』지리지 낙랑군 조선현 조의 주석에 조선현(朝鮮縣)은 주(周)나라가 기자(箕子)를 봉한 땅이라고 기록되어 있다. 이 기록은 2가지 사실을 분명하게 해준다. 첫째, 『한서 지리지』에서 밝힌 기자가 망명해 정착한 곳은 훗날 낙랑군 조선현이 된 곳이라는 점이다. 둘째, 낙랑군 조선현의 위치가 전한시대부터 진(晉)나라 시대까지 변화가 없었다는 점이다.

---

279 후한 말기의 관료. 후한 말의 사정을 논한 중한집서(中漢輯序). 사물과 풍속 등에 대해 기록한 풍속통의를 저술하였다. 그 외에 『한서』의 집해(集解)를 저술하였다.

朝鮮 二漢 晉屬樂浪 後罷 延和元年徙朝鮮民於肥如 復置 屬焉

조선현은 전한과 후한시대로부터 진시대에 이르기까지 낙랑군에 속해 있었다가 그 뒤 폐지되었다. 연화원년(서기 432년)에 조선현의 주민들을 비여현으로 이주시켜 조선현을 다시 설치하고 북평군에 속하게 하였다.

    -『위서(魏書)』, 권16 지형지 (상) 북평군 조선현에 대한 주석

『위서(魏書)』는 진(晉)나라 다음인 남북조시대(南北朝時代) 북위(北魏) 역사서이다. 『위서 지형지(魏書 地形志)』에는 낙랑군에 대한 기록은 없고 조선현(朝鮮縣)에 대해 진(晉)나라 이후 폐지되었다가 북위시대에 그 주민들을 비여현(肥如縣) 지역으로 이주시키고 다시 설치하여 북평군(北平郡)에 속하게 했다고 기록했다. 따라서 북위시대(北魏時代) 조선현(朝鮮縣)은 북평군(北平郡)에 속해 그 위치는 더 서쪽으로 옮겨져 있었다. 이런 변화는 고구려의 한사군(漢四郡) 축출과 관계가 있다. 고구려 미천왕 12년에 요동군(遼東郡)을 치고 14년(313년)에 낙랑군(樂浪郡)을 축출하여 한사군(漢四郡)을 모두 몰아냈다. 비여현(肥如縣)은 전한시대부터 있었던 현으로 오늘날의 난하유역(灤河流域)에 있었다.

太康地理志云 樂浪遂城縣有碣石山長城所起

태강지리지에 말하기를 낙랑군 수성현에는 갈석산이 있고 장성이 시작된 곳이라 하였다.

    -『사기』, 권2 하본기의 갈석에 대한 주석인『사기집해(史記集解)』에 수록

『태강지리지(太康地理志)』는 진(晉)나라 시대의 지리서이다. 이 책은 낙랑군(樂浪郡) 수성현(遂城縣)에 갈석산(碣石山)이 있다고 했는데『한서 지리

지』에는 수성현(遂城縣)이 조선현(朝鮮縣)과 더불어 낙랑군(樂浪郡)에 속해 있던 현이라고 되어 있다. 그러므로 갈석산(碣石山)은 국경에 있었던 산으로 고조선과 중국의 국경에 있었던 것이다.

朝鮮城在府內 相傳箕子受封之地

조선성이 영평부 경내에 있는데 전해오기를 기자가 봉함을 받았던 땅이라 한다.

－『대명일통지(大明一統志)』, 권5 영평부(永平府) 고적조(古蹟)

명(明)나라 시대의 영평부(永平府)에는 조선성(朝鮮城)이라는 유적이 있고 예로부터 기자가 봉함을 받았던 곳이라고 전해온다는 내용이다. 영평부(永平府)는 오늘날 난하(灤河) 하류 유역으로 갈석산(碣石山) 지역도 여기에 포함된다. 중국학자들이 갈석산(碣石山) 동남의 북대하(北戴河)에서 궁궐터로 볼 수 있는 유적을 발굴하고 '진시황제 행궁지(秦始皇帝 行宮址)'로 명명했다. 그러나 그곳은 진제국의 국경 밖이기 때문에 기자의 궁궐터가 맞을 것이다.

주(周)의 초기에 단군(檀君)의 세대가 쇠하고 기자가 다시 그 땅에 봉해졌으니 요동(遼東) 전 지역이 모두 기자의 강역(江域)이었다.

－ 안정복, 『동사강목(東史綱目)』 요동군고(遼東郡考)

안정복은 『동사강목』에서 기자조선이 현재의 베이징(北京)에서 요하(遼河) 전역에 걸치는 광범위한 영역으로 보고 있다.

기자(箕子)가 망명하여 정착했던 곳의 위치를 확인할 수 있는 기록들은 여러 문헌에 등장한다. 기자가 정착한 곳은 뒤에 낙랑군(樂浪郡)의 조선현(朝鮮縣)이 된 지역이다. 낙랑군(樂浪郡)에는 조선현(朝鮮縣)과 함께 수성현(遂城縣)이 있고 수성현에는 난하 유역(灤河流域)의 갈석산(碣石山) 지역이 있었다고 기록되어 있다. 그러므로 낙랑군은 갈석산과 그 주변 지역을 포괄하고 있었고 조선현은 낙랑군 안에 자리하고 있었다. 조선현은 난하 하류 유역 갈석산 부근에 있었던 것이다.

기자조선(箕子朝鮮)

(출처: 윤내현, 『사료로 보는 우리고대사』, 만권당, 2016 참조)

한사군(漢四郡)의 하나인 낙랑군(樂浪郡)이 설치되어 있던 시기에 대동강유역(大同江流域)에는 최리(崔理)왕(王)이 다스리던 낙랑국(樂浪國)이 있었다. 낙랑국에 관해서는 『삼국사기』「고구려본기(高句麗本紀)」 대무신왕조(大武神王條)에 실려 있다. 한(漢)나라의 행정구역인 낙랑군(樂浪郡)과 독립국인 낙랑국(樂浪國)이 같은 곳에 겹쳐서 존재할 수 없는 것이다. 고대(古代)에는 어느 지역 종족(種族)이 다른 곳에 이주하여 정착하면 그곳도 이

전의 지명(地名)과 동일한 명칭(名稱)을 얻는 경우가 많았다. 낙랑은 원래 고조선 영토 안에 있었던 하나의 지명이었고 낙랑사람 일부가 다른 곳으로 이주하여 정착하여 그곳도 낙랑이라 불리어졌을 것이다. 낙랑사람들이 난하유역(灤河流域)에도 살았고 대동강유역(大同江流域)에도 살았는데 한(漢)나라가 난하유역의 낙랑인(樂浪人)의 거주지를 차지하고 그 지역에 낙랑군(樂浪郡)이라는 행정명칭을 붙였던 것이다.

杜預曰 梁國夢縣有箕子冢

두예가 말하기를 양국 몽현에 기자의 무덤이 있다고 했다.

- 『사기』 권38 송미자세가의 주석

기자가 건국했던 지역은 청주(靑州)[280]이다.

- 권람, 『응제시주(應製詩註)』

기자의 묘가 하남성 몽현(蒙縣)[281]에 있다.

- 『사기색은(史記索隱)』[282]

하남성(河南省)과 산동성(山東省)의 경계지역에 기자묘(箕子墓)가 있다는 기록이 있다. 양국(梁國) 몽현(夢縣) 박성(薄城)의 서쪽, 상구현(商丘縣)의 북쪽 등에 기자묘가 있다는 기록들이 보인다. 오늘날 하남성(河南省) 상구현(商丘縣)과 조현(曹縣)의 경계지역이다. 산동성에서는 기국(箕國)과 관계

---

280 현재 산동.
281 현재의 상구현.
282 『사기』의 주석서.

있는 청동기가 출토되어 기자와 연고가 깊은 지역임을 증명한다. 첫째로 산동성(山東省) 지역에 기자묘가 있다는 기록에 근거하여 조선의 영토가 산동성(山東省)을 포함한 지역으로 유추된다. 기자가 망명하여 정착한 곳은 난하하류(灤河下流) 유역이다. 이곳으로부터 산동성은 그리 멀지 않은 거리에 있다. 그러므로 기자가 사망한 뒤에 원래 봉지였던 곳으로 옮겨져 묻혔을 가능성을 생각해 볼 수 있다. 둘째 기자는 개인의 이름이 아니기 때문에 다른 기자의 묘일 수 있다. 기자는 상(商)나라 왕실의 후예로 기(箕)라는 땅에 봉해진 자(子)라는 작위(爵位)를 받은 제후(諸侯)였다. 작위는 장자에게 세습되는데 제후가 바뀌면 새로 봉해진 제후도 기자였다. 그러므로 기자는 여러 사람일 수 있는 것이다. 조선으로 망명한 기자가 아닌 다른 기자의 묘가 산동성에 있을 수 있다.

> 昔武王封箕子於朝鮮, 箕子教以禮義田蠶, 又制八條之教. 其人終不相盜, 無門戶之閉. 婦人貞信. 飮食以籩豆. 其後四十餘世, 至朝鮮侯準, 自稱王
>
> 옛날에 무왕이 기자를 조선에 봉했는데 기자는 예의와 농사짓고 누에 치는 것으로써 가르치고 또 8조의 가르침을 제정하니 그 지역사람들은 끝내 서로 도적질하지 않으므로 집의 문을 잠그는 사람이 없었다. 부인은 바르고 믿음이 있었다. 마시고 먹는 데에는 제기그릇을 이용하였다. 그 뒤 40여세 조선후 준에 이르러 스스로 왕이라 칭하였다.
>
> -『후한서(後漢書)』, 권85 동이열전 예전

> 昔箕子既適朝鮮, 作八條之教以教之, 無門戶之閉而民不爲盜。其後四十餘世, 朝鮮侯淮僭號稱王
>
> 옛날에 기자가 조선으로 갔는데 8조의 가르침을 만들어서 그들을 가

르치니 문을 닫는 집이 없어도 백성이 도적질하지 않았다. 그 뒤 40여세 조선후 준은 참람하게 왕이라 칭하였다.

- 『삼국지(三國志)』, 권30 오환선비동이전 예전

『삼국지(三國志)』나『후한서(後漢書)』보다 앞 시대의 역사서인『한서』는 범금8조(犯禁八條)의 고조선 법을 적고 있다.

전한(前漢)이 이곳에 낙랑(樂浪)을 설치한 뒤에는 내지(內地)의 관리(官吏)와 상인(商人)들이 왕래하면서 도적이 생기는 등 사회질서(社會秩序)가 무너지고 풍속(風俗)이 각박해져 범금(犯禁) 60여 조로 늘어났다. 후한서와 삼국지는 화이사상(華夷思想)이 팽배해지면서 기자를 미화했음을 알 수 있다.

법(法)은 국가단계(國家段階)의 사회지표(社會指標)이다. 인류사회의 발전과정에서 법이 뒷받침하는 공권력, 즉 합법적인 권력이 출현하는 단계를 국가사회(國家社會)라 한다. 기자가 망명한 기원전 1100년 무렵에 고조선에서 법이 시행되고 있었다면 고조선은 이미 국가단계(國家段階) 진입해 있었던 것이다.

殷道衰, 箕子去之朝鮮, 教其民以禮義 田蠶織作. 樂浪朝鮮民犯禁八條, 相殺以當時償殺, 相傷以穀償, 相盜者男沒入爲其家奴, 女子爲婢, 欲自贖者, 人五十萬. 雖免爲民, 俗猶羞之, 嫁取無所讎, 是以其民終不相盜, 無門戶之閉, 婦人貞信不淫辟. 其田民飮食以籩豆, 都邑頗放效吏及內郡賈人, 往往以杯器食. 郡初取吏於遼東, 吏見民無閉臧, 及賈人往者, 夜則爲盜, 俗稍益薄. 今於犯禁多, 至六十餘條

은나라의 도가 쇠퇴해져 기자가 조선으로 가서 그곳의 주민들에게 예의와 농사, 누에치기 길쌈을 가르쳤다. 낙랑조선 주민의 범금8조는 사람을 죽이면 바로 사형에 처하고 남에게 상해를 입히면 곡물로써 배상하며 남의 것을 도둑질하면 노비로 삼았다. 벌을 면하고자 하는 사람은 한 사람에 50만 전을 내야 했다. 벌을 면하여 일반 백성이 되었더라고 풍속이 그것을 더욱 수치스럽게 여겨 혼인의 대상으로 여기지 않았다. 그래서 백성들은 서로 도적질하지 않았고 집의 문을 잠그는 사람이 없었으며 부인들은 바르고 믿음이 있어 음란하거나 간사하지 않았다. 그 지역 농민들은 제기그릇으로 마시고 먹었는데 도읍에서는 관리나 내군의 장사치를 모방하여 자주 술잔으로 마시고 먹었다. 군(낙랑)에서는 초기에 관리를 요동에서 파견하였는데 관리가 보기에 주민들은 재화를 숨겨서 보관하지 않았다. 상인가운데 왕래가 많아지며 밤에 도적질하는 자가 늘어 풍속이 각박해져서 지금은 범금이 점차 늘어나 60여 조에 이른다.

-『한서』, 권28하 지리지(地理志)하

기자가 조선으로 망명한 시기는 기원전 1100년 무렵으로 이미 청동기시대에 들어선 뒤다. 첫째로 농사, 누에치기, 길쌈 등은 이미 신석기시대에 시작되어 기자가 조선으로 망명할 때에는 이것들이 보편화되어 있었다. 이러한 사실은 고고학적 발굴결과에서도 확인되고 있다. 그리고 이런 일은 상(商)나라 왕실의 후예로 귀족(貴族)이었던 기자보다 조선지역의 일반 농민들이 더 능숙했을 것이다. 그래서 '기자는 조선으로 망명하여 그곳의 주민들을 예의로써 가르치고 농사, 누에치기, 길쌈을 하면서 생활을 했'고 번역하는 게 옳다고 본다. 망명지 조선에서 기자는 상나라와 같은 귀족생활을 할 수 없었던 것이다.

둘째 범금8조이다. 『후한서(後漢書)』「동이열전(東夷列傳)」과 『삼국지(三國

志)』「오환선비동이전(烏桓鮮卑東夷傳)」의 예전(濊傳)에는 기자가 조선으로 망명하여 8조지교(八條之敎)를 제정하여 그 지역 주민을 가르쳤다고 했는데『한서』에 따르면 이 법은 기자가 만든 것이 아니라 기자가 망명할 당시 이미 조선지역에 있었다. 이로 보아 이 법은 기자가 조선으로 망명하기 전에 제정된 고조선의 법으로 기자가 망명했을 때 이미 시행되고 있었다.

셋째 낙랑군 지역은 한사군이 설치되기 이전 고조선에서 범금8조(犯禁八條)만으로도 도덕과 윤리가 바로 서있고 질서 있는 사회였다. 그런데 낙랑군(樂浪郡)이 설치되어 한(漢)의 내지인들이 이주해 오고 또 상인들이 출입을 하게 되면서 도적질이 늘어나고 풍속이 각박해져 범금60조(犯禁六十條)로 늘어난 것이다. 이러한 내용은 고조선이 중국보다 도덕과 윤리가 바로 서있는 살기 좋은 사회였음을 알게 해준다.

初 朝鮮王準爲衛滿所破 乃將其餘衆數千人走入海 攻馬韓 破之 自立爲韓王 準後滅絶 馬韓人復自立爲辰王

지난날 조선왕 준은 위만에게 패하여 남은 무리 수천 명을 거느리고 도망하여 바다로 들어가 마한을 공격하고, 그곳을 점령하여 한왕이 되었다. 준의 후손이 끊기니 마한인이 다시 자립하여 진왕이 되었다.

- 『후한서(後漢書)』권85 「동이열전(東夷列傳)」 한전(韓傳)

候準旣僭號稱王 爲燕亡人衛滿所攻奪 將其左右宮人走入海 居韓地 自號韓王 其後絶滅 今韓人猶有奉其祭祀者

조선후 준은 참람되게 왕이라 칭하다가 연 지역에서 망명한 위만의 공격을 받아 정권을 탈취당하자 그 좌우 궁인들을 거느리고 도망하여 바다로 들어가 한의 땅에 거주하면서 한왕이라 칭하였다. 그 후손은 끊기었으나 지금도 한나라 사람 중에는 아직 그의 제사를 받드는 사람이 있다.

- 『삼국지(三國志)』, 권30 「오환선비동이전(烏桓鮮卑東夷傳)」 한전(韓傳)

大夫曰 往者四夷具强 竝爲寇讎 朝鮮踰徼 劫燕之東地

대부가 말하기를 옛적에 사이가 모두 강하여 중국에 나란히 쳐들어와 피해를 입혔는데 조선은 요를 넘어 연나라의 동쪽 땅을 빼앗았다.

- 『염철론(鹽鐵論)』 권7 비호

위략에서 확인된 연 진개의 침략 뒤에 고조선의 반격으로 연군을 몰아내고 연 동쪽을 빼앗아 요동군의 만번한이 고조선과 연나라의 국경이 되었다는 사실을 뒷받침해주는 내용이다.[283]

---

[283] 윤내현, 『사료로 보는 우리고대사』, 만권당, 2016.

[별지 2] 위만조선

위만조선(衛滿朝鮮)은 기자의 40여 세 후손인 준왕(準王)에게서 기자국의 정권을 빼앗아 건국되었다. 기자국은 난하유역(灤河流域)에 자리하고 있었고 위만조선은 그곳에서 건국되었다.『위략(魏略)』에 따르면 기자국은 전국시대(戰國時代) 연(燕)나라 진개(秦開)의 침략을 받아 1,000여 리를 빼앗기고 기자국의 위치가 이동했을 것이나『위략(魏略)』과『사기』「조선열전(朝鮮列傳)」에서는 그렇지 않다고 기록하고 있다.

기자국과 고조선은 진개(秦開)의 침략으로 큰 피해를 입었지만 이를 격퇴하고 영토를 완전히 수복했을 뿐 아니라 오히려 연(燕)나라의 동부땅 일부를 빼앗았다.『위략(魏略)』에 전쟁이 끝난 뒤 만번한(滿番汗)이 국경이 되었다는 기록과『사기』「조선열전(朝鮮列傳)」에 진개가 차지했던 고조선(古朝鮮)의 영토(嶺土) 진번(眞番)을 위만이 영토 확장과정에서 다시 차지했다는 기록이 이 점을 확인시켜 준다.

위만조선은 건국 뒤 한(漢)나라의 외신(外臣)이 됨으로써 기자국과 다른 길을 택했다. 위만조선은 고조선과 대립하였고 고조선을 침략(侵略)하여 영토를 확장하였다. 위만조선의 영토는 난하유역(灤河流域)에서 대릉하유역(大陵河流域)까지 이르렀다. 기자국은 고조선의 거수국(渠帥國)[284]이었으므로 기자국이 있는 난하까지가 고조선의 영토였으나 위만조선은 고조선과 대립하였으므로 고조선 영토가 대릉하 유역까지로 줄어들었

---

284 큰 국가 안에 있는 작은 소국(小國), 제후국과 유사..

다고 보아야 할 것이다.

『후한서(後漢書)』「동이열전(東夷列傳)」과 『삼국지(三國志)』「오환선비동이전(烏桓鮮卑東夷傳)」의 한전(韓傳) 기록은 위만(衛滿)이 준왕(準王)의 정권을 빼앗아 위만정권을 건국했다고 한다. 준왕(準王)은 기자(箕子)의 후손이며 기자의 후손들은 대대로 조선후(朝鮮侯)로 불렀는데 준에 이르러 스스로 왕호를 사용했다는 것이다. 이는 준이 오만했음을 말하는 것이기도 하고 고조선의 거수(渠帥)로부터 독립하고자 했음을 의미하는 것이기도 하다. 왕호(王號)는 독립국의 통치자만이 사용하고 있었다. 준왕이 마한(馬韓)으로 망명했다는 것은 그 후손들이 고조선의 거수였음을 알게 해준다. 기자와 그 후손들이 주(周)나라의 제후였다면 한반도(韓半島)보다 중국으로 망명했을 것이다.

한(漢)나라와 위만조선(衛滿朝鮮)이 전쟁을 하고 있을 당시에 만주(滿洲)와 한반도(韓半島) 북부(北部)에는 북부여(北夫餘), 동부여(東扶餘), 고구려(高句麗), 남옥저(南沃沮) 북옥저(北沃沮), 동예(東濊), 낙랑국(樂浪國) 등의 국가(國家)가 있었고 요서(遼西)에는 고리국(高離國), 선비(鮮卑), 오환(烏桓), 실위(室韋), 흉노(匈奴) 등의 국가(國家)가 있었으며 한반도(韓半島) 남부(南部)에는 삼한(三韓)이 있었다. 그러므로 한(漢)과 위만조선(衛滿朝鮮)의 전쟁은 고조선(古朝鮮)과의 전쟁이 아니며 위만조선(衛滿朝鮮)의 멸망으로 고조선(古朝鮮)이 멸망한 것이 아니라. 고조선은 이미 열국(列國)으로 분열(分列)이 되어 있었다.

『삼국유사(三國遺事)』「기이편(紀異篇)」에 주몽이 해모수(解慕漱)의 아들이라고 되어 있으나 「왕력편(王歷篇)」에는 단군의 아들이라 되어 있다. 『환단고기』에 단군의 통치권이 약화되어 해모수가 북부여를 세우며 단군이 되었다고 했다. 고조선(古朝鮮)은 부여(夫餘)로 이어진 것이며 위만조선(衛

滿朝鮮)의 멸망(滅亡)과는 별개로 이어졌다.

魏略曰 昔箕子之後朝鮮侯, 見周衰, 燕自尊爲王, 欲東略地, 朝鮮侯亦自稱

爲王, 欲興兵逆擊燕以尊周室。其大夫禮諫之, 乃止。使禮西說燕, 燕止之, 不

攻。後子孫稍驕虐, 燕乃遣將秦開攻其西方, 取地二千餘里, 至滿潘汗爲界, 朝

鮮遂弱。及秦幷天下, 使蒙恬築長城, 到遼東。時朝鮮王否立, 畏秦襲之, 略服

屬秦, 不肯朝會。否死, 其子準立。二十餘年而陳、項起, 天下亂, 燕、齊、趙民愁

苦, 稍稍亡往準, 準乃置之於西方。及漢以盧綰爲燕王, 朝鮮與燕界於浿水。及

綰反, 入匈奴, 燕人衛滿亡命, 爲胡服, 東度浿水, 詣準降, 說準求居西界, 收

中國亡命爲朝鮮藩屏。準信寵之, 拜爲博士, 賜以圭, 封之百里, 令守西邊。滿

誘亡黨, 衆稍多, 乃詐遣人告準, 言漢兵十道至, 求入宿衛, 遂還攻準。準與滿

戰, 不敵也。

위략에 옛날 기자의 후손 조선후는 주나라가 쇠퇴하고 연나라가 자신
을 높여 왕이라 하며 동쪽 땅을 침략하려 하자, 조선후도 자신을 왕이라
칭하고 병사를 일으켜 연나라를 공격해 주왕실을 받들고자 하였으나 대
부 예가 간하여 중지하였다고 했다. 예를 서쪽에 보내 연나라를 설득하
니 연도 중지하고 침공하지 않았다. 그 뒤 자손들이 점차 교만하고 포악
해져 연나라는 장수 진개를 파견해 서방을 공격해 땅 2천여 리를 차지하
고 만번한을 경계로 삼게 되자 조선이 마침내 약해졌다. 진나라가 천하
를 병합하여 몽염을 시켜 장성을 쌓아 요동에 이르렀다. 이때에 조선왕
부가 즉위하자 진나라가 습격할까 두려워서 진나라에 복속된 척 하면서
도 조회는 하지 않았다. 부가 사망한 후 아들 준이 즉위하고 20여 년이
지나서 진승과 항우가 봉기해 천하가 어지러워졌다. 연, 제, 조 지역 거주
민들은 근심이 늘고 고생이 되어 준에게로 도망가자 준은 그들을 서방에

배치하였다. 한나라가 노관을 연왕으로 삼고 조선과 연은 패수를 경계로 하였다. 노관이 한나라에 반기를 들고 흉노로 들어가자 연나라사람 위만은 호복을 입고 동쪽으로 패수를 건너 준에게로 가서 항복하였다. 준을 설득해 서쪽 경계에 살겠다고 요청하며 중국 망명객을 모아 조선의 울타리가 되겠다고 하였다. 준은 그를 믿고 총애하여 박사를 제수하고 규를 하사하며 1천 리의 땅에 봉하고 서쪽 변경을 관리하며 지키도록 하였다. 위만은 망명온 무리를 꾀어 군중이 점차 많아지자 사람을 준에게 보내어 한나라 병사들이 10개의 길로 오고 있으니 들어가 숙위하겠다고 거짓으로 보고하고 돌아와서 준을 공격하였다. 준은 만을 맞아 싸웠으나 적수가 되지 못하였다.

-『삼국지(三國志)』. 권30 오환선비동이전 한전의 주석

朝鮮王滿者, 故燕人也. 自始全燕時, 嘗略屬眞番朝鮮, 爲置吏, 築鄣塞. 秦滅燕, 屬遼東外徼. 漢興爲其遠難守 復修遼東故塞 至浿水爲界 屬燕 燕王盧綰反 入匈奴, 滿亡命 聚黨千餘人 魋結蠻夷服而東走出塞 渡浿水 居秦故空地上下鄣 稍役屬眞番朝鮮蠻夷及故燕齊亡命者王之都王險.

조선의 왕 위만은 옛 연(燕)나라 사람이다. 연나라의 전성기 때부터 진번과 조선을 침략하여 복속하고 관리를 두기위해 장새(鄣塞)를 쌓았다. 진(秦)이 연(燕)을 멸하고 요동 밖의 요새관할 아래 두었다. 한(漢)나라는 그곳이 멀고 지키기 어려워 요동의 옛 요새(塞)를 수리하고 패수(浿水)를 경계로 하여 연의 관할아래 두었다. 연나라 노관이 한나라에 반기를 들고 흉노로 들어가고 위만은 무리 천 명을 데리고 망명하여 상투를 틀고 만이(蠻夷)의 복장을 하여 동쪽으로 요새(塞)를 빠져나와 패수를 건넌 후 옛 진국(秦國)의 공터인 상하장(上下鄣)에서 살았다. 점차 진번과 조선과

만이(蠻夷)들을 복속하고 연(燕)과 제(齊)의 망명자들의 왕이 되어 왕험(王險)에 도읍하였다.

- 『사기』, 권115 「조선열전(朝鮮列傳)」

사마천(司馬遷)은 한무제(漢武帝) 때의 사람으로 위만조선이 멸망할 때 사관(史官)으로 있었다. 『사기』 조선열전(朝鮮列傳)에 대한 기록은 비교적 정확하다고 하겠다. 그러나 위만조선(衛滿朝鮮)에 대한 역사만 기록하고 고조선(古朝鮮)에 대한 기록은 전하고 있지 않다. 『사기』는 중국의 역사서이기 때문에 중국과 관계되어 있는 역사만 기록할 뿐 관계가 없는 고조선의 역사가 실릴 이유가 없다. 위만은 한(漢)의 외신(外臣)이고 한(漢)의 통치하에 있었기 때문에 기록한 것이다.

會孝惠高后時, 天下初定, 遼東太守即約滿爲外臣, 保塞外蠻夷無使盜邊, 諸蠻夷君長欲入見天子, 勿得禁止. 以聞, 上許之, 以故滿得兵威財物, 侵降其旁小邑, 眞番臨屯皆來服屬, 方數千里

효혜(孝惠) 고후(高后)의 시대에 천하가 처음으로 안정되었다. 요동태수는 위만을 외신(外臣)으로 삼기로 약속하고 국경 밖의 만이(蠻夷)들을 방어하여 변경에 도적이 들끓지 않도록 하였다. 모든 만이의 군장들이 한나라에 들어와 천자를 보고자 할 때는 막지 않도록 하였다. 황제가 그 말을 듣고 허락하니 위만은 군사의 위세와 재물을 얻어 주변의 작은 마을들을 침략하여 항복을 받고 진번과 임둔이 와서 복속하니 영토가 수천 리나 된다.

- 『사기』, 권115 「조선열전(朝鮮列傳)」

사마천이 『사기』에 위만조선을 「조선열전(朝鮮列傳)」이란 명칭으로 독립시켜 실은 것은 위만이 한(漢)의 외신(外臣)이었기 때문이다. 사마천은 위만조선을 중국의 통치조직 속에 포함된다고 보았던 것이다. 위만조선이 영토를 확장하는 과정에서 진번(眞番)을 복속했다는 것은 연(燕)나라의 진개(秦蓋)가 고조선을 침략한 뒤 다시 후퇴한 것을 알게 해준다. 「조선열전(朝鮮列傳)」 첫머리에 연(燕)나라가 전성기에 진번(眞番)과 조선(朝鮮)을 복속시켰다고 하는 것은 진개의 고조선 침략을 의미한다. 위만(衛滿)은 한(漢)나라의 외신이 되었으므로 고조선을 침략하여 영토를 넓혔다. 그 지역에 진번(眞番)이 있었다는 것은 진개(秦蓋)의 침략 뒤 고조선이 다시 이 지역을 회복했음을 알려주는 것이다. 위만조선이 새로 확장한 영토의 지역명칭에 낙랑(樂浪), 조선(朝鮮)이 보이지 않는 것은 위만조선이 조선지역 준왕(準王)의 정권을 빼앗아 건국되었으므로 건국과 동시에 그 지역이 위만조선(衛滿朝鮮)의 영토가 되었기 때문이다.

여기서 낙랑(樂浪), 진번(眞番), 임둔(臨屯), 현도(玄菟)군의 위치를 추정할 수 있다. 위만조선은 뒤에 낙랑군(樂浪郡)의 조선현(朝鮮縣)이 된 곳에 건국되었고 오늘날 난하(灤河)와 갈석산(碣石山) 지역이다. 그러므로 낙랑군(樂浪郡)에 갈석산(碣石山)이 있었고 그 동쪽에 진번(眞番), 임둔(臨屯), 현도군(玄菟郡)이 있었을 것이다. 현도군(玄菟郡)은 한사군(漢四郡) 가운데 가장 동쪽에 자리하여 오늘날 요하(遼河) 서부 유역에 있었다.

傳子至孫右渠, 所誘漢亡人滋多, 又未嘗入見, 眞番旁衆國欲上書見天子, 又擁閼不通. 元封二年, 漢使涉何誘諭右渠, 終不肯奉詔. 何去至界上臨浿水, 使御刺殺送何者 朝鮮裨王長, 即渡, 馳入塞, 遂歸報天子曰殺朝鮮將. 上爲其名美, 即不詰, 拜何爲遼東東部都尉. 朝鮮怨何, 發兵襲攻殺何.

위만(衛滿)의 손자 우거(右渠)때 유인해낸 한(漢)나라의 망명인이 번성하였다. 천자를 알현하지도 않고, 진번(眞番) 등 주변의 여러 나라들이 천자에게 서신을 올리고 알현하고자 하여도 이를 막고 통하지 못하게 하였다. 원봉(元封) 2년(B.C. 109)에 한(漢)나라는 사신 섭하(涉何)를 보내 우거를 꾸짖어 깨닫게 하였으나 우거는 천자의 명령을 받들지 않았다. 섭하가 돌아가면서 국경의 경계 패수(浿水)에서 마부를 시켜 자신을 전송 나온 조선의 비왕(裨王) 장(長)을 찔러 죽이고 패수를 건너 요새(塞)로 들어갔다. 천자에게로 돌아가 "조선장수를 죽였다"고 보고하니 황제가 잘했다고 생각해 꾸짖지 않고 섭하를 요동동부도위(遼東東部都尉)로 임명하였다. 조선은 섭하에게 원한이 있어 군사를 일으켜서 섭하를 공격해 죽였다.

　　　　　　　　　　　　　　- 『사기』, 권115 「조선열전(朝鮮列傳)」

위만조선과 한나라가 벌인 전쟁(戰爭)의 원인(原因)을 전하고 있다. 우거 때 위만조선은 한(漢)의 외신(外臣)이라는 지위에서 벗어나 독자적인 길을 가고자 했다. 한(漢)에서 위만조선으로 망명한 사람들이 많다고 하는 것은 한보다 위만조선이 살기 좋은 나라였음을 알게 해준다.

동이(東夷)의 나라가 한(漢)나라 황제(皇帝)에게 서신(書信)을 올려 알현하고자 했다는 것인데 당시 동이(東夷)의 나라에서도 문자(文字)를 사용했다는 것을 알게 해준다. 한(漢)나라의 황제(皇帝)에게 보내는 서신은 한자(漢字)였을 가능성이 높다.

위만조선과 한이 벌인 전쟁의 원인은 무제 원봉2년 한의 사신 섭하(涉何)가 자신을 전송 나온 위만조선의 비왕(裨王) 장(長)을 살해하여 원한을 품은 위만조선이 요동군 동부도위로 부임한 섭하를 공격하여 죽임으로써 전쟁이 발발하게 된 것이다.

天子募罪人擊朝鮮. 其秋, 遣樓船將軍楊僕從齊浮渤海, 兵五萬人, 左將軍
荀彘出遼東, 討右渠. 右渠發兵距險. 左將軍卒正多率遼東兵先縱, 敗散, 多
還走, 坐法斬. 樓船將軍將齊兵七千人先至王險. 右渠城守, 窺知樓船軍少,
即出城擊樓船, 樓船軍敗散走. 將軍楊僕失其衆, 遁山中十餘日, 稍求收散卒,
復聚. 左將軍擊朝鮮浿水西軍, 未能破自前. 天子為兩將未有利, 乃使衛山因
兵威往諭右渠. 右渠見使者頓首謝, 願降, 恐兩將詐殺臣, 今見信節請服降.
遣太子入謝, 獻馬五千匹, 及饋軍糧. 人衆萬餘, 持兵, 方渡浿水, 使者及左將
軍疑其爲變, 謂太子已服降, 宜命人毋持兵. 太子亦疑使者左將軍詐殺之, 遂
不渡浿水, 復引歸. 山還報天子, 天子誅山.

천자가 죄인들을 모아 조선을 공격하였다. 그해 가을 누선장군(樓船將
軍) 양복(楊僕)이 제(齊)에서 출발해 발해(渤海)로 배를 띄웠다. 병사는 5만
명이었다. 좌장군(左將軍) 순체(荀彘)는 요동을 출발하여 우거를 공격하
였다. 우거는 병사를 일으켜 왕험성(王險城)을 막았다. 좌장군의 졸정(卒
正) 다(多)는 서둘러 병사를 이끌고 전쟁에 나가 패하여 군사들이 흩어지
고 다(多)만 도망을 와서 법에 따라 죄를 묻고 참수하였다. 누선장군도 제
(齊)의 병사 7천 명을 거느리고 왕험성에 도착하였다. 우거는 성을 지키면
서 누선의 군대가 적음을 알고 병사를 성 밖으로 보내 누선군을 공격하
니 누선의 군대는 패하여 도주하였다. 장군 양복은 그 병사를 잃고 산으
로 달아나 10여 일을 숨어 지내며 흩어진 병사를 모아 들였다. 좌장군은
조선의 패수의 서쪽 군대를 공격했지만 전진할 수가 없었다.

천자는 두 장군이 유리하지 않다 생각하고 위산(衛山)을 사신으로 보
내 군사적 위엄을 보여 우거를 회유하려 하였다. 우거는 사신에게 머리를
조아리며 "항복하기를 원하였으나 두 장군이 속이고 죽이려는 것이 두려
웠다. 이제 신절(信節)을 보았으니 항복을 청한다."고 하였다. 태자(太子)를

보내 한에 사죄하고 말 5천 필과 군량미도 함께 보내기로 하였다. 태자를 따르는 병사 1만여 명이 막 패수를 건너려 할 때 사신과 좌장군은 그들이 변란을 일으킬까 의심하여 태자에게 "이미 항복하였으니 사람들에게 무기를 버리라 명해야 한다."고 하였다. 태자도 또한 사자와 좌장군이 자기를 속이고 죽일까 염려되어 패수를 건너지 않고 병사들을 데리고 돌아왔다. 위산이 돌아와 이러한 사실을 천자에게 보고하니 천자는 위산을 죽였다.

- 『사기』, 권115 「조선열전(朝鮮列傳)」

한무제(漢武帝)가 위만조선의 군사적 정벌에 실패하자 위산(衛山)을 사신으로 보내 우거왕의 항복을 받고자 하였다. 그런데 위산의 일처리 잘못으로 여의치 않게 되자 위산(衛山)을 주살하였다.

左將軍破浿水上軍, 乃前, 至城下, 圍其西北. 樓船亦往會, 居城南. 右渠遂堅守城, 數月未能下. 左將軍素侍中, 幸, 將燕代卒, 悍, 乘勝, 軍多驕. 樓船將齊卒, 入海, 固已多敗亡, 其先與右渠戰, 困辱亡卒, 卒皆恐, 將心慙, 其圍右渠, 嘗持和節. 左將軍急擊之, 朝鮮大臣乃陰間使人私約降樓船, 往來言, 尚未肯決, 左將軍數與樓船期戰, 樓船欲急就其約, 不會, 左將軍亦使人求間郤降下朝鮮, 朝鮮不肯, 心附樓船, 以故兩將不相能. 左將軍心意樓船前有失軍罪, 今與朝鮮私善而又不降, 疑其有反計, 未敢發. 天子曰將率不能, 前及使衛山諭降右渠, 右渠遣太子; 山使不能剸決, 與左將軍計相誤, 卒沮約. 今兩將圍城, 又乖異, 以故久不決. 使濟南太守公孫遂往征[正]之, 有便宜得以從事. 遂至, 左將軍曰.., 朝鮮當下久矣, 不下者有狀. 言樓船數期不會, 具以素所意告遂, 曰.., 今如此不取, 恐爲大害, 非獨樓船, 又且與朝鮮共滅吾軍. 遂

亦以爲然, 而以節召樓船將軍入左將軍營計事, 即命左將軍麾下執捕樓船將
軍, 幷其軍, 以報天子. 天子誅遂.

　　좌장군은 패수가의 우거 군대를 깨뜨리고 전진하여 왕험성 아래에 이
르러서 성의 서북을 포위하였다. 누선은 왕험성의 남쪽에 주둔하였다. 우
거가 성을 굳게 지키니 수개월 동안 함락할 수가 없었다.

　　좌장군은 본래 시중(侍中)으로 황제의 총애를 받았다. 그가 거느린 연
(燕)과 대(代)의 군사들은 거칠고 승리의 기세를 타고 있어 대부분 교만했
다. 누선장군이 거느린 제(齊)의 군사들은 여러 번 패망한 데다, 우거와
의 전투에서 병사들이 도망하는 곤욕을 치렀었다. 그래서 병사들은 모
두 우거를 두려워하고 장군은 부끄러워서 우거를 포위하고도 항상 조화
와 절제를 유지하였다. 좌장군이 조선을 맹렬히 공격하였을 때 조선의 대
신들이 몰래 사람을 시켜 누선장군에게 항복하겠다는 약속을 하였으나
말만 오가고 아직 결정이 내리지 못했다. 좌장군은 여러 차례 누선장군
과 함께 전쟁할 날짜를 잡으려 했지만 누선장군은 조선과의 약속을 이루
려는 욕심에 만나려 하지 않았다. 좌장군 역시 사람을 보내 조선을 항복
시킬 기회를 찾았으나 조선은 따르려 하지 않고 누선장군에 마음을 두었
다. 그래서 두 장군들은 서로 아무것도 할 수가 없었다. 좌장군은 마음
속으로 '누선장군은 전에 전쟁에 진 죄가 있고 지금은 조선과 사사로이
친하게 지내고 있으며 조선은 항복하지 않으니, 누선장군이 반역할 계략
이 있다'고 의심했지만 감히 발설하지 못했다. 천자가 "장수들이 전쟁을
하지 못해서 위산(衛山)을 보내 우거가 항복하도록 타일렀다. 우거가 태
자(太子)를 보냈지만 위산은 사신으로서 결단을 하지 못하고 좌장군과 계
략이 서로 맞지 않아 약속을 망치고 말았다. 이제 두 장군이 성을 포위하
고도 서로 생각이 달라 오랫동안 결판이 나지 않고 있다."고 하고 제남태

수(濟南太守) 공손수(公孫遂)를 보내 그것을 바로잡고 상황에 맞게 처리하
도록 하였다. (제남태수가) 도착하자 좌장군이 "조선은 이미 오래전에 함
락됐어야 하나 함락되지 않은 것은 그 근거가 있습니다."라고 하였다. 그
리고는 누선장군이 여러 차례 기약을 하고도 만나지 않은 것을 말하면서
구체적으로 평소에 가졌던 생각을 공손수에게 말하였다. "지금 누선장군
을 붙잡지 않으면 큰 해가 될까 두렵습니다. 단지 누선장군만의 일은 아
니고 그가 조선과 더불어 우리 군사를 함께 멸할 것입니다."라고 하였다.
공손수도 그렇다고 생각하고 신절(信節)을 이용하여 누선장군을 좌장군
의 군영으로 불러 좌장군의 군영에서 일을 계획하도록 하고는 좌장군의
휘하에게 명하여 누선장군을 체포하고 그 군사들도 합친 뒤에 천자에게
보고하니 천자는 공손수를 죽였다.

- 『사기』 권115 「조선열전(朝鮮列傳)」

좌장군(左將軍) 순체(荀彘)와 누선장군(樓船將軍) 양복(楊僕)이 군대를 다
시 정돈하여 위만조선의 군대를 격파하고 도성 아래까지 진격하여 좌장
군은 성의 서쪽을 포위하고 누선장군은 성의 남쪽에 주둔하였다.

이들은 서로 생각하는 바가 다르고 먼저 공을 세우려는 욕심에 전투
에 임할 수 없었다. 무제는 공손수(公孫遂)를 사신(使臣)으로 보내 처리하
도록 했는데 공손수가 좌장군의 말만 믿고 일을 공평하게 처리하지 못
한 책임을 물어 공손수를 주살하였다.

左將軍已幷兩軍, 即急擊朝鮮. 朝鮮相路人, 相韓陰, 尼谿相参, 將軍王唊
相與謀曰, 始欲降樓船, 樓船今執, 獨左將軍幷將, 戰益急, 恐不能與戰王又
不肯降. 陰, 唊, 路人皆亡降漢. 路人道死. 元封三年夏, 尼谿相参乃使人殺朝

鮮王右渠来降. 王險城未下, 故右渠之大臣成已[己]又反, 復攻吏. 左將軍使
右渠子長降, 相路人之子最[三]告諭其民, 誅成已, 以故遂定朝鮮, 爲四郡. 封
參爲澅淸侯, 陰爲萩苴侯, 唊爲平州侯, 長爲幾侯, 最以父死頗有功, 爲溫陽
侯. 左將軍徵至, 坐爭功相嫉, 乖計, 棄市. 樓船將軍亦坐兵至列口, 當待左
將軍, 擅先縱, 失亡多, 當誅, 贖爲庶人.

　　좌장군이 두 군대를 병합하고 맹렬히 조선을 공격하였다. 조선의 재
상(相) 노인(路人)과 상(相) 한음(韓陰) 그리고 니계상(尼谿相) 참(參), 장군
왕겹(王唊)이 서로 모의하여 "처음에 누선장군에게 항복하려 했지만 이
제 그는 체포되어 있고, 좌장군 혼자 병사들을 병합하여 거느리고 있으
니 전세가 더욱 급박한데 대항하여 싸울 수 없어 두려운데 왕이 항복하
지 않는다." 하고는 한음과 왕겹과 노인 등은 모두 도망하여 한(漢)나라에
항복하였다. 노인은 도망하다 길에서 죽었다. 원봉(元封) 3년 여름 니계상
참은 사람을 시켜 조선왕 우거를 죽이고 항복하여 왔으나 왕험성은 아직
함락되지 않았다. 우거의 대신(大臣) 성사(成已)가 반항하여 다시 군리들
을 공격하였다. 좌장군은 우거의 아들 장강(長降)과 노인의 아들 최(最)를
시켜 그 백성을 타이르도록 하여 성사를 죽였다. 이에 조선이 평정되어 4
개의 군이 되었다. 니계상 참을 봉하여 홰청후(澅淸侯)로 삼고, 재상 한음
을 추저후(萩苴侯)로 삼고, 장군 왕겹을 평주후(平州侯)로 삼고, 우거의 아
들 장강을 기후(幾侯)로 삼고, 노인의 아들 최는 아버지가 죽은 공이 있어
온양후(溫陽侯)로 삼았다. 좌장군을 불러서는 공을 다투고 서로 시기하
여 계획을 망쳤으므로 죽여 시체를 길거리에 버렸다. 누선장군도 열구(列
口)에 이르러 좌장군을 기다려야 했으나 제멋대로 먼저 나가 많은 병사를
잃고 패하였으므로 당연히 죽여야 했으나 속죄하여 서인으로 삼았다.

- 『사기』, 권115 「조선열전(朝鮮列傳)」

위만조선(衛滿朝鮮)은 기원전 108년에 내부분열(內部分裂)이 일어났다. 그래서 대신 이계상(尼谿相) 참(參)이 우거왕(右渠王)을 죽이고 한에 항복했으나 성사(成已)가 왕험성(王險城)에서 저항해 왕험성은 함락되지 않았다. 한의 좌장군 순체는 우거왕의 아들 장강(長降)과 상(相), 노인(路人)의 아들 최(最)를 시켜 성사를 죽이고 마침내 위만조선은 멸망하여 한사군(漢四郡)이 설치되었다. 위만조선(衛滿朝鮮)과 한(漢)의 전쟁에서 한의 군대는 위만조선에 패하고 한무제(漢武帝)는 전쟁에 참여했던 장수들 좌장군(左將軍) 순체(荀彘)와 누선장군(樓船將軍) 양복(楊僕), 사신(使臣) 위산(衛山)과 공손수(公孫遂)를 모두 처형했다. 군사력으로 위만조선을 이길 수 없었기 때문에 한무제는 뇌물을 써서 조선상(相) 노인(路人)과 상(相) 한음(韓陰), 니계상(尼谿相) 참(參), 장군 왕겹(王唊)을 달래 내분을 조장하고 결국 위만조선은 내분으로 멸망했다. 무제는 조선의 대신 상(相), 음(陰), 겹(唊), 장강(長降), 최(最)를 제후(諸侯)로 봉했으나 후일 조선의 후(侯)들이 반란을 일으켜 모두 처형하였다.

한(漢)나라와 장기간 대치하던 위만조선(衛滿朝鮮)은 기원전 108년 결국 한(漢)에 의해 무너졌다. 그러나 『사기』에 나타나는 위만조선과 한의 전쟁기록은 위만조선의 전쟁수행 능력이 상당했음을 보여준다. 『사기』에 한나라가 육해군(陸海軍)을 동원해 1년 동안 공격하였으나 자중지란(自中之亂)으로 계속 실패하자 이간계(離間計)로 조선을 정벌했다고 나온다. 위만조선을 한나라에 넘긴 신하들인 참(參), 한음(韓陰), 왕겹(王唊), 장(長), 최(最) 등은 한(漢)나라의 제후(諸侯)로 봉해졌다. 참은 홰청후(澅淸侯), 한음은 적저후(狄苴侯), 왕겹은 평주후(平州侯), 장은 기후(幾侯), 최는 온양후(溫陽侯)가 되었다. 그런데 이들 봉지(封地)가 대부분 고죽국(孤竹國)이나 왕검성(王儉城)에 가까운 곳이다.

『사기색은(史記索隱)』은 위소(韋昭) 등의 주장을 인용해 "홰청과 온양은 제(산동반도), 적저는 발해(渤海), 평주는 양부(梁父), 기는 하동(河東)"이라고 했다. 이들 봉지가 고조선 땅이란 분명한 증거는 없지만, 일반적으로 봉지는 자신이 속한 곳의 땅인 경우도 있기 때문에 5개 봉토의 분포는 고조선 영역이 일부는 산동 북부까지 미칠 수도 있다는 또 다른 증거일 수 있다.[285]

---

285 윤내현, 『사료로 보는 우리고대사』, 만권당, 2016

한사군(漢四郡)은 기원전 108년에 한무제(漢武帝)가 위만조선(衛滿朝鮮)을 멸망시키고 그 지역에 설치한 낙랑(樂浪), 진번(眞番), 임둔(臨屯), 현도(玄菟)의 4개 군(郡)을 말한다.

『사기』「조선열전(朝鮮列傳)」에는 4개 군을 만들었다고 하고 군 이름이 기록되지 않았지만 『한서』「서남이양월조선전(西南夷兩粵朝鮮傳)」의 조선전(朝鮮傳) 부분에 군(郡) 이름이 나와 있다.

한사군(漢四郡)은 전한(前漢)의 행정구역(行政區域)이므로 그 지역은 전한의 영토가 되어 고조선과 직접 국경을 맞대게 되었다. 만주(滿洲)와 연해주(沿海州) 한반도(韓半島)에 있었던 부여(夫餘), 읍루(挹婁), 고구려(高句麗), 옥저(沃沮), 예(濊), 맥(貊), 한(韓)과 『삼국사기』「고구려본기(高句麗本紀)」에 보이는 졸본부여(卒本扶餘), 비류국(沸流國), 행인국(荇人國), 해두국(海頭國), 개마국(蓋馬國), 구다국(句茶國), 조나국(藻那國), 주나국(朱那國) 등이 한사군(漢四郡)이 존재했던 시기에 요동지역(遼東地域)에 있었다.

위만조선(衛滿朝鮮)은 난하 유역에서 건국된 뒤 영토를 넓혀 오늘날의 요서지역(遼西地域)에 있었다. 한사군(漢四郡)은 고구려(高句麗)의 공격을 받고 기원전 82년에 진번군(眞番郡)과 임둔군(臨屯郡)이 폐지되고 낙랑군(樂浪郡)과 현도군(玄菟郡)이 남아 2군(二郡)이 되었다가 서기 200년 무렵에 낙랑군(樂浪郡)의 남부를 나누어 대방군(帶方郡)을 설치하여 낙랑(樂浪), 대방(帶方), 현도(玄菟)의 3군(三郡)이 되었다. 서기 313년 고구려 미천왕(美川王)의 공격을 받고 낙랑군이 축출되어 한사군(漢四郡)은 모두 사라졌다.

左將軍使右渠子長降 相路人子最 告諭其民 誅成巳 故遂定朝鮮 爲眞蕃 臨屯 樂浪 玄菟四郡

　　좌장군은 우거의 아들 장항과 상, 노인의 아들 최에게 그 백성들을 타이르게 하고 성사를 죽였다. 조선은 마침내 평정되어 진번, 임둔, 낙랑, 현도 4개 군이 되었다.

－『한서』 권95 「서남이양월조선전(西南夷兩粤朝鮮傳)」

　　『사기』는 4군이 설치되었다고만 하고 군(郡)이름은 밝히지 않았는데 『한서』 「조선전(朝鮮傳)」에는 진번(眞蕃) 임둔(臨屯) 낙랑(樂浪) 현도(玄菟)의 군(郡)이름이 추가되었다.

樂浪郡 武帝元封三年開 玄菟郡 武帝元封四年開

　　낙랑군은 한무제 원봉3년(기원전 108년)에 열었고 현도군은 한무제 원봉4년(기원전 108년)에 열었다.

－『한서』, 권28 지리지 하

　　낙랑(樂浪)은 위만조선 멸망과 동시에 설치되었고 현도군은 1년 늦게 설치되었다. 진번군(眞蕃郡)과 임둔군(臨屯郡)은 설치 뒤 오래지 않아 폐지되어 『한서 지리지』에 실려 있지 않다. 그러나 위만조선이 영토를 넓히는 과정에서 진번(眞蕃)과 임둔(臨屯)을 복속시켰으므로 이 지역은 위만조선 멸망 전에 포함되어 있었다. 한(漢)은 위만조선을 멸망시키고 여세를 몰아 고조선의 서부 영토 일부를 차지하여 1년에 걸친 공세 끝에 현도군(玄菟郡)을 설치했으며 현도군은 한사군(漢四郡) 가장 동쪽에 자리했을 것인데 오늘날 대릉하(大陵河)와 요하(遼河) 사이였다. 그러므로 오늘날 요하를 경계로 하여 서쪽에는 한사군(漢四郡)이 있었고 동쪽에는 고조선(古朝鮮)[286]이 있었다.

西連諸國至于安息 東過碣石以玄菟 樂浪爲郡 北卻匈奴萬里 更起營塞

서쪽으로는 여러 나라가 연이어져 안식에 이르고 동쪽으로는 갈석을 지나 현도와 낙랑으로서 군을 만들었으며, 북쪽은 흉노를 만 리 밖으로 쫓아내어 병영과 요새를 다시 일으켰다.

- 『한서』 권64 「엄주오구주부서엄종왕가전」

罷澹耳 臨屯郡

담이군과 임둔군을 폐지했다.

- 『한서』, 권7 소제기 시원5년조

至昭帝始元五年 罷臨屯眞蕃 以倂樂浪玄菟

소제 시원5년(기원전 82년)에 이르러 임둔군, 진번군을 폐지하여 낙랑군과 현도군에 병합하였다.

- 『후한서(後漢書)』, 권85 동이열전 예전

진번군과 임둔군은 설치 26년 만에 낙랑 현도군에 합해졌다.

建安中 公孫康分屯有縣以南 荒地爲帶方郡

건안연간(196-220년)에 공손강은 둔유현 이남을 나누어 변방의 땅을 대

---

286 진조선.

방군으로 만들었다.

-『삼국지(三國志)』, 권30 오환선비동이전 한전

『한서지리지(漢書地理志)』 낙랑군조 기록을 보면 둔유현(屯有縣)은 낙랑군(樂浪郡)에 속해 있던 25개 현 가운데 하나였다. 그러므로 대방군(帶方郡)은 낙랑군(樂浪郡)의 남부를 분할(分割)하여 설치했다. 낙랑군(樂浪郡)이 난하 유역이었으므로 대방군(帶方郡)은 난하 유역이다.

평양(平壤)이라는 지명이 한곳에만 있는 것이 아니다. 『구당서(舊唐書)』 「동이열전(東夷列傳)」 고구려전(高句麗傳)에는 평양(平壤)으로부터 동쪽으로 바다를 건너면 신라(新羅)에 이르고 남쪽으로 바다를 건너면 백제(百濟)에 이른다고 했다. 이로 보아 평양은 오늘날 한반도의 평양일 수가 없다.

이 평양(平壤)은 난하 유역에 있어야 그 위치가 맞다. 고구려도 고조선시대에는 난하 유역에 있었고 위만조선과 낙랑군도 난하 유역에 있었으며 왕검성(王儉城)은 위만조선(衛滿朝鮮)의 도읍(都邑)이었다.

일본인들이 대동강(大同江) 유역에서 발굴했다는 낙랑유적(樂浪遺跡)에 중국유물이 출토되고 낙랑(樂浪)이라는 문자(文字)가 확인되었다고 한다. 대동강 유역에는 최씨(崔氏)낙랑국(樂浪國)이 있었기 때문에 낙랑(樂浪)이라는 문자가 새겨진 유물(遺物)이 출토될 수 있다.

일본인들이 낙랑군유적이라고 발표한 대동강유적을 조사해보면 모두가 후한(後漢) 이후에 만들어진 것이다. 낙랑군(樂浪郡)은 전한시대(前漢時代) 중기 무제(武帝) 때 설치되었는데 전한시대의 유적은 전혀 발견되지 않고 후한시대(後漢時代)의 유적만 발견되고 있다. 이것은 이 유적이 낙랑군의 유적이 아니라는 것이다.

『삼국사기』에 따르면 대동강 유역에는 최리(崔理)왕(王)이 다스리던 낙랑국(樂浪國)이 있었고 고구려에 의해 멸망당했다. 낙랑국이 멸망한 7년 후, 즉 후한(後漢)의 광무제(光武帝)가 등극한 지 6년 후 낙랑국(樂浪國) 지역(地域)을 공격해 점령했다. 후한(後漢)이 낙랑국을 부활시켜 고구려의 배후에 견제 세력을 만들 필요가 있었기 때문에 군현제(郡縣制)를 통해 직접 지배하였다. 이때 부활한 낙랑국은 후한과 교류를 가지면서 친밀한 유대관계를 유지했다. 후한(後漢)의 광무제(光武帝)는 한반도 동쪽의 수장(首長)들을 현후(縣侯)로 봉하고 반도 남부로부터 조공하러 온 사신들을 받아들여 낙랑국에 속하게 했다. 대동강 유역의 유적은 이 시기에 최씨낙랑국의 지배귀족과 후한인들이 남긴 것들이다.[287]

점제현(秥蟬縣) 신사비(神祠碑)는 평안남도 용강군(龍岡郡)에 있는 어을동(於乙洞)토성(土城)을 조사하던 조선사편수회의 일본인 학자에 의해서 발견되었다. 점제현(秥蟬縣)은 기원전 108년에 한나라가 위만조선을 점령하고 그 영역 안에 설치하였던 25현 가운데 하나다. 점제현 신사비는 이 현에서 풍년들기를 기원하여 호랑이 산신에게 제사를 지냈던 산신당에 세운 비석이다.

점제현 신사비는 비 자체의 내용보다는, 이 비로 인해 한반도 서북부에 낙랑군이 설치되었음을 확인하게 되었다는 점에서 발견 당시부터 주목되었었다. 점제현 신사비의 발견 이후 평양과 그 주변에서는 낙랑군과 관련된 많은 유물이 나왔다. 낙랑군의 여러 군현명을 새긴 봉니(封泥)와 인장(印章), 낙랑(樂浪)이란 글자가 새겨진 와당(瓦當), 효문묘동종(孝文廟銅鐘) 등이 대표적인 유물이다.

그러나 이 유물들은 모두 후한시대의 유물로 한사군의 낙랑군과는 관

---

287 윤내현, 『사료로 보는 우리고대사』, 만권당, 2016.

련이 없는 유물이다.

그리고 점제현 신사비는 일본인 학자가 하북성 갈석산에서 발견된 비를 한반도의 평양으로 옮기는데 평안남도 온천 앞바다에서 10리를 들여오다 돌이 너무 무거워 온천에다 던져놓았다는 조작설이 전해지고 있다. 비석에는 정으로 찍어낸 자국이 그대로 남아있어 조작설을 증명해주고 있다.

참고문헌

위키피디아 https://ko.wikipedia.org

고마츠 히사오, 『중앙유라시아의 역사』, 소나무, 2005

크리스토퍼 벡위드, 『중앙유라시아의 세계사』, 소와당, 2014

김호동, 『아틀라스 중앙유라시아사』, 사계절, 2016

신채호, 『조선상고사』, 역사의 아침, 2014

박제상, 『부도지』, 대원출판, 2002

김부식, 『삼국사기』, 솔, 1997

일연, 『삼국유사』, 을유문화사, 2002

박은식, 『한국통사』, 계명대학교출판부, 1997

계연수, 『환단고기』, 한뿌리, 2006

윤내현, 『고조선, 우리 역사의 탄생』, 만권당 2016

윤내현, 『사료로 보는 우리 고대사』, 만권당, 2017

이이화, 『한국사이야기』, 한길사, 2015

김정민, 『단군의 나라 카자흐스탄』, 글로벌콘텐츠, 2016

마빈 해리스, 『문화의 수수께끼』, 한길사, 2012

데이비드 W. 앤서니, 『말, 바퀴, 언어』, 상지사, 2005

아서 코티렐, 『아시아 역사』, 지와 사랑, 2013

반주원, 『유물유적 한국사』, 와이스쿨, 2016

KBS역사스페셜, 『역사스페셜』, 효형출판, 2003

전우성, 『다시 쓴 한국 고대사』, 매경출판, 2015

정태민, 『별자리에 숨겨진 우리 역사』, 한문화멀티미디어, 2007

한국고대사학회, 『한국 고대사 연구의 새 동향』, 서경문화사, 2007

박영규, 『고대사 갤러리』, 옥당, 2015

한국역사연구회, 『한국 고대사 산책』, 역사비평사, 2017

윤내현, 『우리 고대사 상상에서 현실로』, 만권당, 2016

사마천, 『사기』, 현대지성, 2016